KB119768

난감한 이웃
일본을 이해하는
여섯 가지 시선

난감한 이웃 일본을 이해하는 여섯 가지 시선

김효진·남기정·서동주·이은경·정지희·조관자 지음

위즈덤하우스

일본을 들여다보는 여섯 가지 키워드

이 책은 난감한 이웃 일본에 대한 여섯 꼭지의 분석보고서다. 서로 전공 영역을 달리하는 서울대학교 일본연구소 연구자들이 각자 주특기를 발휘해 일본의 여러 모습을 전달하고자 했다. 가능한 깊은 속사정을 담되 쉬운 글이 되도록 노력했다.

이미 일본을 소개하는 책이 적지 않다. 그럼에도 이 책을 세상에 내놓은 이유는 한국에서 일본에 대한 균형 잡힌 이해가 여전히 어렵기 때문이다. 균형의 어려움을 우리는 '난감함'으로 표현했다. 난감함은 일본이 스스로를 드러내는 방식에서도, 우리가 일본을 바라보는 방식에서도 온다. 그 두 가지 방식이 교차하면서 일본은 더욱 알 수 없는 존재로 우리의 인식과 대응을 교란시킨다.

'난감함'은 '어려움[難]을 견딘다[堪]'는 뜻이다. 사전적으로는

'이렇게 하기도 저렇게 하기도 어려워 처지가 매우 딱하다'거나 '맞부딪쳐 견뎌내거나 해결하기가 어렵다'는 뜻이다. 대체로 모순된 상황에 직면해서 어느 하나로 확정하기 어려운 경우에 '난감하다'고 느낀다.

먼저, 난감함은 일본 자체의 특징이다. 일본의 역사가 만든 성공과 실패가 극과 극을 이룬다. 동아시아의 소국이 근대화를 시작한 지 불과 50여 년만에 세계 5대 군사대국으로 일어선 성공담은, 세계 유일한 피폭국으로 철저한 패배를 맛본 실패담이기도 했다. 해마다 8월 15일 침략의 과거를 영광의 역사로 개찬하는 우익 인사들이 야스쿠니 신사를 활보하는 동시에, 해마다 9월 1일에는 한국에서도 오래 잊힌 관동대지진 한인희생자 추도모임이 도쿄와 주변 각지에서 엄숙히 거행된다. 세계 최첨단의 과학기술 도시 도쿄 한가운데서도 자욱한 담배 연기로 근대의 시간을 놓칠 수 있는 가배점珈琲店이 적지 않고, 천황에 대한 금기가 여전하지만 성소수자에게는 너그러워 보인다. 상인들의 친절함에 감탄하다가 헤이트 스피치 대열에서 모진 말을 내뱉는 사람을 만나면, 이것이 같은 일본의 두 얼굴인지, 서로 다른 일본인지 헷갈린다.

성공과 실패, 개찬과 기억, 첨단과 전통, 금기와 파격, 친절과 오만 등 고저장단명암의 극과 극 속에서 그 어느 것을 일본의 본질이라고 해야 할지 난감하다. 이 책의 주제에 따라 이 '난감함'을 드러내자면, 병리현상인 '오타쿠おたく·オタク'는 일본의 새로운 활력이며, '혐한류嫌韓流'는 한류가 반일을 만나 이룬 변형이고, 혐한류

와 헤이트스피치 확산의 온상이 된 '뉴미디어'는 반원전과 반안보법제 평화운동의 새로운 조직화에 기여했다. 세계화를 향한 일본의 열망이 인류 보편의 가치에 대한 역주행을 낳았고, '평화헌법'의 전후사戰後史는 미일동맹이라는 모순을 끌어안고 전개되었으며, '아름다운 일본'에 대한 집착은 일본의 좌절에서 기인한다.

이런 모순이 동거하는 일본에 대해 그 어느 것이 일본의 본질이냐고 묻는다면 난감해질 수밖에 없다. 그 난감함은 일본에 대한 한국인의 복잡한 시선과 겹치면서 갑절로 부푼다.

일본에 대한 한국인의 시선은 복잡하다. 익숙하지만 낯설고, 무시하지만 신경 쓰이고, 만만하지만 무섭다. 한국이 일본에 대해 어떤 거리를 취할 것인지 가늠할 때, 일본을 향한 경시와 경계는 늘 한 쌍을 이룬다. 그래서 그 거리는 때로는 너무 가깝고, 때로는 너무 멀어서 적정거리를 늘 놓친다. 일본은 이미 익숙해서, 무시할 만큼 만만한 존재도 아니고, 그렇다고 낯설고 신경 써야 할 만큼 두려운 상대도 아니다. 일본은 자신들의 문제를 나름대로 해결하기 위해 노력하며, 새로운 가능성을 지닌 대상일 뿐이다.

이 책은 난감한 일본을 있는 그대로 보는 동시에 함께 엮어서 본다. 한국인에게 쉬워 보이는 일본만이 아니라, 어려워서 외면하는 일본을 있는 그대로, 함께 엮어서 보려고 노력했다. '있는 그대로 본다'는 것은 모순된 시선을 거둔다는 의미다. '함께 엮어서 본다'는 것은 일본에 대해 미분 대신 적분을 시도한다는 의미다.

일본에 대한 여섯 개의 시선은 '오타쿠', '혐한', '뉴미디어',

'센고쿠戰國시대', '평화헌법', '일본미日本美'를 향한다. 하나같이 현재의 일본을 읽어 미래의 일본을 전망하는 데 필수적인 주제어다. 이는 각각 대중문화론·사상사·미디어론·역사·정치·문학이라는 렌즈로 조준되어 있다. 각각의 꼭지는 그 단면에서 일본을 있는 그대로 드러내되, 책의 구성은 그 단면을 하나로 엮어 육면체로 입체화하는 것을 목표로 삼았다.

먼저 김효진의 글은 흔히 이상한 사람들의 독특한 콘텐츠로만 치부되는 오타쿠와 오타쿠 콘텐츠로 1970년대 이후 일본사회의 변화를 읽을 수 있다는 점에 주목한다. 2000년대 이후 한국 '오덕후五德厚'의 직접적인 기원인 오타쿠는 사실상 1980년대를 풍미한 일본의 소비사회에서 탄생했다는 점, 이들의 이미지는 여전히 부정적이지만 2000년대 이후 긍정적인 이미지가 증가하고 있다는 점, 그리고 전 세계에서 인기를 얻고 있는 일본 대중문화의 주역으로 인정받고 있다는 점을 들 수 있다. 1970년대에 본격적으로 발생한 오타쿠는 이미 약 반세기의 역사가 있으며 이로 인해 내부적으로 다양한 세대가 존재하며, 실제로 이들로 인해 도시가 바뀌고 과소화된 지역이 지역활성화에 성공하기도 했다. 또한 오타쿠와 오타쿠 콘텐츠의 영향력에 주목한 일본 정부의 쿨재팬COOL JAPAN 정책 등에서도 볼 수 있듯이 사회적 영향력도 증가하고 있다.

그러나 이런 오타쿠와 오타쿠 콘텐츠가 직면한 다양한 내외부적인 문제 또한 직시할 필요가 있다. 대표적으로 남성 오타쿠의 이미지와 기호에 가려졌던 여성 오타쿠, 즉 동인녀同人女와 후조시腐女子의 문제가 있으며 콘텐츠에 대한 페미니즘적인 비판, 관련 산업을 지탱해온 인력수급 문제 등 이들을 둘러싼 문제는 사실상 현대 일본이 직면한 사회·문화적 쟁점을 그대로 보여준다. 이런 의미에서 오타쿠와 오타쿠 콘텐츠는 그 자체가 중요한 일본의 사회·문화적 현상일 뿐 아니라, 현대 일본사회를 바라보는 유용한 렌즈를 제공한다.

조관자의 글은 한류 열풍이 부는 과정에서 혐한嫌韓 문제가 일어난 현상을 고찰하면서, 반일과 혐한의 증오 감정을 해소할 방안을 한류의 미래 가능성에서 모색한다. 2002년 한일월드컵 공동 개최 당시, 일본의 인터넷 커뮤니티 '2채널2ちゃんねる(니찬네루. 2017년에 5ch로 변경)'에서 '한일 우호'를 고취하는 주류 언론에 반발하며 혐한 의식이 싹텄다. 2005년 중국과 한국의 대규모 반일시위와 맞물리면서 넷우익ネット右翼이 부상하고, 혐한 만화가 베스트셀러로 주목받았다. 2010년 한국 드라마가 주류의 상업 방송에서 과다하게 편성되자 반한류 시위가 벌어졌다. 2012년 이명박 전 대통령의 독도 방문 이후 혐한 서적과 혐한 시위가 확산되었다. 인터넷으로 실시간 연결된 환경 속에서 '반일'과 '혐한'은 서로 호응하며, 서로의 메아리가 되어 나타났다.

그러나 '대혐한시대'에도 한류는 소통과 공생의 원동력으로 자라났다. 2015년 12월 '위안부 문제에 관한 한일 합의'가 이루어진 후 한류문화는 더 큰 폭발력으로 일본의 젊은 층에 파고들었다. 그렇다면 일본에서 '네티즌'이 아닌 '넷우익'이 발생한 이유는 무엇인가? 조관자는 그 해답을 찾기 위해 냉전시대 좌익의 '반한' 논리와 전후 레짐의 변화를 촉구하는 넷우익의 '혐한' 논리가 서로 연결되는 문제, 신좌익 학생운동의 실패 이후 나타난 '냉소'가 저성장 시대의 '상실감'을 매개로 내셔널리즘으로 분출하는 문제 등을 분석한다.

　　보수화·우경화에 저항하는 전선의 형성에 결정적인 역할을 뉴미디어가 수행하고 있다. 정지희는 이에 주목했다. 2012년 자민당 재집권 이후 보수 정치인들의 망언이나 정치 우경화 경향이 한국언론에 주로 소개되는 가운데, 일본의 시민사회가 이런 정치상황에 어떻게 반응하는지 알 기회는 많지 않다. 그리고 이것은 비단 한국언론 탓만도 아니다. 일본정치 우경화 경향을 비판하는 시민사회의 활동은 일본 주류 미디어에서도 잘 다루지 않기 때문이다. 그러나 일본사회 안에서도 보수화하는 정치와 정치권의 압력에 취약한 주류 미디어를 비판하고 감시하는 사람들이 있다. 이들은 전통매체와 새로운 매체 모두를 활용해 사회적인 목소리를 내려는 노력을 게을리하지 않는다. 특히 뉴미디어 발달로 다대다多對多 쌍방향 커뮤니케이션이 가능해지면서 새로운 사회운동의 흐름도 만들어지고 있다.

　　정지희의 글은 미디어를 하나의 창으로 삼아 한국의 주류 미디어에서는 잘 알려지지 않은 전후 일본의 사회운동 전통과

2011년 동일본 대지진 이후 대두한 새로운 사회운동의 움직임을 소개한다. 이러한 전통과 변화를 이해하는 길라잡이로 정보화, 거품경제 붕괴 이후 사회구조적 변동과 세대 간 인식 차이 등에 대해서도 관찰한다. 정지희의 글을 통해 독자들은 하나의 균질한 덩어리로서 '일본인'을 보기보다는 다양한 집단과 주체들이 경합하는 장으로서 일본사회를 보는 데 익숙해지는 경험을 할 것이다.

이은경은 집필의 목적을 '일본사의 맥 잡기'로 설정하고, 독자들이 난해하고 복잡한 일본역사를 기억하는 데 도움이 되도록 '최소한의 역사'를 정리했다. (지나친 단순화가 아닐까라는 걱정을 하면서도) 대폭적인 간소화를 통해 과감하게 몇 가지 키워드만으로 일본의 역사를 풀어낸 것이다. 그 속에서 드러나는 주된 관심은 현대 일본인의 특징을 만든 역사적인 요인 찾기, 서양 및 주변국과의 관계설정 방식 드러내기, 일본사의 다양한 주체와 중층적 경로 따라가기 등 세 가지로 압축된다.

이은경에 따르면, 현대 일본의 사회·문화 혹은 일본인의 특징을 이해하려면, 센고쿠시대라는 혼란기의 경험과 이를 극복하면서 형성된 에도江戶시대의 성격을 주목할 필요가 있다. 또한 그 과정에 있었던 서양세력과의 만남과 결별, 혹은 그들이 남긴 영향을 함께 살피는 것이, 역사의 흐름을 기억하는 데 효과적일 뿐 아니라 이해를 심화하는 데에도 도움이 된다. 센고쿠시대 이후로 서양은 일본의 역사 무대에 실제 등장해서 영향력을 행사하기도 하지만, 때로는 (심지어는 일본 영토에서 완전히 쫓겨난 상태에서도) 일본인에게 서양의 존재를 강하게 의식하게 하는 방식으로도 영향을 미쳤기 때문이다. 특히 근대에는 서양에 대한 열등감·초조함·동경에서 나오는 필사의 노력이 제국 일본의 과도한 욕망으로 이어졌고, 여기에 잘못된 선택과 불운한 타이밍이 이어진 결과 모두가 아는 것과 같은 비극적인 사태를 맞이한 것이다. 이를 이은경은 근대 일본의 세계화를 향한 '역주_{力走}'라고 명명하면서, 그것이 거꾸로 인류 보편의 가치에 대한 역주행이기도 했다는 점을 보여준다.

패전으로 일본은 역주행의 역주_{力走}를 멈추고 평화조약을 통해 독립해 세계사의 전개에 다시 동참하는 기회를 얻었다. 패전에 따른 연합국의 점령개혁을 배경으로 탄생한 평화헌법은 이를 국내외에 보증하는 증서였다. 한편 한국전쟁(6.25전쟁)에 후방기지로 편입된 채 국제사회로 복귀한 일본은 평화헌법하에서 미일동맹을 안전보장의 수단으로 선택했고, 둘 사이의 기묘한 동거가 전후사의 주조를 이루었다. 미일동맹의 법적 근거가 되는 미일안보조약과 병력의 보유를 금지하고 분쟁을 해결하기 위해 군사적 수단에 의지할 것을 부인한 평화헌법은 서로 모순을 이루었다. 미일안보조약이 기능하려면 평화헌법이 개정되어야 했고, 평화헌법이 구현되려면 미일안보조약이 폐기되어야 했다. 그러나 그러한 모순은 냉전기에는 초강대국 미소 간의 대립이라는 보다 큰 모순 속에 잠재되어 있었다. 일본에서 냉전붕괴는 이 모순을 수면 위로 부상시켰다. 보통국가론이 등장하는 배경이다.

군사적으로 보통의 국가가 되어야 한다는 생각은 탈냉전을 준비하지 못한 일본 외교의 한계 속에서 점차 커지다가 한반도 유사를 배경으로 본격화되었다. 더구나 국내총생산GDP에서 중국에 추월당한 2010년 이후 보통국가화와 이를 위한 헌법개정론은 더욱 힘을 얻었다. 그러나 평화헌법을 옹호하는 '암반과도 같은 여론', 저출생·고령화로 인한 사회 구조적 한계 속에서 헌법개정을 통한 보통국가화는 쉽지 않을 전망이다. 그럼에도 아니, 그렇기에 일본은 미일동맹으로 더욱 경사하며, 미일동맹의 기능 강화를 위해 헌법개정론은 여전히 군불처럼 꺼지기 어려울 것이다.

그 군불 위에 혐한론이 피어오른다. 혐한론자들이 서식하는 영역에 일본문화에 대한 우월의식이 공기처럼 흐르고 있다. 그 우월의식은 '아름다운 일본'에 대한 긍지로 표현되고, 그것은 다시 일본에 대한 우월의식을 증폭시킨다. 그러나 '아름다운 일본' 의식, 즉 미적 일본주의의 심층을 들여다보면, 전후 일본의 복잡한 사정이 드러난다. 서동주의 글은 일본인 최초로 노벨문학상을 수상한 가와바타 야스나리川端康成의 일본미에 관한 인식과 전쟁의 관계 속에서 이 문제를 천착한다. 여기서 말하는 전쟁이란 중일전쟁(1937)과 아시아·태평양전쟁(1942)만이 아니라 전후 일본이 경험한 '냉전Cold War'까지 포함한다. 가와바타의 대표작인 소설《설국雪國》은 1935년 첫 연재가 시작되어 패전 이후인 1948년에 이르러 완결판이 나왔다. 《설국》은 중일전쟁에서 일본의 패전(1945)에 이르는 시간 속에서 쓰였다. 그리고 가와바타가 노벨문학상을 수상한 것은 세계적으로 냉전이 한창인 1968년이었다.

가와바타가 전쟁에 관한 생각을 직접 표명한 적은 없었다. 하지만 그의 작가로서의 인생이 전쟁과 무관하지는 않았다. 예를 들어 가와바타는 《설국》이 일본미를 잘 표현했다는 이유로 1937년 관변단체인 문예간화회文藝懇話會가 주는 상을 수상했다. 또한 전후에는 패전이 초래한 아이덴티티의 단절을 변하지 않는 일본의 자연미로 극복하려 했다. 그뿐 아니라 그가 표현한 여성적인 일본이라는 이미지는 일본의 탈군사화를 원했던 미국정부의 의도와 부합했다. 실제로 그는 전후 오랫동안 일본 펜클럽 회장을 지내면서 일본의 문단 안에서 반공주의를 옹호했다. 결국 현실과 무관한 미의 왕국을 추구했던 그의 문학은 역설적으로 현실에서는 일본의 전쟁 내셔널리즘 및 미국의 냉전정책과 동조되면서 정치적인 의미를 띨 수밖에 없었다. 그리고 이것은 전쟁 속에서 태어난 소설 《설국》이 패전 이후에도 살아남아 노벨문학상 수상에 이른 이유를 설명한다.

난감함을 주제로 삼은 터에, 일본을 연구하는 난감함에 대해서도 털어놓고 이해를 구해보고자 한다. 한국에서 일본에 대한 연구는 고도의 인내심을 요구하며, 인격 양성에 도움이 된다. 한국에서 일본연구는 그 어느 다른 지역연구보다 혹독한 환경 속에서 이루어진다. 한국인 대부분이 일본 전문가에 비견될 만큼(때로는 전문가를 능가하는) 일가견이 있기 때문이다. 그리고 그 일가견은 매우 견고하다. 한편으로 일본에 대한 부정적인 시각이 견고하게 존재한다.

그렇기 때문에 일본에 대해 균형을 잡고자 하는 노력은 때때로 과잉 긍정이 된다. 주관적으로는 균형을 잡고 있다고 생각되는데, 객관적으로는 이미 균형을 잃은 상태인 것이다. 그러다가 균형 잡기를 견디지 못하면 급기야는 일본 예찬으로 가버린다.

때때로 전적인 부정과 과잉 긍정은 동시에 일어난다. 일본에 대해 눈을 부릅뜨고 비난하던 사람이 침을 튀기며 일본의 장점을 배워야 한다고 주장하는 사람과 같은 경우를 많이 본다. 그것을 듣고 있는 것도 난감하거니와, 그 어느 쪽도 아니라고 설명하는 것은 더욱 난감하다. 난감한 일본을 난감하게 바라보기, 균형 잡기의 어지러움을 견디기. 이 책이 제안하는 일본론이다.

또 하나, 이 책이 난감함으로 일본 바라보기를 제안하는 이유는, 모든 것은 변화한다는 만고진리를 수용하자는 데 있다. 변화된 현실을 인정하지 않고 과거의 고정된 시선에 머물 때, 눈앞에 보이는 현실은 받아들이기 난감할 수밖에 없다. 또 지금 눈앞에 보이는 현실이 얼마 지나지 않아 변할 수 있다고 인정하는 것도 난감한 일이다.

이 난감함을 견디지 못해 대체로 우리는 고정된 사물로서 일본을 상정하며, 그에 대한 시선도 고정되어 있다. 그런데 일본도 변하고, 우리의 시선도 변화한다는 것을 안다면, 모순되는 두 현상이 변화의 앞과 뒤라는 사실을 안다면, 그러한 모순들이 일본만의 특징도 아니라는 것을 안다면, 일본을 대하는 우리의 태도는 그만큼 여유로워질 것이다.

난감함을 견뎌내어, 여섯 개의 시선으로 변화하는 일본을 바라보기. 그것으로 우리의 동체시력을 키우는 데 도움이 된다면 일본연구를 업으로 하는 필자들에게 큰 보람일 것이다.

마지막으로, 서로 경쟁하듯 늑장부려 제출하면서, 한 줄기로 매끈하게 이어지지도 않는 여섯 개의 난감한 글을, 다듬고 끼워 맞추어 육면체의 팝업북으로 만들어주신 위즈덤하우스의 이지은 과장에게 육중창으로 감사 말씀을 전한다.

2018년 10월
김대중-오부치 공동선언 20주년 기념일에
저자를 대표해서
남기정

차례

문학편

가와바타 야스나리로 본 일본의 미와 전쟁

대중문화편

오타쿠로 들여다보는
일본의 마음

●
오타쿠와 오타쿠 콘텐츠를 분석하는 것은
그저 일부 특이한 사람들의
하위문화를 분석하는 것에 머무르지 않는다.
오히려 전후 일본과 미국,
서구화와 전통이라는
현대 일본사회의 본질적인 문제가
숨어 있는 장이라고 볼 수 있다.

오덕후 뒤에 숨은 오타쿠의 그림자

여러분은 누군가에게나 무엇인가에 빠져서 온종일 그 생각만 해 본 경험이 있을까? 아니, '한 번도 그런 적이 없던 사람이 과연 존 재할까'라는 질문이 더 맞을지도 모르겠다. 어떤 계기로 접한 무언 가 (혹은 누군가) 때문에 아무것도 손에 잡히지 않고 정신을 차려보면 어느새 또 그 생각에 사로잡혀 있는 자신을 발견하는 경험을 누구 나 인생에서 한두 번은 겪는다.

그 대상은 사람 수만큼이나 다양할 것이다. 우연히 본 한 장 의 사진, 무심코 텔레비전에서 본 드라마 주인공, 친구가 권한 게 임, 그날 하필 눈에 띈 웹툰이나 소셜미디어SNS로 공유된 아이돌 의 한마디 등. 운명처럼 만난 대상을 향한 마음은 마치 사랑에 빠 진 것 같다. 좋아하는 대상의 매력을 알아본 자신의 능력이 자랑스 러우면서, 왜 다른 사람들은 자신이 좋아하는 대상을 제대로 모르 는지 안타까운 생각이 들기조차 한다. 그리고 이런 자신의 마음을 함께 나누고 싶어 비슷한 생각을 하는 사람들을 찾아본다. 자신과 생각이 같은 사람, 같은 대상을 좋아하고 푹 빠진 사람들만이 아는 '우리만의 세계'를 찾기 위해서.

2000년대 중반 이후 한국에서는 이런 사람들을 '오덕후', 또는 줄여서 '덕후'라고 부른다. 이때 오덕후는 무엇인가에 지나칠 정도로 열광하고 푹 빠진 사람들, 특히 만화나 애니메이션·게임 등에 빠진 사람들을 가리키는 용어다. 과거 인터넷에서 주로 사용되던 이 말은, 이제 텔레비전과 신문을 비롯해 일상생활에서도 스스럼없이 사용하는 용어가 되었다. 그도 그럴 것이, 텔레비전 예능 프로그램에 스스로를 '오덕후'라고 소개하는 사람들이 등장해 화제가 된 지도 거의 10년에 가까운 시간이 흐르지 않았는가!

처음에는 너무나 특이하고 이상해서 '평범한 사람들은 이해하기 어렵다'는 의미로 '화성인'이라고 소개되었던 이들은 이제 '능력자'로 인식되기에 이르렀다. 이는 우리가 오덕후를 바라보는 틀이 '이상하고 특이한 사람'에서 이제는 '비범한 능력이나 열정이 있는 사람'으로 바뀌었다는 사실을 반영한다. 이처럼 인터넷에서 혹은 실생활에서 서로를 놀리거나 스스로를 비하하는 단어였던 오덕후는 이제 아마추어임에도 순수한 열정으로 유행을 이끌어나가는 존재로 한국사회에서 인식된다.

잘 알려져 있다시피, 우리 일상에 파고든 오덕후라는 용어는 1970년대 이후 일본사회에 나타나 현재 전 세계적으로 널리 알려진 오타쿠가 그 어원이다. 이 글은 전 세계적으로 인기를 끌고 있는 일본의 만화·애니메이션·게임과 함께 이제는 세계적으로 그 존재가 알려진 오타쿠를 현대 일본사회와 대중문화의 변화라는 맥락에서 이해하는 것을 목적으로 한다.

이 글에서 살펴볼 구체적인 질문들은 다음과 같다. 첫째, 사회·문화적인 범주로서 오타쿠는 어떻게 탄생했는가? 둘째, 50년 동안 오타쿠 내부에는 어떤 변화가 일어났고, 이는 당시 일본사회와 어떤 관련을 맺는가? 셋째, 1990년대 이후부터 본격화된 일본 대중문화의 세계화와 오타쿠 문화는 어떤 관계가 있는가? 마지막으로 이들은 주류 일본사회에 어떤 사회·문화적인 영향을 끼쳤으며 일본사회의 젠더 문제와 어떤 관계인가? 이상의 질문에 하나하나 답하다보면 오타쿠와 오타쿠 문화뿐 아니라 1970년대 이후 현재까지 변화한 일본의 사회·문화적 상황을 폭넓게 이해할 수 있을 것이다.

자기표현을 위해 소비하는 세대

오타쿠라는 단어에는 특정 이미지가 따라다닌다. 여러분도 이 말을 보는 순간 떠오르는 특정 인상이 있을 것이다. 일반화를 무릅쓰고 말하자면, 그 이미지는 대부분 남자일 것이다. 그리고 유행에 뒤떨어진 패션과, 외모에 무신경하고 타인의 시선에 무관심한 이미지 등이 그 뒤를 따른다. 또한 현실의 인간관계보다 이른바 2차원, 즉 자기가 좋아하는 캐릭터를 더 중시하는 모습도 특정 가운데 하나로 흔히 지적된다(이런 모습은 텔레비전 등 매스미디어에 출연한 한국인 오덕후가 보여주는 모습이기도 하다).

하지만 오타쿠라는 단어는 원래 두 사람이 대화할 때 상대를 부르는 일본어 존칭인 오타쿠(한국어 '댁' 또는 '당신'에 해당)에서 왔다는 사실은 잘 알려져 있지 않다. 왜 일반적인 2인칭 존칭어가 오타쿠라는 특정한 사회·문화적 범주를 지칭하게 되었을까?

1970년대부터 1980년대 초반까지 미국의 전폭적인 지원을 받은 일본사회는 패전을 극복하고, 수출 중심의 경제로 세계 2위 경제대국으로 고속성장했다. 1979년 저명한 일본연구자 에즈라 보겔Ezra Vogel의《일등국가 일본JAPAN as Number One》등 베스트셀러가 연이어 출판되기도 했다. 경제적으로 풍요로운 일본사회에 일본인의 자신감이 높아진 시기도 바로 이때다.

오타쿠는 이런 경제적인 풍요를 바탕으로 일본 내수용 대중문화산업이 비약적으로 발전한 결과 탄생한 사람들이다. 당시 대중문화의 주류인 텔레비전 프로그램, 대중음악J-POP, 영화산업만 발전한 것이 아니라, 상대적으로 어린이용으로 간주되었던 만화·애니메이션도 출판산업·영상산업의 발전과 함께 점차 독자층과 시청자층이 폭넓어졌다. 1960년대부터 1970년대에 걸쳐 큰 인기를 누린 데즈카 오사무手塚治虫의《우주소년 아톰鉄腕アトム》,《우주전함 야마토宇宙戦艦ヤマト》등의 어린이용 만화·애니메이션을 보면서 자란 세대들은 성인이 되어서도 여전히 팬으로 남았고, 보다 본격적으로 자신들의 취미를 추구하는 성향이 있다.

일본의 만화·애니메이션·게임 산업은 새로 등장한 성인 팬을 의식한 작품을 본격적으로 제작했고, 팬들은 서로 교류할 기회를 적극적으로 찾기 시작했다. 이때 그들이 서로를 부르는 호칭이 바로 '오타쿠'였다. 예를 들면 "댁은 어떤 캐릭터 팬이에요?"라는 식의 말투를 사용했던 것이다.

친한 친구들과 이런 말투로 대화한다면 이상하고 어색했겠지만, 당시 오타쿠들은 일부러 이 호칭을 사용하면서 자신들만의 소통방식에 편안함을 느꼈던 것 같다. 무엇보다 오타쿠라는 말을 사용하면, 굳이 상대방의 이름을 몰라도(즉 개인적인 관계를 맺지 않아도) 관심 가는 주제로 대화를 이어갈 수 있다는 점에서 독특한 언어습관이었다. 또한 이는 오타쿠들에 대한 선입견 가운데 하나인 사회성 부족, 즉 대화상대에 관심을 보이기보다는 애니메이션·만화 등 내용에만 관심이 보인다는 점을 단적으로 보여주는 호칭이기도 하다. 이 호칭은 오타쿠들 스스로 붙인 명칭이 아니라 문화평론가 나카모리 아키오中森明夫가 명명한 것이라는 사실도 덧붙인다.

여기서 오타쿠는 특정한 유형의 사람들을 지칭하는 용어라는 점을 좀더 구체적으로 살펴보겠다. 주류 대중문화에서 주변화된 만화·애니메이션·게임·특수촬영·밀리터리 등 오타쿠가 애호하는 콘텐츠를 의미하는 오타쿠 콘텐츠에 대한 이야기와 오타쿠에 대한 이야기는 구분되어야 할 필요가 있다. 왜냐하면 오타쿠는 1970~80년대 일본사회에서 점차 학생운동이 퇴조하고, 경제가 발전하면서 생산보다 소비를 중시하는 소비사회로 변모하는 과정에 나타난 사람들로, 만화·애니메이션·게임 등을 소비하면서 자신을 찾고자 했기 때문이다.

오타쿠가 만화·애니메이션·게임 등을 '소비'한다는 점은 이들을 이해하는 데 매우 중요하다. 오타쿠의 탄생과 이후 전개를 이해하기 위해서는 1980년대 일본을 풍미한 소비사회라는 배경을 반드시 살펴보아야 하기 때문이다. 1980년대 일본사회는 급격한 경제발전과 더불어 달러 대 엔화의 가치가 인위적으로 상승해 자산가격이 급등했으며, 이로 인해 투자처를 잃은 자금이 사회 전체에 넘쳐나는 거품경제의 한가운데 있었다. 노동자와 자본가라는 계급구분이 사라지고 일본인 모두가 중산층이 되었다는 '1억 총중산층사회'라는 신화가 진지하게 논의되던 시기가 바로 이때이기도 하다.

이 시대를 풍미한 소비사회론은 일본사회 전후에 축적해온 경제적 힘을 배경으로 등장했다. 소비사회란 생리욕구를 충족시키기 위한 소비만이 아니라 자본주의가 고도로 발달해서 문화적·사회적 요구를 충족시키기 위한 소비가 광범위하게 이루어지는 사회를 가리킨다. 특히 계급구분이 명확한 영국 등 서구사회에 비해 일본은 상대적으로 고급문화가 미약하고 대중문화를 전 사회적으로 향유하는 특징이 있다.

이를 배경으로 1980년대 일본에서는 계급과 계층을 넘어 부유층과 일반 대중의 상품소비에 유의미한 차이가 보이지 않는 '소비의 평등화(민주화)'가 발생했다. 그 결과, 범람하는 상품 속에서 자신을 표현하기 위해 소비하는 '자기표현으로서의 소비'가 일반화되었다.

이 시기에 일본의 젊은이들 다수는 기성세대와는 다른 '신인류新人類'를 표방하고 소비로 자신을 표현하는 것을 당연하게 여겼다. 디자이너 브랜드의 의류와 고급 자동차, 테니스 등을 취미로 즐기며, 학문과 사상조차 쇼핑하듯 소비하면서 풍요로운 일상을 향유한 신인류 젊은이들에 비해 오타쿠들은 음침하고 외모에 관심이 없으며 자신만의 세계에 파고드는 존재로 그려지곤 했다.

그러나 중산층 가정에서 자라 풍족하게 주어지던 용돈이나 여유자금을 자신들의 취미에 마음껏 투자한 사람들이라는 점을 생각해보면 오타쿠 또한 1980년대 소비사회가 만들어낸 존재라고 할 수 있다. 신인류와 소비하는 대상과 관심이 달랐을 뿐, 근검절약과 생산을 미덕으로 삼던 구세대에 대비해 신인류와 오타쿠는 소비라는 관점에서는 유사한 존재였고, 1980년대 일본을 상징하는 존재였던 것이다.

이런 신인류와 오타쿠의 관계를 단적으로 보여주는 애니메이션이 있다. 《신세기 에반게리온新世紀エヴァンゲリオン》 제작사로 유명한 가이낙스에서 오카다 도시오岡田斗司夫가 기획·각본을 맡아 제작한 1991년 작품인《오타쿠의 비디오おたくのビデオ》가 그것이다.

작품 초반에 남주인공인 구보는 전형적인 신인류로 등장한다. 아무것도 진지하게 대하지 않고 오직 소비와 연애에만 관심이 있는 대학친구들을 보고 진지한 성격의 구보는 위화감을 느낀다. 그러다 우연히 만난 고등학교 동창인 다나카의 영향으로 구보는 애니메이션의 세계, 그리고 취향이 같은 사람들의 모임에 빠져든다. 자신의 취미를 추구하느라 옷차림에 신경 쓰지 않고 여자친구에게 소홀해지며 점점 더 오타쿠가 된 구보는 결국 실연당한다.

여자친구가 자신을 떠난 이유, 사람들이 오타쿠를 싫어하는 이유를 납득하지 못하는 구보가 마지막에 '이럴 바에는 오타쿠의 왕, 즉 오타킹이 되겠다'고 선언하면서 작품은 끝난다. 일견 전혀 다른 범주로 보이는 신인류와 오타쿠가 이렇게 1980년대 소비사회라는 동일한 시대배경에서 태어났고 서로 차이를 두면서 차별화되었다는 점을 오타쿠의 입장에서 증언하는 작품이라는 점에서 매우 흥미로운 사례다.

오타쿠는 사회에서 구세대가 중시했던 '생산'과는 달리 어린이들이 좋아하는 취미로만 여기던 이른바 오타쿠 콘텐츠를 탐닉하고 적극적으로 소비했다. 이를 통해 기존의 일본사회가 요구하는 어른들의 덕목(성인으로서 주어진 의무를 다하기 위해 자신을 희생하고 사회적 역할을 수행하라는 덕목)을 거부했다는 점도 주목할 필요가 있다. 1990년대를 대표하는 《신세기 에반게리온》, 그리고 이에 직접적인 영향을 받은 것으로 알려진 라이트노벨(라노베) 열풍과 세카이계(남녀 주인공을 중심으로 한 작은 관계문제가 세계의 위기와 종말이라는 추상적인 대문제로 직결하는 작품군) 콘텐츠의 증가는 이처럼 성장을 거부하는 세대라는 특수성에서도 기인한다.

신산업의 떠오르는 주역

1980년대 초반에 '오타쿠'가 명명되었지만, 실제 오타쿠들은 1970년대부터 이미 형성되었다. 그들은 오타쿠 콘텐츠의 발전과 함께 꾸준히 증가했으나 사회적으로 두드러진 존재는 아니었다. 자신이 좋아하는 콘텐츠에만 집중하고 타인과의 커뮤니케이션을 의도적으로 회피하는 이들의 성향에 주류사회는 그다지 큰 관심을 보이지 않았다.

이들이 사회·문화적 범주로서 이미지를 명확히 한 계기는 역설적이게도 바로 1989년 발생한 미야자키 쓰토무宮崎勤의 도쿄 사이타마 여아 유괴·살인사건이었다. 잔혹하고 엽기적인 방식으로 여섯 명의 여아를 살해한 범인의 방에서 몇천 개의 비디오와 만화, 동인지가 발견되면서 '오타쿠는 정신이상자이자 범죄예비군'이라는 강렬한 이미지를 부여받았다. 여성 비율이 낮지 않은 오타쿠에 남성 이미지가 덧씌워진 것 또한 미야자키 쓰토무의 범죄가 가져온 충격에서 기인했던 바가 크다. 성인 남성임에도 성인 여성 대신 소녀나 여자아이의 이미지를 좇는 롤리타 콤플렉스(로리콘) 만화가 1980년대부터 인기를 끌었다는 점과 결부되어, 이 당시 오타쿠는 대등한 성인과의 커뮤니케이션을 두려워하는 미숙한 자아로 간주되기도 했다.

그렇다면 현재 오타쿠는 어떤 이미지일까? 미야자키의 범죄가 일어난 지 약 30년이 지난 현재, 오타쿠에 대한 부정적인 이미지는 상당히 약화된 상태다. 오타쿠 콘텐츠가 세계적으로 인기

를 끌고 그에 따른 경제적인 효과가 부각되면서 오타쿠에게 덧씌워졌던 극단적인 이미지는 거의 사라졌다. 앞서 언급한 가이낙스의 사례처럼 청소년기에 오타쿠였던 팬들이 인기작품을 만들어내고, 세계적으로 주목을 받으면서 오타쿠들은 관련 산업의 주역으로 등장했다. 오카다 도시오도《오타쿠학 입문オタク学入門》등의 저술활동과 강연을 통해, 오타쿠와 오타쿠 콘텐츠가 세계적으로 수출되어 높은 평가를 받는다는 점을 강조하는 등의 사회적 활동을 1990년대부터 전개하기 시작했다.

물론 여전히 오타쿠는 커뮤니케이션에 취약하고 관계 맺기에 미숙하다는 인상이 강하다. 그러나 이런 선입견이 언제나 부정적으로만 작용하지는 않는다는 점이 흥미롭다. 특히 오타쿠 콘텐츠는 1990년대 이후 '잃어버린 20년'을 보내는 일본사회에서 여전히 '팔리는' 상품이자 세계적으로 주목을 받는 콘텐츠라는 점에서 새롭게 평가받았고, 이 콘텐츠를 소비하는 동시에 생산하는 존재로서 오타쿠는 새로운 이미지를 부여받았다.

이를 단적으로 잘 보여주는 것이 일본의 익명게시판인 니찬네루의 게시물로 시작해 2005년 텔레비전 드라마로 제작되기에 이른《전차남電車男》이다.《전차남》의 남주인공은 촌스럽고 열등한 외모, 이상한 말투에 패션은 유행에 뒤떨어졌으며, 미소녀 캐릭터 상품을 가지고 다니는 등, 오직 애니메이션과 만화, 게임 캐릭터를 사랑하는 전형적인 오타쿠로 그려진다. 이 작품은 우연히 전차 안에서 벌어진 사건으로 인해 남주인공이 세련되고 멋진 상류층 출신 여주인공을 만나 지고지순한 사랑을 나눈 결과 서로 맺어지는 러브스토리다. 러브스토리의 주인공으로 오타쿠가 등장했다는 사실, 그리고 공중파 텔레비전의 드라마와 영화로까지 제작되어 해외로 수출되었다는 사실은 당시 일본사회에서 오타쿠의 이미지가 한층 긍정적으로 바뀌었다는 점을 단적으로 보여준다. 커뮤니케이션에 미숙하고 촌스러운 이미지가 오히려 세파에 닳지 않고 순수한, 사랑하는 여성만을 생각하는 지고지순한 남성으로 변환되어 묘사된 것이다.

1980년대 자기만의 세계에 틀어박힌 사회부적응자로 간주되었던 오타쿠는 1990년대 범죄예비군이자 정신이상자라는 부정적인 이미지가 강화되었다. 그러나 2000년대 이후, 일본 대중문화 수출의 첨병이자 진실함과 성실함을 상징하는 존재로까지 변화했다. 이를 통해 오타쿠라는 사회적 범주와 이를 둘러싼 이미지가 고정된 것이 아니라 사회·문화·경제적인 상황과 관련을 맺으면서 지속적으로 변화했다는 점을 이해할 수 있다.

코믹마켓의 탄생과 오타쿠 세대 변화상

현실 속 오타쿠를 직접 만나기 위해서는 어디로 가야 할까? 인터넷에서 다양한 커뮤니티를 찾을 수도 있겠지만, 일본이라면 코믹마켓(Comic Market, 코미케)을 방문할 것을 추천한다. 1975년에 시작해 2015년에 40주년을 맞이한 일본의 코믹마켓이야말로 일본 전국의 오타쿠뿐 아니라 전 세계 오타쿠가 모여드는 '오타쿠의 축제'라 할 수 있기 때문이다.

일본 오타쿠와 오타쿠 문화의 기원을 추적하면 반드시 만나게 되는 이 행사는 일본 최대 규모이자 40년 이상의 역사를 자랑하는 이벤트, 특히 동인지즉매회다. 1975년에 서른두 개 서클サーク ル이 참여하고 700명이 입장하면서 시작한 이 행사는 2018년 현재 1년에 두 번, 각각 50만 명 이상을 동원하는 거대 이벤트로 성장했다. 개최비용만 6억 엔, 경제가치로는 100억 엔에 이른다는 분석이 있을 정도다.

초창기 코믹마켓은 1970년대 당시 일본의 기성 만화계에 대한 반발로 메이지 대학의 만화 비평 서클인 '메이큐迷宮'가 중심이 되어 개최되었다. 개인작가가 그리는 패러디가 중심인 현재와는 달리, 기성 만화와는 다른 새로운 만화를 표방하는 창작만화가 대부분이었고 대학의 만화 서클, 그리고 아마추어 여성작가와 여성작가들이 그리는 소녀만화 팬들의 참여가 두드러졌다고 한다. 코믹마켓은 초창기부터 이념이나 성향에 따라 참가자를 차별하지 않고 팬들의, 팬들을 위한, 팬들에 의한 표현을 중시하는 방침을 유지하고 있으며 이는 2018년 현재까지 코믹마켓의 가장 중요한 이념으로 자리 잡았다.

기업이 계획하고 치르는 여타 동인지 이벤트와 코믹마켓이 근본적으로 구분되는 지점은 코믹마켓의 참가자, 즉 동인지를 제작해 판매·배포하는 서클, 일반 독자, 준비회 등이 모두 평등하다는 점이다. 자원봉사자로 구성된 코믹마켓 준비회가 주최한 행사라 모두가 동등한 참가자라는 점, 표현의 자유를 지키려는 태도 등이 특징이다. 단적으로 코믹마켓은 사적인 사업도, 정부 외 단체가 운영하는 공적인 사업도 아닌 자원봉사자들의 단체가 준비회라는 점을 명확하게 밝힌다. 또한 최근에는 코믹마켓의 경제효과 및 일본 콘텐츠 산업에 끼치는 영향, 그리고 전 세계에 형성된 일본 오타쿠 콘텐츠의 팬덤이 알려지면서 주류사회에서도 주목하는 이벤트로서 지속적으로 성장하고 있다.

　동시에 코믹마켓은 예전부터 사회적인 우려의 대상이기도 했다. 우선 아마추어 창작이라고는 하지만 많은 동인지가 기존 작품을 패러디한다는 점에서 저작권 침해의 소지가 있으며 이로 인한 소송에서 아마추어 작가가 처벌을 받았던 사례도 있다. 실제로 기존 작품의 패러디가 주류를 차지하는 동인지문화에서 저작권은 뜨거운 논란의 대상이다. 패러디한 동인지가 대부분 열성적인 팬덤의 창작물이라는 점을 아는 출판사 및 원작자들은 묵인하는 경우가 많지만, 법적인 문제에서는 여전히 회색지대에 놓여 있다.

　기존 작품의 동인지 다수가 성적_{性的}인 내용을 패러디한다는 점에서 음란물 유통의 문제가 있는 등 코믹마켓을 둘러싼 비판의 목소리도 적지 않다. 실제로 최근 코믹마켓이 열리는 도쿄 빅사이트가 위치한 도쿄도의 이시하라 신타로石原慎太郎 전 도지사는 '도쿄도 청소년의 건전한 육성에 관한 조례東京都青少年の健全な育成に關する条例'를 실시했다. 가상의 청소년, 즉 만화·애니메이션·게임 등에

등장하는 청소년 캐릭터의 음란한 묘사를 처벌하는 내용을 담은 이 조례는 코믹마켓 제도와 상충하는 경우다.

이와 같은 문제점이 있음에도 코믹마켓은 1970년대 중반 시작되어 1980년대 거품경제와 함께 폭발적으로 성장했고, 1990년대 거품경제 붕괴에 위축되었던 것도 잠시, 지속적으로 규모가 확장되고 있다. 그 과정에서 오타쿠 세대도 변화해갔다.

우선 1960년대생이 중심인 오타쿠 1세대는 일반적으로 에스에프sf에 관심이 많고 당시 성장한 일본 애니메이션을 본격적으로 향유한 세대다. 대표적인 작품으로 《우주전함 야마토》와 《마징가Z マジンガーZ》 등을 들 수 있다. 기성 만화와는 다른 새로운 만화, 팬들이 중심인 만화문화를 지향했던 코믹마켓을 이 세대들이 만들었다.

1970년대생이 주축인 오타쿠 2세대는 1980년대 거품경제의 수혜를 받은 출판업계와 관련 영상업계가 폭발적으로 성장하는 상황에 등장한 사람들이다. 《기동전사 건담機動戰士ガンダム》 등 일본 애니메이션의 고전뿐 아니라 이 당시 발전한 게임기와 게임 산업을 향유했고, 《주간 소년 점프週刊少年ジャンプ》 등 일본만화의 전성기를 겪은 세대이기도 하다. 코믹마켓 또한 이 시기에 규모와 내용면에서 비약적으로 성장했는데, 이를 이끈 것은 여성 팬들을 중심으로 기존 남성 캐릭터 사이의 관계를 동성애적으로 패러디한 '야오이やおい' 분야였다.

1980년대생이 주류인 오타쿠 3세대는 거품경제의 붕괴를 청소년기에 직접 겪은 세대다. 1990년대 이후 일본의 잃어버린 20년을 체험한 세대이기도 하다. 《신세기 에반게리온》이 상징하는 암울한 미래와 커뮤니케이션 능력을 상실한 오타쿠의 문제가 사회적으로 주목을 받았고 사회·문화 비평의 대상이 되는 등, 주류사회에서 오타쿠 문화에 관심을 보이기 시작한 시기이기도 하다.

한편 오타쿠 3세대가 청소년기를 지낸 1990년대는 일본 내에서는 잃어버린 20년이라 불리는 암울한 시기였지만, 만화·애니메이션·게임 등 오타쿠 콘텐츠가 통신기술에 힘입어 본격적으로 세계화하는globalization 시기이기도 했다. 포켓몬이나 헬로키티 등 세계적으로 인기를 끈 캐릭터뿐 아니라 오타쿠 자체가 세계적으로 알려지고 오타쿠를 자처하는 팬들이 생겨나기 시작한 것도 이 시대다.

1990년대생 이후를 가리키는 오타쿠 4세대는 2000년대 이후 일본사회에서 오타쿠 콘텐츠가 주류문화가 되는 상황을 직접 겪은 세대다. 오타쿠 콘텐츠의 세분화·다양화가 일어나는 동시에 인터넷이 발달함에 따라 오타쿠 취미가 보편화되어 주류문화의 일부로 편입되기 시작했다. 특히 이 시기는 뒤에서 살펴볼 일본정부의 '쿨 재팬 정책' 등과 연결되어 오타쿠 콘텐츠의 경제적 잠재력에 대한 재평가가 이루어지는 등, 은밀한 취미라는 과거 오타쿠 콘텐츠에 대한 인식이 점차 사라지고 있는 것이 현실이다.

이런 세대변화에 따라 코믹마켓의 성격도 서서히 변화하고 있다. 물론 다양한 콘텐츠를 사랑하는 팬들이 모여 직접 창작한 동인지·동인음악·동인게임·동인사진집·굿즈(기념품) 등 다양한 창작물을 자유롭게 배포하고 공유하는 장으로서의 기능은 여전하다. 한편 일본인이 아닌 외국인의 참가가 늘어나고 있고 코믹마켓 준비회 또한 해외 관련 이벤트와 적극적으로 연계할 뿐 아니라 과거에 비해 주류사회와 적극적으로 홍보 및 협력하는 등, 오타쿠 콘텐츠와 주류문화의 관계가 변화하는 모습이 코믹마켓에서도 동일하게 나타난다는 점은 특기할 만하다.

죽은 도시를 취향이 살리다

앞서 오타쿠의 이미지가 변화한 역사와 오타쿠 콘텐츠의 경제적인 효과 및 세계적으로 주목받는 모습이 2000년대 이후 일본에서 일어나고 있다는 점을 다루었다. 오타쿠의 힘이라고도 말할 수 있는 이런 영향력이 최근에는 도시 자체를 바꾸었다는 흥미로운 분석이 있다.

모리카와 가이치로森川嘉一郎는 오타쿠들의 성지로 불리는 아키하바라가 전후부터 지금까지 어떻게 변화했는가를 '취도趣都(취향이 만들어낸 도시)의 탄생'이라는 키워드로 분석하고 있다. 아키하바라는 전후 전기부품 판매업자들이 밀집한 지역으로, 이후 일본의 전자제품 산업이 발전함에 따라 전자제품과 부품의 도소매업자가 거대한 상권을 이루었다. 특히 1980년대까지 일본은 지속적으로 전자제품을 개발해 세계 최고의 전자제품 산업으로 발전시켰다. 당시 아키하바라는 소니나 미쓰비시 등에서 만든 전자제품을 구입하려는 일본인뿐 아니라 외국인 관광객도 즐겨 방문하는 전자제품 타운이었다. 특히 1990년대 초반까지만 해도 소니의 워크맨으로 대표되는 일본의 전자제품은 세계 젊은이들이 가지고 싶어하는 꿈이기도 했다.

그러나 인건비 상승으로 아키하바라에서 판매되던 전자제품들이 점차 일본에서 생산되지 않고 거품경기로 도심부의 임대료가 급속히 상승하면서 교외에 전자제품 양판점이 들어선다. 그 결과, 아키히바라에도 점점 빈 빌딩이 늘어났다. 1990년대 중반 이후 경제가 침체되고 일본 전자산업도 점차 타이완과 한국 등의 신흥 산업국가에 추격을 당하면서 가격경쟁력을 잃는 등 산업구조에 변동을 겪는다.

그 결과 아키하바라에는 당시 점차 시장이 커지고 있던 컴퓨터 부품을 주로 취급하는 상점들이 증가했다. 이때 컴퓨터에 친숙한 인격으로 등장하는 사람들이 바로 오타쿠다. 오타쿠들은 컴퓨터로 구현되는 콘텐츠에 보다 민감하게 반응했다. 컴퓨터 부품을 사러 아키하바라에 오는 오타쿠를 겨냥한 콘텐츠를 취급하는 상점들이 서서히 기존의 전자제품 상점들이 있던 장소를 차지했다.

이런 변화는 1997년 아키하바라 한복판에 게임 콘텐츠를 전문으로 취급하는 상점인 게이머즈가 개점하면서 시작되었다. 원래 게이머즈는 1996년 이케부쿠로에 첫 점포를 냈지만, 아키하바라에 개점한 이후 '오타쿠의 성지'라는 아키하바라의 이미지를 구축하는 데 큰 역할을 했다. 게이머즈를 필두로 오타쿠 콘텐츠 전문

점인 애니메이트·토라노아나·소프맵 등이 주오도리(中央通り)에 입점하기 시작해 현재에 이르렀다. 이렇게 2000년대 초반부터 아키하바라는 전자제품 거리가 아닌 오타쿠의 성지로 발돋움한다. 나아가 최근에는 오타쿠가 선호하는 메이드카페나, 아키하바라를 근거지로 현재 전 세계적인 인기를 끌고 있는 여성 아이돌 그룹인 AKB48의 카페 등 독특한 취향을 살린 카페도 등장해 아키하바라의 이미지를 구성하는 데 중요한 역할을 하고 있다.

물론 여전히 아키하바라 뒷골목에는 컴퓨터 제품 상점이나 전자제품 상점들이 있고, 과거를 기억하는 사람들도 많다. 하지만 이런 기억이 있음에도 아키하바라는 이제 전 세계 오타쿠들, 일본의 만화·애니메이션·게임 팬들이 한번쯤 방문하고 싶어 하는 관광지이자 명소라는 이미지가 더 강해졌다.

기존처럼 거대자본이 중심이 된 도시개발이 아니라 오타쿠라는 취미의 공동체가 아키하바라의 빈 공간에 모여들면서 자연스럽게 관련 상품을 파는 점포가 늘어났고, 이후 '오타쿠의 성지'로 발전했다. 모리카와는 일견 거대자본과 비교될 수 없는 취미의 공동체가 만들어낸 '취도'로서 아키하바라의 사회·문화적 의미를 분석한다.

이는 단순히 오타쿠 콘텐츠를 취급하는 상점이 집적되어 상권을 형성했다는 의미와는 다르다. 중요한 것은 자본이나 도시계획이 아니라 일반인의 취미나 기호가 도시를 변화시켰다는 점이다. 이는 세계의 다른 어떤 지역에도 아직 나타나지 않은 현상으로, 아키하바라가 최초이기 때문에 더욱 의미가 깊다.

오타쿠라는 특정한 인격유형이 집적되어 탄생한 새로운 도시로서의 아키하바라와 그를 뒷받침하는 배경으로서 오타쿠, 오타쿠 콘텐츠와 코믹마켓은 2004년 베네치아 비엔날레 '일본관'에 거리 모형이 전시되는 등, 일본을 대표하는 예술작품으로서도 세계적으로 알려졌다.

이처럼 오타쿠와 그들이 향유하는 오타쿠 콘텐츠의 사회·문화적 영향력은 다양한 영역에서 감지된다. 일본사회가 최근 50년 동안 크게 변한 것처럼, 일본의 오타쿠들도 변화했고 그런 변화가 실제로 일본의 도시환경에도 영향을 끼친 것이다. 이렇게 오타쿠 문화는 앞으로도 일본사회, 나아가 세계화의 영향으로 계속 변화할 것이다.

성지순례가 시골마을에 미친 선순환

오타쿠와 지역사회의 관계는 아키하바라의 변화뿐 아니라 2000년 대 이후 일본 전역의 주목을 받은 현상인 '성지순례'에서도 찾아볼 수 있다. 이때 성지순례는 우리가 흔히 아는 종교적인 의미가 아니라, 오타쿠가 애호하는 콘텐츠와 관련이 있는 지역을 '성지'로 간주하고 실제로 방문하는 것을 가리킨다. 콘텐츠 투어리즘의 일종으로, 일본에서는 이를 '애니메 투어리즘'으로 부르는 경우도 많다.

명작소설이나 영화의 경우, 이전부터 작품의 저자·감독 등의 출생지나 생활한 지역에 기념관을 세우거나, 작품의 배경이 된 지역에 관련 시설을 세워 관광명소로 만드는 경우가 많았다. 반면에 오타쿠 콘텐츠는 이런 경우가 드물었다. 여기에는 첫째, 영화나 음악, 텔레비전 드라마 등 주류 대중문화와는 달리 상대적으로 비주류인 콘텐츠가 많고, 둘째, 비교적 최근에 성립한 분야로서 만화·애니메이션·게임 등에 대해서는 아직 문화적·역사적 가치가 확립되지 않았다는 점이 크게 작용했다.

거슬러 올라가면 1990년대 이전 작품에도 팬들인 오타쿠들의 성지순례가 존재하고, 인터넷 등에서 그들이 남긴 기록을 찾아볼 수 있다. 이것이 명확하게 사회적 현상으로 나타난 것은 2007년 방영되어 인기를 끈 애니메이션《라키스타らき☆すた》가 대표적이다.

오타쿠 여고생들의 평범한 일상을 그린 이 애니메이션의 배경이 실제 사이타마 현埼玉縣 와시미야 정鷲宮町이라는 사실이 알려지면서 한적한 시골이었던 이곳을 전국의 팬들이 방문하기 시작했다. 많은 열성 팬이 지역 배경정보를 인터넷에 공유했고, 이를 본 다른 팬들이 다시 성지순례를 계획하는 일종의 선순환이 발생한 것이다.

실제로 애니메이션 방영 직후인 2008년 초, 중요한 배경 가운데 하나인 와시미야鷲宮 신사에 참배한 인원이 약 30만 명을 돌파하고 이후에도 계속 방문객이 끊이지 않았다. 또한 저출생과 고령화로 활기를 잃어가던 와시미야 정 지역은 이를 지역활성화의 계기로 삼아 많은 성공을 거두었다.

《라키스타》에 바탕한 와시미야 정의 지역활성화 사례는 고령화·저출생으로 인한 인구감소 및 경제활력 저하라는 문제를 공유하던 많은 일본의 중소도시·농산어촌 지역에 많은 자극을 주었다. 과거에는 유명 만화가의 출신지역에서 기념관을 건립하거나 만화에 등장하는 캐릭터상을 세우는 정도가 대부분이었지만, 2010년대 이후는 지역활성화라는 보다 명확한 목표를 세웠다.《썸머 워즈サマー·ウォーズ》처럼 자신의 지역을 애니메이션의 배경으로 사용하도록 요청하는 등, 콘텐츠 제작사에 적극적으로 협력하는 사례도 증가하고 있다.

또한 이 현상은 최근 증가하는 콘텐츠 투어리즘과 맞물려 학계뿐 아니라 일본정부에서도 관심이 많다. 여기서 핵심은 기존에 명소가 중심인 패키지 투어리즘과도 다르고, 여행회사나 주류 매스미디어에서 이끈 유행도 아닌, 팬들의 자발적인 움직임이라는 점이다. 오타쿠 스스로 작품과 관련된 장소를 찾아내고 사진이나 동영상 등으로 정보를 공유하며 이에 반응해 지역사회가 새로운 활성화의 계기로 삼는 등, 능동적인 문화창조가 일어난 사례로서도 고찰할 가치가 있다.

오타쿠 문화의 세계화와 내셔널리즘

2000년대 오타쿠와 오타쿠 콘텐츠에 관련한 사회적인 흐름에서 또 하나 반드시 짚어야 할 지점으로는 '쿨재팬'으로 대표되는 세계화 현상을 들 수 있다. 쿨재팬은 영국의 저널리스트 더글러스 맥그레이Douglas McGray가 과거 경제대국에서 소프트 산업대국으로 변화하는 일본의 이미지를 논하기 위해 만든 조어인 국가총매력GNC, Gross National Cool에서 유래한 용어다. 기모노·게이샤·후지산·사무라이 등 기존의 전통적인 일본의 이미지와 달리 다양한 캐릭터와 만화·애니메이션·게임 등에서 나타나는 새로운 이미지를 분석하기 위한 개념이다.

맥그레이의 에세이가 발표된 후, 일본정부는 기존의 전통문화 중심의 이미지 전략을 대폭 수정하고 세계의 젊은 세대에게 인기를 끌고 있는 오타쿠 콘텐츠 및 캐릭터 산업을 일본의 대외전략 및 산업정책에 적극적으로 활용하기 시작했다. 2000년대 초반부터 시작된 이런 흐름의 결과, 일본을 대표하는 오래된 만화 캐릭터인 도라에몽이 명예 외교대사로 임명되는 등, 현재까지 쿨재팬 정책은 지속되고 있다.

이 과정에서 오타쿠와 오타쿠 콘텐츠야말로 이미 서구화된 일본의 주류사회와 달리 보다 일본의 전통문화, 특히 근대 이전의 에도시대와 밀접하게 연결되어 있다는 해석이 힘을 얻기 시작했다. 오타쿠스러운 미학이 사실은 에도시대의 '이키いき'라는 미학과 유사하다는 오카다 도시오의 주장이 대표적이다. 또한 오타쿠 콘텐츠 자체를 현대미술의 영역으로 도입해 세계적으로 높은 평가를 받은 예술가 무라카미 다카시村上隆 또한 슈퍼플랫superflat이라는 개념을 도입해 만화·애니메이션 고유의 독특한 화면구성이

에도시대 우키요에浮世繪(미인이나 풍경 등을 그린 풍속화로, 대개 판화로 유통된다)의 2차원적인 공간구성과 연결된다고 분석한 바가 있다.

이런 오타쿠 콘텐츠와 에도시대를 연결 짓는 전문가들의 분석뿐 아니라, 인기 있는 만화·애니메이션·게임 등에 끊임없이 일본 이미지가 소환되는 현상을 어떻게 보아야 할까?

정작 일본의 문화상품 가운데 세계적으로 사랑받는 캐릭터들은 헬로키티와 포켓몬처럼 일본 이미지가 미미한 경우가 대부분이다. 바로 이런 무국적 이미지 덕분에 특별한 저항감 없이 많은 문화권에서 받아들여졌다는 점을 상기해보자. 또한 오타쿠 콘텐츠 또한 일본 느낌이 나는 이미지를 사용하는 데 비해, 내용 자체는 어느새 보편화되어 타문화권에서도 받아들여지고 있으며 심지어 그 스타일을 모방한 외국 콘텐츠가 일본으로 역수입되기에 이르렀다. 더는 오타쿠 콘텐츠를 일본스럽다고 부르기에는 애매한 상황에 이른 것이다. 오타쿠를 자임하는 많은 외국인 팬을 생각해보면 더욱더 그렇다.

철학자 아즈마 히로키東浩紀는 만화·애니메이션·게임·특수촬영 등 거의 모든 분야에서 실제 오타쿠 콘텐츠의 원류는 1950~70년대에 미국의 관련 콘텐츠를 수입해 '국산화'한 결과라고 비판한다. 따라서 오타쿠 콘텐츠의 독특함을 일본 고유의 미학이나 에도시대의 전통에서 찾는 것은 패전과 미국의 영향이라는 현대사를 망각한 태도로, 오히려 미국의 압도적인 영향력을 상징적으로 극복하려는 시도에 불과하다는 것이다. 나아가 오타쿠 콘텐츠에서 자주 드러나는 일본에 대한 집착은 전통을 바탕으로 한 것이 아닌, 전통이 소멸한 뒤에 미국산 재료로 일본을 재건하고자 하는 의지의 표명이라는 점에서 이율배반적이라는 지적이다.

실은 1980년대 일본의 주류사회에서도 비슷한 논리가 통용된 적이 있었다. 당시 세계 제2의 경제대국이었던 일본에서는 근대를 건너뛴 '포스트모던' 일본이 서구의 근대성을 극복했다는 내셔널리즘 담론이 인기를 얻었다. 그러나 이런 환상은 1990년대 초반, 거품경제 붕괴와 함께 주류사회에서 힘을 잃었다. 흥미로운 점은 주류사회의 내셔널리즘이 소멸한 현상과 달리, 오타쿠 콘텐츠와 그를 둘러싼 담론에서는 1990년대 후반부터 오히려 내셔널리즘적인 성격이 강화되었다는 점이다.

일본정부에서 쿨재팬 정책을 시작한 것은 이런 분위기와 결코 무관하지 않다. 경제나 정치적 영향력 등에서는 과거와 같은 주도권과 영향력을 유지하지 못하지만 오타쿠 콘텐츠만큼은 일본이 가장 앞서가고 있고, 앞서가야 한다는 믿음으로 쿨재팬 정책을 추진하는 것이다.

아즈마는 일본의 만화와 애니메이션이 가상의 에도시대를 즐겨 그리는 것 또한 전후 일본의 직접적인 기원인 패전과 미국을 건너뛰고 에도시대와 접속시키고자 하는 무의식적인 욕망의 반영이라고 분석한다.

이처럼 오타쿠와 오타쿠 콘텐츠를 분석하는 것은 그저 일부 특이한 사람들의 하위문화를 분석하는 것에 머무르지 않는다. 오히려 전후 일본과 미국, 서구화와 전통이라는 현대 일본사회의 본질적인 문제가 숨어 있는 장이라고 볼 수 있다.

간과된 젠더 문제

지금까지 오타쿠의 등장과 세대변화, 코믹마켓과 아키하바라의 변모로 보는 오타쿠의 사회·문화적인 영향, 그리고 세계화와 내셔널리즘이라는 문제에 대해 살펴보았다. 이를 통해 1970년대 이후 일본사회의 변화를 이해하는 데 오타쿠와 오타쿠 콘텐츠가 하나의 중요한 입구가 되어줄 수 있다는 점을 확인했다.

그러나 지금까지 전혀 논의되지 않은 중요한 논점이 남았다. 바로 오타쿠와 젠더를 둘러싼 여러 쟁점이다. 이 글에서 다룬 논의에서 오타쿠는 모두 '남성'으로 간주되었다는 점을 상기해보자. 즉 오타쿠와 오타쿠 콘텐츠가 표상하는 남성성에 포괄되지 않는 집단, 여성 오타쿠와 그들이 애호하는 콘텐츠에 대한 논의는 거의 없었다. 따라서 오타쿠의 '젠더'를 논의하지 않는 것은 오타쿠 인구의 절반을 무시하는 결과를 초래한다.

왜 이런 현상이 발생했을까? 오타쿠는 모두 남자이기 때문일까? 그렇지 않다는 점을 구체적인 자료를 통해 살펴보자. 2000년대 중반에 코믹마켓에서 통계조사를 실시한 결과, 동인지를 제작하는 서클 참가자의 70퍼센트 이상이 여성이라는 점이 확인되었다. 이는 코믹마켓에 참가한 사람이라면 누구나 아는 사실이다. 그럼에도 왜 오타쿠와 오타쿠 콘텐츠를 남성의 전유물처럼 여기는 것일까?

여기에는 오타쿠 이미지가 특정 유형의 남성과 직접적인 관련이 있다는 점이 가장 크다.[1] 동시에 남성이 애호하는 콘텐츠, 특히 미소녀 콘텐츠는 보다 직접적으로 미디어에 노출되는 데 반해, 여성 오타쿠의 상당수가 애호하는 남성 간의 동성애 관계를 그려낸 작품들은 상대적으로 노출이 적다. 또한 남성 오타쿠가 외부의 시선을 그다지 의식하지 않는 데 비해 여성 오타쿠는 상대적으로 자신의 취향이 주류사회에서 이상하게 보일 수 있다는 점을 강하게 의식한다. 그래서 취향을 외부에 노출하지 않고 취향이 비슷한 팬들로 구성된 '해석공동체interpretive community'에 머무르고자 한다. 이는 외부의 시선에 보다 민감한 여성의 특성을 반영하는 것으로, 일본뿐 아니라 한국을 비롯한 동아시아에서 두드러지는 현상이다.

일본에서는 2005년 노무라종합연구소가 《오타쿠 시장의 연구お宅市場の研究》라는 책에서 여성 오타쿠를 크게 '동인 여자형 오타쿠'와 '정보 고감도 멀티 오타쿠'로 분류해 소개한 이후, 남성 간의 동성애 콘텐츠를 선호하는 여성들, 즉 '동인녀同人女' 또는 '후조시腐女子'에 대한 사회 인지도가 급속히 높아졌다. 물론 이런 성향의 자비출판물인 동인지 등을 제작했던 여성들은 1970년대에도 이미 존재했으며, 이들은 1990년대 출판시장에 진출해 BL Boys' Love로 알려진 여성을 위한 남성들의 동성애를 다루는 분야를 확립한다.

그렇다면 흔히 여성을 위한 남성의 동성애 관계를 다룬다고

알려진 야오이와 BL은 어떻게 다른가? 우선 야오이는 일본의 동인 문화에서 만든 용어로, 기존의 만화나 애니메이션·게임에 등장하는 남성 캐릭터 사이의 동성애 관계를 묘사하는 작품을 만들어내는 여성들이 자신들의 작품을 '클라이맥스가 없고ゃまなし', '이야기에 완결이 없고おちなし', '이야기에 의미가 없다いみなし'고 평한 데에서 기원했다. 동인지를 중심으로 나타난 야오이는 기존 원작을 패러디한다는 점에서 보다 많은 창작층과 팬층을 견인해 동인지문화를 확대하고, 코믹마켓의 저변을 확대하는 데 큰 공헌을 했다.

한편 BL은 일반적으로 여성작가가 여성독자를 위해 창작한 상업출판물로 남성 사이의 동성애 관계를 보다 가볍고 밝게 다룬 작품군을 지칭한다. 이 용어가 처음 사용된 시기는 1990년대 중반으로 알려져 있으며, 이후 야오이는 주로 패러디나 2차창작, BL은 상업출판된 작품을 가리키는 용어로 굳어졌다.

그러나 야오이가 전성기던 1980년대에 활동한 동인작가들이 프로로 데뷔해 BL 작품을 출판하는 사례가 많았기 때문에 BL의 직접적인 기원은 야오이에서 찾을 수 있다. 그런 점에서 야오이는 2차창작, 오리지널 작품 모두를 포괄하는 개념으로도 사용된다. 이렇게 일본에서 탄생한 야오이는 일본의 동인지문화에 근원을 두고 있으며 이는 한국에도 1980년대 후반부터 유입되어 한국의 동인지문화를 팬덤 중심으로 바꾸는 등 큰 영향을 끼쳤다.

야오이·BL에서 다루는 남성 사이의 동성애는 일반적으로 공攻め×수受け로 정해져 있다. 이는 관계에서 신체적·정신적·사회적

으로 우세한 사람은 공, 반대인 사람은 수가 된다는 사실에서 유래
한다. 이 점은 특히 작품 속 성행위 묘사에서 단적으로 드러난다.
작품 대부분에 포함된 성행위에서 공은 성기를 삽입하는 쪽이고,
수는 받아들이는 쪽으로 역할이 고정된 경우가 많다. 이런 공수의
관계를 '커플링ヵップリング'이라고 칭한다. 커플링은 공수 캐릭터의
앞글자를 따서 관용어처럼 사용한다. 심지어 이런 커플링으로 사
물을 보기 시작하면 연필과 지우개, 볼트와 너트와 같은 사소한 일
상의 사물조차 공×수로 해석해 BL 텍스트를 만들 수 있다.

흔히 공수관계·커플링으로 대변되는 남성 사이의 동성애를
애호하는 여성들의 취향은 비정상으로 간주되어 심리학적인 설명
이 뒤따르곤 했다. 남성들이 애호하는 성적인 콘텐츠는 헤테로적
인 관계를 전제하기 때문에 문제시되지 않은 반면, 여성들이 애호
하는 콘텐츠는 성소수자에 대한 차별적인 시선까지 더해져 사회
적인 우려의 대상이 되기도 했다는 것이다.

일본사회에서 야오이·BL에 대한 학술적인 연구의 계보를 추
적한 사회학자 가네다 준코金田淳子는 이를 크게 심리학적 야오이
론과 젠더론적 야오이론으로 구분한다. 심리학적 야오이론은 "왜
당신은 야오이를 좋아하는가?"라는 질문을 중심으로 시작한다. 이
질문은 긍정적인 맥락이든 부정적인 맥락이든 야오이를 해석 가
능한 현상으로 만들고자 하는 노력이다. 한편 이 질문은 쉽게 "야
오이 팬인 여성의 성격은 어떠한가"라는 본질론적인 질문으로 바
뀌어 (심리적으로) 정상적인 여성과 그렇지 않은 동인녀들이라는 방

식으로 흘러갈 위험성을 품고 있다.

BL이 독자층을 확보한 시장으로 성장해 여성을 위한 분야로서 자리를 잡은 지금, 강세를 띠는 이론은 "야오이는 여성과 사회에 어떤 존재인가?"라는 질문을 던지는 젠더론적 야오이론이다. 여성에게 이 분야는 어떠한 효과와 기능이 있는지, 그리고 분야로서 어떠한 특징이 있는지 탐구하는 이 입장은 서구의 팬픽션 전통, 특히 여성을 중심으로 한 슬래시slash에 대한 문화연구에서도 영향을 받았다. 지금까지 여성에게는 불가능한 신성가치로 여겼던 남성 사이의 유대homosocial를 여성들이 전유하고, 이를 로맨스로 전환시켜 애호한다는 행위의 전복적인 의미를 고려할 필요가 있다. 이런 의미에서 세상에 존재하는 다양한 취향 가운데 하나로 야오이·BL은 더는 '이상한' 여자들의 '이상한' 생각이 아닌 것이다.

여성 오타쿠 중에서도 동인녀는 2000년대 중반 이후 새롭게 조명되었다. 특히 야오이·BL 시장이 커지면서 점차 관련 작품의 애니메이션화가 이루어지고 있고 나아가《Free!》등 여성의 취향을 반영한 일반 애니메이션이 속속 제작되는 등, 점차 오타쿠 관련 콘텐츠 소비자로서 여성의 존재가 커지고 있다.

콘텐츠 시장이 변화함에 따라 이런 성향의 콘텐츠를 지지하는 소비자들에 대한 관심도 증가하기 시작했다. 앞서 소개한 노무라종합연구소의《오타쿠 시장의 연구》가 경제적인 관점에서 이들을 분석했다면 최근 페미니즘과 사회학, 만화연구 등을 중심으로 한 일본학계에서도 야오이와 BL을 학술연구의 대상으로 삼아 활발히 연구하고 있다.

무엇보다 흥미로운 움직임은 여성 오타쿠들이 과거와는 달리 점차 관련 콘텐츠의 주인공으로 등장하는 사례가 증가하고 있다는 점이다. 이는 오카다 도시오 등 남성이 스스로 오타쿠라는 점을 강조하면서 오타쿠론을 펼쳐왔던 것과는 극명하게 대조된다. 동인녀들이 취향을 숨겨야 하고 '제발 가만히 놔두세요'라는 입장을 취해왔다는 점을 생각해보면 놀라운 변화다. 2000년대 후반 출판된《부녀자 그녀腐女子彼女》와 동인녀의 일상을 그려서 인기를 얻은《이웃집 801양となりの801ちゃん》, 그리고 최근에 인기를 얻고 있는《동인녀 츠즈이씨腐女子のつづ井さん》가 바로 그런 작품들이다.

이 작품들의 주인공은 평소에는 취향을 숨기고 지낸다. 그러나 무난한 겉모습과 달리 그들의 진실한 모습은 야오이·BL만화를 감상하고, 남성들의 친밀한 모습에서 동성애 관계를 망상하며, 좋아하는 야오이 작품의 패러디 동인지를 만들어 동인 이벤트에 참가하고, 친구들과 함께 코스프레를 하는 등 동인녀의 삶을 실천한다.《이웃집 801양》의 주인공 경우, 평범한 겉모습과 달리 좋아하는 야오이나 BL을 접하면 갑자기 겉모습을 벗어던지고 털북숭이가 튀어나오는 식으로 여주인공을 묘사하는데, 이 괴물이야말로 동인녀들의 본모습인 것이다.

또한 이들에게 중요한 활동 가운데 하나로 동인 이벤트 참가를 들 수 있다. 코믹마켓과 같은 동인 이벤트야말로 취향이 같은 동인녀들이 모여서 동인지를 배포하고 마음껏 표현할 수 있는 시공간이다. 이런 즐거움은 실제 동인녀들의 인터뷰에서도 흔히 발견되는 것이기도 하다.

나아가 이들의 은밀한 커뮤니케이션, 외부에 노출되기 싫어하는 성향은 지금까지 사회적 시선에 대한 도피 혹은 욕망의 주체로 나서기를 거부하는 보수성으로 해석하는 경우가 많았다. 그러나 미조구치 아키코溝口彰子는 BL에 대한 여성들의 논의가 여성들로만 구성된 공간, 즉 레즈비언스러운 공간이라는 사실을 지적한다. 그녀에 따르면 이른바 팬덤으로만 이루어진 커뮤니티, 바꾸어 말하자면 동인녀·후조시 커뮤니티는 실제 살펴보면 10대에서 50대에 이르는 여성들이 성적인 망상을 교환하고 교감하는 장소다. 실제 일본의 페미니스트인 구리하라 지요栗原知代는 이를 '시스터후드sisterhood(자매애)', 나아가 분리주의 레즈비언 운동과 닮았다고 평하고 있을 정도다.

그리고 점차 일본의 동인녀, 그리고 이들이 애호하는 BL·야오이 문화 또한 전 세계적으로 수용되고 있다. 미국에서 열리는 야오이콘Yaoicon은 야오이를 주제로 하는 만화·애니메이션 컨벤션으로, 미국의 관련 컨벤션 가운데 1, 2위를 다투는 규모를 자랑한다. 슬래시와 게이 운동의 전통이 있는 서구에서도 남성 사이의 동성애, 특히 만화로 묘사되는 작품은 여성만을 위한 새로운 분야로서 여성 독자들에게 신선하게 다가가고 있다. 그리고 미드나 영드로 불리는 서구의 브로맨스 드라마·영화가 동아시아에 수입되고, 이들의 팬들은 인터넷을 통해 서구의 팬픽션을 찾아 월경하고 있다.

오타쿠를 보면 현대 일본이 보인다

이처럼 오타쿠와 오타쿠 콘텐츠에 대한 주류사회의 관심과 기대는 점차 높아지고 있다. 그렇다면 오타쿠 문화의 미래는 어떠할까? 마지막으로 최근 부각되고 있는 오타쿠 문화를 둘러싼 문제들을 간단히 살펴보면서 앞으로의 방향성을 가늠하고자 한다.

첫째, 오타쿠들이 즐기는 성인용 콘텐츠, 특히 외견상 여자아이로 보이는 소녀들에 대한 폭력적인 성행위를 묘사하는 이른바 로리콘 콘텐츠에 대한 비판을 들 수 있다. 실제 아동을 착취해 만든 포르노그래피는 아니지만 만화·애니메이션·게임 등에서 명백하게 아동으로 보이는 대상을 성인 남성이 성적으로 착취하는 모습이 묘사되는 콘텐츠에 대해서는 여성을 중심으로 한 주류사회의 비판이 많다. 특히 서구에서는 실제 포르노그래피가 아닌 경우에도 문제적으로 취급되기 때문에 일본의 이런 콘텐츠들이 서구 매스미디어에서 비판을 받는 경우도 적지 않다.

둘째, 첫째와 관련해 오타쿠 문화에 내포된 남성 중심성에 대한 비판도 적지 않다. 오타쿠라는 표상이 이미 남성을 전제하고 여성의 존재는 가려진다는 점을 생각해보면 오타쿠와 오타쿠 콘텐츠에서 보다 젠더적인 측면에 대한 고민이 필요하다는 지적이다.

셋째, 여전히 해결되지 않은 저작권문제다. 코믹마켓에서도 알 수 있듯이, 일본 오타쿠 문화의 기반은 패러디를 중심으로 한 동인지문화에서 찾을 수 있는데 이때 패러디는 기본적으로 원작자 및 제작회사의 저작권을 침해하는 것으로 볼 수 있기 때문이다.

동시에 오랜 역사를 바탕으로 '그레이존'으로 존재해온 동인지문화를 통해 배출된 프로페셔널 작가 및 관련 콘텐츠 종사자의 수를 생각해보면 이를 저작권 침해냐 아니냐만으로 따지기는 어렵다. 이런 변화된 상황을 반영해 과거와는 달리 최근 일본정부는 이를 저작권자와 팬들의 문제로만 치부하지 않고, 일본의 중요한 창작 문화로서 동인지를 바라보고 건설적인 해결방안을 모색하고 있다.

넷째, 시장불황과 노동환경의 악화에 따라 일본 내 관련 콘텐츠 종사 인구가 감소하고, 오타쿠 콘텐츠의 스타일을 모방한 해외 콘텐츠가 약진하고 있다는 점이다. 일본 콘텐츠 업계의 불황은 오래전부터 논의된 사항이지만, 오타쿠와 오타쿠 문화가 양적·질적인 면에서 모두 훌륭한 작품들과 이를 만든 사람들에 의해 지탱되어왔다는 점을 생각해보면 이는 중대한 위기다. 또한 오타쿠 콘텐츠의 스타일이 '세계화'됨에 따라, 한국이나 중국 등에서 비슷한 스타일로 개발한 콘텐츠들이 오히려 질적으로 더 완성도 높은 경우도 늘어났다.

다섯째, 오타쿠와 주류사회의 관계, 나아가 공적 기관에서 오타쿠 문화에 접근할 때 어떤 태도가 요구되는지에 대한 논쟁이 일어나고 있다. 전후 오랜 기간 동안 일본적인 전통문화가 중심이었던 일본 정부의 이미지 전략이 2000년대 이후 쿨재팬 정책으로 바뀌면서 오타쿠 콘텐츠를 적극적으로 포섭하고 있지만, 이 과정에서 오타쿠 콘텐츠 특유의 재미, 그리고 그 재미의 상당한 부분을 차지하는 '바람직하지 않은' 내용으로 구성된 콘텐츠는 배제되고 삭제된다.

그러나 이때 바람직한 것과 바람직하지 않은 것의 기준은 어디에 있는가? 그것을 정하는 것은 누구인가? 대중에게 소비되고 향유되는, 가장 대중의 취향에 밀착한 작품을 만드는 것을 가장 중요한 덕목으로 삼는 오타쿠 콘텐츠의 제작자와 창작자, 특히 제1세대, 2세대 오타쿠들은 이 상황에 대해 우려하고 있다. 또한 이는 단순히 오타쿠의 취향 문제로 귀결되는 것이 아니라는 점을 염두에 두어야 한다. 제2차 세계대전 당시 검열을 자행했던 군국주의의 과거를 망각하지 않음으로써 대중문화로서 오타쿠 콘텐츠의 고유성을 지키고자 하는 노력이기도 하다.

흥미로운 것은 오타쿠와 오타쿠 콘텐츠가 직면한 문제들이 현재 일본이 부딪힌 문제와 공명한다는 사실이다. 로리콘 표상이나 콘텐츠에서 나타나는 젠더 의식의 문제, 노동환경의 악화로 인한 인력 양성의 어려움 등은 비단 오타쿠만의 문제가 아니다.

이렇게 오랜 역사에 바탕해 독특한 발전을 거쳐온 오타쿠와 오타쿠 콘텐츠의 내적 논리를 살피고, 이들이 놓인 사회적 맥락과의 상호작용에 대한 관심을 가지는 것은 현대 일본을 보다 폭넓고 깊이 있게 이해할 수 있는 길이 되어줄 것이다.*

---

* 김효진 | 서울대학교 인류학과에서 석사학위를, 하버드대학교 인류학과에서 박사학위를 받았다. 고려대학교 글로벌일본연구원 조교수를 지냈고, 현재 서울대학교 일본연구소 조교수로 있다. 지은 책으로는 《젠더와 일본사회》(공저), 《한일관계사 1965~2015 3: 사회·문화》 등이 있고, 옮긴 책으로는 《BL진화론》, 《남자도 모르는 남성에 대하여》 등이 있다.

사상편

반일과 혐한의 뿌리를
해결할 실마리

증오는 자신의 논리적 분열과 모순을 들여다보지 못하고
남의 모순만 탓하는 태도에서 나온다.
남 탓하는 증오심을 키우고 있는 한,
과거의 모순에 발목 잡혀서
새로운 시대의 변화를 이끌어낼 수 없기 때문이다.

우호와 혐오의 상관관계

좋은 소식과 나쁜 소식이 함께 도착했다면 어느 쪽을 먼저 듣겠는가? 좋은 소식부터 들어보자. 좋은 일을 접하면 나쁜 감정에 얽매이지 않고 해결책을 찾을 여유가 생기지만, 기분이 엉키거나 가라앉으면 좋은 일도 틀어질 수 있기 때문이다. '가깝고도 먼 나라' 일본을 생각할 때, '가까움'의 밀도를 먼저 따져보아야 할 이치가 여기에 있다.

혐한嫌恨은 일본에서 2005년에 불거져 2012년부터 2015년 사이에 고조되었던 '한국을 혐오하는 현상'이다. 그 역사적 뿌리가 깊고 파장도 커서 아직까지 혐오감정이 살아 있다. 하지만 혐한은 시대의 대세가 아니다. 오히려 한일우호와 한류열풍으로 나가던 시대에 생긴 부작용일 뿐이다. 따라서 이 글은 역발상으로 접근한다. 혐한문제에 대응하는 창의적인 해법을 찾기 위해 '한류'를 시작으로 혐한문제를 따져보자는 것이다.

이웃과 가깝게 지내는 이로움과 즐거움을 알 때, 이웃과 멀어진 원인과 해법을 찾는 태도가 달라질 수 있다. 상대에게 고마움을 느끼는 만큼, 상대를 탓하기보다 스스로의 모순을 돌아보고 자신이 할 일을 먼저 찾을 수 있다. 그래야 상대의 태도가 누그러지고 서로 이로운 관계로 발전할 가능성도 커진다. 이와 마찬가지로 혐한의 찬바람을 논하기에 앞서 한국사회가 노력할 일을 찾을 때, 내일의 한국과 일본이 정치적인 이해대립에서 벗어나 자유롭게 상생할 가능성이 높아진다.

1998년 김대중 전 대통령과 오부치 게이조小淵惠三 수상이 '21세기 새로운 한일 파트너십 공동선언'을 발표한 후 한일의 대중문화가 활발히 교류되었다. 그때까지 일본에 알려진 한국 대중문화는 조용필·김연자·계은숙으로 대표되는 트로트 가요 정도였다. 한국사회를 표상하는 핵심어는 '군부독재'와 '민주화 투쟁', '88올림픽' 정도였다. 그러다가 1999년에 일본에서 개봉한 영화 〈쉬리〉가 130만 관객을 동원했다. 2000년에는 〈박하사탕〉, 〈미술관 옆 동물원〉, 〈엽기적인 그녀〉, 〈시월애〉와 같은 한국영화 열한 편이 일본의 극장과 비디오 가게에서 큰 인기를 끌었다. 신선하고 다채로운 색깔의 한국영화는 한국 대중문화에 대한 호기심을 일으켰고, 일본의 안방극장에 한국 드라마가 진출하는 활로를 열었다.

2001년 1월, 한일의 우호를 다지는 '휴먼 감동 드라마'가 현실에서 펼쳐졌다. 한국 유학생인 스물여섯 살 이수현 씨와 일본인인 마흔일곱 살 세키네 시로關根史郎 씨가 신오쿠보 전철역 승강장에 추락한 남성을 구하려다가 함께 희생되는 사건이 일어났던 것이다. 당시 모리 요시로森喜朗 일본수상이 희생자의 유가족과 김대중 전 대통령에게 추모와 감사의 편지를 보냈다. 이수현 씨의 모교인 고려대학교에서는 그에게 명예 졸업장을 수여했다.

한일 우호정신은 2002년 월드컵 한일 공동개최로 이어진다. 공동축제를 기원하는 뜻에서 한일 합작 드라마《프렌즈》도 방영되었다. 한국남자인 원빈과 일본여자인 후카다 교코深田恭子가 서로의 문화를 배워가면서 우정을 나누는 내용이다. 한국 드라마가 보급되면서 영상 이미지에 동화된 일본여성들도 늘어났다. 당시 한국남자는 일본의 '초식남'과 대비되면서 여성을 당당하게 리드하고 배려하는 '멋짐かっこいい'을 의미했다.

2002년은 한류열풍과 혐한의 씨앗을 동시에 배태한 한 해였다. 인터넷 게시판 가운데 하나인 '2채널'에 월드컵 공동개최국인 한국과 일본의 미디어에 대한 불만이 게시되기 시작했다. 한국이 일본의 월드컵 단독개최권을 빼앗고 심판을 매수해 불공정한 경기를 펼쳤다는 음모론이 떠돌았다. '한일 우호를 위해 일본 미디어가 일체 보도하지 않는 진실이 인터넷에 있다'는 그들만의 애국심과 동지애도 싹텄다. 월드컵 4강 진출로 흥겨운 한국이 공동개최국인 일본인의 기분을 헤아리지 못했던 것도 사실이다.

혐한을 촉발한 또 하나의 계기는 2002년 9월 17일 평양에서 열린 북·일정상회담이다. 한국의 햇볕정책에 호응한 일본이 북한과의 관계를 정상화하려 시도했지만, 냉전시대에 북한에 납치된 일본인 문제만 불거졌다. 그 결과 북·일관계는 더욱 경색되고, 조총련계 재일교포 사회에도 역풍이 불기 시작했다.

한류열풍 속에 불거진 혐한

그럼에도 대세는 한류에 있었다. 2003년에 방영된 텔레비전 드라마《겨울연가》는 여성, 특히 중장년층을 중심으로 '욘사마(드라마 남주인공인 배용준의 이미지를 칭송하는 별칭)' 열풍을 일으켰다. 이후 케이블 방송으로 전파가 확장되면서 일본인은 일상에서 한국의 멜로 드라마는 물론, 역사 드라마《대장금》,《이산》,《주몽》등을 수시로 볼 수 있게 되었다. 방송국 입장에서도 한국에서 검증된 드라마를 수입하면 콘텐츠 개발에 수고를 들일 필요도 없고 비용도 절감되며 시청률까지 한꺼번에 얻을 수 있었다. 실체와 다른 이미지(허상)라는 의심을 하면서도 이국적인 한국 드라마의 참신함과 감동, 재미에 빠진 일본인이 늘어났다. 한국어를 배우고 한국을 여행하는 열풍이 불었다. 이후《대장금》과 같은 대작의 인기몰이는 사라졌지만, 악화된 한일관계 속에서도 한국 드라마는 꾸준히 방영되었다.

2008년 9월부터 2010년 6월까지 하토야마 유키오鳩山由紀夫 수상의 재직기간 동안 한국을 제1파트너로 삼는 '동아시아공동체' 논의가 활발했다. 당시 한류 팬이던 하토야마 미유키鳩山幸 여사가 한국 탤런트 이서진 씨를 수상 관저에 수차례 초대했다. 이서진 씨가 재일교포에게 지방참정권을 부여하자고 촉구하는 재일본대한

민국민단(민단)의 홍보대사로 활약했기 때문이다. 이 초대가 국회에서 가십거리로 거론되는 등, 2010년 3월 이후 일본사회에 확산되는 한류를 경계하는 의식이 높아졌다.

드라마보다 더디게 수용되었으나, 가요 역시 혐한의 틈바구니에서도 한류의 생명력을 입증한 분야다. 2001년 일본에서 데뷔한 가수 보아가 일본활동을 발판으로 '아시아의 별'로 성장한다. 이후 남성 그룹 동방신기가 2007년부터 K-pop의 일본진출을 활짝 열었다. 2010년대 초반에는 반反한류의 소란을 뚫고서 소녀시대·카라·2PM 등 아이돌 그룹의 공연이 열리고, 김현중·장근석 등이 현지에서 연기자로 활발히 활동했다. 제2의 한류열풍을 보도하는 한국언론의 경쟁도 화려했다. 평소에 일본의 군국주의 우경화를 비판하던 한국언론들은 "한류의 일본 열도 점령", "일본 장악"이란 군사적인 표현으로 일본인을 자극하기도 했다.

일본에서 연말에 진행하는 국민적인 축제인 'NHK홍백가요전'에 2002년부터 2007년까지 가수 보아가 출연한 데 이어, 2008년부터 2009년까지 동방신기가 출연했다. 2010년 반한류 여론에 밀려났지만, K-pop의 국제화정책을 꾀하는 한국정부의 지원 속에서 2011년에는 동방신기·소녀시대·카라가 함께 이 가요전에 출전했다. 일본의 국민가수들이 펼치는 경연무대에 한국가수가 참여한다는 사실 자체가 한국 대중문화에 대한 일본인의 호의와 환대를 의미한다. 그러나 한일의 외교관계가 삐걱거리고 혐한시위가 기승을 부린 2012년부터 줄곧 이 가요전에 한국가수는 출전하지 못했다.

한류의 경제규모는 2003년 8,600만 달러에서 2005년 2억 2,000만 달러로 급증했다. 드라마 열풍이 식은 2006년에는 1억 7,500만 달러로 감소했지만, 2007년부터 인기가 상승한 K-pop에 힘입어 2010년에는 3억 1,300만 달러로 성장했다. 한국콘텐츠진흥원의 조사에 따르면, 2011년과 2012년 한국의 음반시장은 소녀시대와 빅뱅의 활약으로 세계 11위였고, 아시아에서는 일본에 이어 2위를 기록했다. 2012년 K-pop 수익의 99퍼센트가 아시아에 의존하고, 그 가운데 80.8퍼센트가 일본에 집중되었다.

일본의 혐한여론은 한류의 확산과 상업화에 위기의식을 드러냈지만, 한류경제의 부가가치 가운데 80퍼센트 이상이 제작과 유통과정에 참여하는 일본으로 환원되고 있다. 한국콘텐츠진흥원은 한류가 일본에 편중된 점과 수익불균형이 문제라고 언급하지만, 한국이 손해라는 셈법도 어리석다. 일본은 미국에 이어 세계 2위의 음악시장을 형성하고 있다. 일본진출을 바탕으로 K-pop은 국내 음악시장의 발전을 꾀하며, 아시아는 물론 미국과 전 세계로 뻗어나갈 수 있었다. 그 성과를 바탕으로 문화외교의 공공가치를 실현할 기회를 얻은 셈이다. 2017년 한국의 음악시장 자체가 세계 8위로 상승한 만큼, 한류문화의 발전가능성도 확장되었다.

한류는 IT와 게임, 음식, 관광 등 각종 분야와 콘텐츠를 아우르는 문화산업으로 성장했다. 2004년부터 욘사마 열풍으로 신오쿠보 거리가 한류상권으로 재편되었다. 인기 연예인들의 캐릭터

상품을 파는 가게와 한국음식점이 신오쿠보 상가를 채웠다. 여성 전용 찜질방도 등장했다. 한식을 찾는 '한류 구루메'와 한국의 미용요법을 찾는 여성들의 '한류 에스테'가 유행했다. 환율 효과와 맞물려 한국을 관광하는 일본인은 2012년까지 호황을 이루었다.

2005년은 혐한과 넷우익이 자신들의 존재를 일본사회에 부각시킨 해였다. 야마노 샤린山野車輪의《만화 혐한류マンガ嫌韓流》는 출간되자마자 베스트셀러로 올랐다. 제목은 '한류를 싫어함' 또는 '혐한의 흐름'을 뜻한다. 2채널의 하드록 계thread 인물로 알려진 야마노는 만화의 제1장을 "일한 공동개최 월드컵의 뒷이야기"로 시작하고 있다. "한국인 때문에 오염된 월드컵 축구의 역사"를 밝히겠다는 의지로 시작한 만화였다. 온라인에서 교감하던 넷우익들은 혐한감정이 오프라인에 공공연하게 등장했다는 사실에 환호했다.

2002년 당시 2채널의 축구 팬들은 한국의 국민적인 축제 분위기가 부럽기도 했겠지만, 공동개최국인 일본의 패배에 열광하는 붉은악마 응원단의 '매너 없음'에 더욱 배신감을 느꼈다. 인터넷 지식을 공유하고 편집한《만화 혐한류》는 일본문화(검도·유도)가 한국에서 기원했다고 주장하는 한국인의 문화적 '거만'을 부정하고, 거꾸로 식민지배의 합법성과 독도영유권을 '오만'하게 주장한다. 한국의 역사인식과 정면으로 충돌하는 내용이다. 그러나 한일 사이를 가르는 '혐오/반일'과 '거만/오만'은 비록 그 몸통은 다르지만 성격은 같은 유사심리가 아닐까? 어느 쪽도 상대를 설득하거나 문제를 해결할 능력 없이 자신들의 '인정욕구'를 미움과 증오,

거부와 반대로 표현하고 스스로 잘난 척하는 모습이다. 그러나 야마노 샤린은 동시대에 확산되는 한류를 배척하지는 않았다.

야마노는 2011년에 불거진 반한류 시위에도 호응하지 않았다. 오히려 "한류 드라마를 능가할 대안도 없고, 한국이 일본방송을 지배한다는 근거도 없다"며 반한류의 주장을 냉정하게 비평했다. 한국의 언론은 야마노를 우익 만화가로 부르지만, 그의 태도는 우익 배외주의와 거리가 멀다. 혐한론을 일으킨 '우익' 야마노가 정작 한류를 수용하고 긍정한다는 사실은 아직까지 한국어로 전달되지 않았다. 그러나 그것이 알려진다 해도, 그 이중성을 이해할 한국인이 얼마나 될까? 한국사회에서 '혐한'과 '우익'은 실제 일본인의 다층적인 문제의식과 사회현실의 복잡성을 읽어내기에는 너무 적대적인 단순논리로 채워져 있다.

대혐한시대에도 아이돌 팬은 자란다

2011년 8월 7일과 21일, 도쿄 오다이바의 후지TV 본사 앞에 "더는 한류를 강요하지 말라"고 외치는 젊은이들이 모였다. 주최측인 '노 모어No More 한류'에 따르면, 1차 시위에 2,500명이었던 참가자는 2차 시위에 6,000명으로 불었다. 한국 드라마가 과다하게 수입되는 바람에 일자리를 잃었다는 한 일본인 배우는 한류 드라마 방영시간을 규제하라고 외쳤다. 당시 후지TV는 평일 오후 세 시간씩 한 주에 마흔 시간을 한국 드라마로 편성하고 그 시간대를 '한류 알파'라고 불렀다. TBS가 스무 시간, TV도쿄가 열두 시간, NHK가 네 시간 방영하는 것에 비해 두 배 이상 많은 상태였다.

한국의 반일 민족주의자들이 친일파를 공격할 때처럼, 일본의 혐한 민족주의자들도 후지TV의 '비국민성'을 파헤쳤다. 2010년 고려대학교에서 명예 경영학 박사 학위를 받은 히에다 히사시日枝久 회장을 '한류 전도사'라며 야유하고, 후지TV의 한국·중국계 외국인 주식 보유비율이 방송법에서 정한 20퍼센트를 넘은 28.63퍼센트에 달한다고 공격했다. 이는 후지TV가 10억 엔을 투자해 도쿄 에비스에 K-pop을 상설 공연하기 위해 'K시어터'를 개관한 직후였다. 3.11 동일본 대지진 후 결성된 '힘내라 일본! 전국 실행위원회'와, 전통문화를 부흥시키는 것이 사명인 동영상 제작회사 '일본문화채널 사쿠라'도 이 시위에 참가했다. 시위대는 '하지(수치)TV', '우지(구더기)TV', '김치TV'라는 모욕을 퍼붓고 "소녀시대와 카라를 일본에서 몰아내자"고 외쳤다.

후지TV는 한국에서 보수·우익으로 알려진 후지 산케이 그룹의 중핵회사다. 지주회사인 후지 미디어 홀딩스는《산케이신문産経新聞》의 주식과 '새 역사교과서 만들기 모임(새역모)'의 교과서를 출판한 후소샤扶桑社의 주식을 보유하고 있다. 역설적으로도 일본의 '우익'이 한류산업에 주력하고 한류활성화에 기여하는 셈이다.

후지TV는 자회사인 후지 퍼시픽 음악출판이 보유한 한국가요와 드라마 저작권을 활성화시키기 위해 K-pop을 보급하고 한류 드라마를 방영하는 데 공을 들인 것이다. 낮 시간대 시청자들도 일본 드라마 재방송보다는, 캐릭터가 분명하고 이야기의 감동선이 살아 있는 한류 드라마를 선호한다. 시청률이 전반적으로 하락하는 가운데 한류 드라마가 비용 절감과 시청률 확보에 이로운 것도 사실이다.

그렇다고 반한류단체가 국익에 어긋난다며 방송국의 상업주의에 분통을 터트리는 심정을 비난할 수는 없다. 자국의 문화산업을 수호하려는 논리와 행위는 한국의 여느 애국주의단체와 다르지 않다. 격변하는 글로벌 경쟁사회에서 문화산업의 양극화문제까지 돌아보며, 반한류와 혐한의 원인 및 전개양상을 다각적으로 따져보아야 할 때다.

다행히 한류는 혐한을 유발하는 직접적인 요인이 아니다. 일본 내각이 실시한 '외교에 관한 여론조사'를 보면, 일본인의 한국에 대한 친근감은 반한류 시위가 있던 2011년에도 62.2퍼센트로 높게 나타났다. 그러던 것이 2012년 10월에 39.2퍼센트로 급감했다. 2014년에는 친근하게 느낀다는 비율이 31.5퍼센트, 느끼지 못한다는 비율이 66.4퍼센트다. 일본에서 혐한이 친한親韓을 역전한 현상은 그대로 한국의 반일 현상에도 대입된다. 2012년 이후 자국 중심의 정치적 리더십을 대외관계에서도 관철하려던 양국의 전략이 혐한과 반일이라는 국민감정을 더욱 자극한 것이다.

혐한 현상은 역사문제를 둘러싼 정치대립에서 극대화되었다. 2012년 8월 10일, 독도에 방문한 후 이명박 전 대통령이 천황에게

사죄를 요구하는 발언을 하면서 일본의 혐한시위가 격렬하게 증폭했다. 이명박 전 대통령의 돌발행동과 발언은 일본의 민주당 정권이 위안부문제를 해결하는 데 소극적으로 일관하는 가운데 나타났다. 위안부문제 타결을 한일외교의 전제조건으로 내걸었던 박근혜 정권에서도 외교불통은 지속되었다. 일본언론들은 박근혜 전 대통령이 제3국 순방 중에 일본을 수차례 비난한 것을 "고자질 외교告げ口外交"라며 야유했다.

2012년 후반부터 한류열풍은 혐한서적 열풍으로 바뀌었다. 혐한서적은 출판사들이 이익을 창출하기 위한 먹잇감처럼 되었다. 오늘날 인터넷 서점인 일본아마존 내에 한반도 관련 목록 상위권은 혐한론 책자가 차지하고 있다. 2014년 9월에 출판한 사쿠라이 마코토桜井誠의 《대혐한시대大嫌韓時代》는 20여 일 만에 6쇄를 찍었다. 사쿠라이는 '재특회在特會(재일 특권을 허용하지 않는 시민모임在日特權を許さない市民の會)'의 회장으로, 일본에 거주하는 한국인들에 대한 헤이트스피치를 주도했다. 지식인들은 재특회의 문자 능력과 글쓰기 능력을 무시했건만, 그 책은 출판 후 1년 동안 일본아마존의 독자평 536건, 별점 5점 만점에 4.5점을 얻었다.

혐한서적을 접한 사람들이 모두 혐한에 빠지지는 않겠지만, 혐한서적과 혐한시위가 범람하는 환경은 누구에게도 이롭지 못하다. 이후 양 국가와 사회에 조속한 대응이 요구되었고, 일본사회에서도 자정하는 노력이 나타났다. 넷우익 청년이나 야쿠자로 보이는 청년들이 재특회의 헤이트스피치를 '일본의 수치'로 간주하며 반대시위(카운터 시위)를 벌이기도 했다. 하지만 양 집단이 신오쿠보 거리에서 시위하는 일이 반복되면서, 한류상점이 문을 닫는 사태가 이어졌다.

다행히 일본의 혐한시위와 혐한서적 열풍은 2015년 12월 28일, 위안부문제에 관한 한일합의 이후 잦아들었다. 한국에서는 진정성이 없는 졸속 정치협상이라고 비판받았지만, 일본에서는 국가적인 협상결과를 수용하는 분위기다. 2016년 6월 발효된 '혐오표현 금지법'은 사회환경 정화로 이어졌다. 인권변호사들이 유튜브의 혐한 동영상을 삭제하고, 넷우익의 혐오표현을 소탕하는 작전을 벌여 성공하기도 했다. 그러나 법과 규제가 증오의 뿌리까지 제거하기는 어렵다. 규제에 반발하는 세력이 음지에서 자라날 확률도 높다.

반가운 소식은 일본에서 위축되었던 한류문화가 한일합의 이후 더 크게 폭발해 일본의 젊은 층에 파고들었다는 사실이다. 사쿠라이가 주장한 '대혐한시대'에도 아이유와 2NE1의 팬이 자라났고, 2014년부터 일본에 공식 팬클럽이 생길 정도로 활약한 방탄소년단은 2018년 빌보드 차트 1위를 석권했다. 엑소와 트와이스 같은 아이돌 그룹이 확산시키는 제3의 한류가 한일의 정치적 불통과 역사갈등을 뚫을 기세다. K-pop의 매력에 환호하는 일본의 젊은이들은 더는 정치쟁점이나 역사갈등에 감정이입하지 않는다고 한다. 한류의 저력과 한류의 글로벌 위상에 맞게 현지의 문화 및 상대국의 인적 자원과 융합하려는 새로운 기획도 생기고 있다.

가령 2018년 한국의 케이블 방송국 엠넷에서 글로벌 아이돌을 육성한다는 기치를 내걸고 《프로듀스 48》이란 오디션 프로그램을 진행했다. "국민 프로듀서님, 당신의 소녀에게 투표하세요!"라고 호소하는 이 기획에 일본의 인기 걸그룹인 AKB48의 멤버가 다수 참가해 화제를 모았다. 일본소녀들이 K-pop 교육을 선망하고 대한민국 시청자에게 선택받기 위해 스스로 찾아올 만큼, 한국 아이돌 그룹의 국적도 다양하게 구성되고 있다. 오디션 프로그램이 '경쟁을 부추긴다'는 비판도 있지만 K-pop의 아이돌 육성 시스템과 한류는 글로벌 문화 콘텐츠의 강자로서 위상을 다졌다.

　그렇다면 국경을 넘어온 젊은이들이 상처받지 않고 미래사회의 주인공으로 함께 성장할 수 있도록, 한국사회 전체가 지원하고 연구해야 할 과제들이 많지 않겠는가? 방송의 인터넷 기사에 달린 댓글에서 발견되는 반일의 언어폭력을 방치하는 것은 혐한의 빌미를 주는 꼴이다. 반일과 혐한의 적대적 공존을 위한 끈질긴 대결 구도에 어린 소녀들의 우정과 재능 경쟁을 끌어들이는 현상이 있다면, 한국사회의 자정능력을 의심해야 한다. 반일과 혐한의 핑퐁 게임에 빠진 사람들을 구제하는 프로그램은 만들 수 없는가? 글로벌 사회의 구성원인 그들을 보다 건전한 미래로 이끌 의지와 방법은 없는가? '국민 프로듀서'가 아이돌을 응원하고 투표하는 차원에서 나아가, 실제 사회 문화를 기획할 수 있다면 어떨까?

　대한민국 국민이 한류의 글로벌화를 보완하고 기획하는 프로듀서로서 지혜를 발휘한다면, 한류의 문화적 가능성을 최대치로 보여주게 될 것이다. 가령 다음과 같은 질문에 응하는 멘토를 아이돌 육성 프로그램에 배치하는 것이다. 아이돌 문화산업의 빛과 그림자는 무엇인가? 경쟁에서 탈락하거나 화려한 조명과 관심에서 멀어졌을 때는 어떻게 살아야 하는가? 한류가 혐한을 치유할 수 있을까? 이런 질문에 답할 수 있는 시민이 늘어날 때 한류의 동력으로 글로벌 세계를 이롭게 하는 새로운 가치와 실천을 찾아낼 수 있으리라. 사회적인 차원에서 이러한 질문에 답하기 위해 진지하게 노력한다면, 서로를 밀쳐내고 증오할 시간이 있겠는가?

과거를 경험하지 못한 후손들에게 할아버지 세대의 원죄를 추궁하는 태도로 역사적 윤리의식이나 글로벌 가치를 말할 수 없다. 인종과 국경을 넘어서 과거의 모순과 희생을 품을 수 있을 때 모두가 공감하는 역사의식이 확장될 수 있다. 대한민국 사람들이 일본인에게 희망과 기쁨을 주는 역할을 해낸다면 역사문제에 사죄하라고 요구하지 않아도 과거를 극복하는 새로운 역사가 저절로 시작되리라.

앞으로 한류는 대한민국의 일국적인 가치를 넘어 새롭고 보편적인 경지를 개척할 '탈-한류'의 가능성도 품고 있다. 애초에 한류영화와 드라마가 일본인에게 어떤 식으로든 재미와 감동을 전달했기에 일본에 확산되었고, 나아가 글로벌 문화로 번성했다. 일본의 한류에서 파생한 문화적인 가치는 경제논리로 환산할 수 없는, 소통과 공생의 질서를 만드는 원동력이다. 일본과 협력하고 융합할 때 한국의 문화가치가 확산되었다는 사실을 인정하고, 한국이 먼저 고마움을 표해도 좋다. 새로운 글로벌 가치로 거듭날 탈-한류의 훈풍 속에서 혐한의 증오심이 저절로 녹아내리는 날이 오지 않겠는가. 이 글은 그날에 동참하기 위한 노력의 일환이다.

시니컬한 일본의 내셔널리즘

2005년 혐한과 2012년 이후 혐한에 어떤 차이가 있는가? 그 고찰에 앞서, 먼저 넷우익이 출현하기까지 일본 젊은이의 심리와 의식이 어떻게 흘렀는지를 간략히 살펴보자.

2005년, 넷우익의 행동양식이 사회적인 쟁점으로 떠오르기 직전까지 일본의 사회학자들은 혐한과 혐중 현상에서 나타나는 배타성과 공격성보다는 유희적인 성격에 주목했다. 1999년에 생긴 익명 게시판인 2채널이 애초에 오타쿠 성향인 젊은이들이 모여 시니컬한 감성과 유머로 소통하는 '취미공간'이었기 때문이다. 온라인 커뮤니티를 구축한 오타쿠들은 서브컬처를 생성하고 소비하는 새로운 문화행위자로 주목받고 있었다.

그렇다면 2채널의 오타쿠 젊은이가 애국심에 동화되는 심리와 정신을 무엇으로 설명할 수 있는가? 평론가 기타다 아키히로北田暁大는 2005년에 출간한 《비웃는 일본의 내셔널리즘嗤う日本のナショナリズム》이란 책에서 '비웃음'과 '연결의 사회성', 그리고 '냉소주의'와 '낭만주의'란 핵심어를 도출한다. 당시 그들의 '연결'은 사회성을 추구하는 것이었지만, 온라인 공간에 머물러 있었다. 그들은

기성세대에 대한 불만을 시니컬한 웃음으로 표현했지만, 2006년부터 거리로 나가 배타주의 구호를 외치던 '행동하는 보수운동'과는 결을 달리했다.

기타다의 비평용어인 '비웃음'은 단지 2채널의 유희적인 문체와 감성을 표상하는 데 멈추지 않는다. 그것은 일본의 젊은이가 "냉소적으로 되어버린 시대"를 살아가며, 냉소적인 비웃음이 시대의 낭만과 비판정신을 대신한다는 것을 의미한다. 다만 일본에서 냉소의 역사적 연원은 좀더 깊다. 기타다는 오타쿠의 정신사적인 뿌리, 즉 시니컬한 일본 내셔널리즘의 기원을 1960년대에서 찾는다.

전후 부흥에 성공하고 고도성장기에 접어든 1960년대, 싸우지 않는 기성 좌익에 반발하는 신좌익이 나타났다. 신좌익 세대는 소시민성과 기득권을 버리고 혁명적인 주체(혁명투사)로 거듭나기 위해, 자기부정을 일상화하며 폭력적인 방법으로 체제를 전복하고자 했다. 그러나 1969년 세계 2위 경제규모로 발돋움한 일본에서 혁명의 충동은 이미 거세된 상태였다. 결국 그들은 국민의 호응을 얻지 못한 채 내부의 폭력으로 인해 자멸했다. 기타다는 그러한 신좌익 세대의 정신사적인 특징을 냉소주의와 낭만주의로 읽어낸다.

1970년대에는 학생운동의 패배로 무기력·무관심·무책임이라는 '삼무주의'가 유행어로 떠올랐다. 소비문화가 발전하면서 탈정치화된 젊은이들은 시라케 세대白けけ世代(흥이 깨져 냉담한 세대)로 불리었다. 기타다에 따르면, 삼무주의와 어우러진 냉소는 1960년대식의 자기부정을 부정하는 새로운 반성양식이다. 냉소주의는 자본과 소비의

힘으로 이루어진 일상과 제도에 매몰되지 않으려는 '무위'의 주체 회복, '무반성'의 저항방법에서 나온다. 변혁하려는 의지는 없지만 현실을 부정하는 윤리적 포스force를 취하는 젊은이들이 현실을 냉소한다는 것이다. 그 포스는 현실에 대한 무기력한 힘force이었다.

한편 전후 체제를 전복하려는 혁명운동은 좌절했지만, 1970년 대부터 환경운동, 반미평화운동, 재일조선인의 민족차별 철폐운동 등 새로운 시민운동이 전개된다. 기타다는 그들에게서 이상적 낭만주의를 읽어낸다. 현실에 무기력한 냉소주의는 시간이 지나면서 긴장감을 잃고 현실의 일부로 녹아들거나 스스로 에너지를 소진하게 마련이다. 그에 따라 보수화된 냉소주의가 이상적인 낭만주의로 내달리는 시민운동 세력과 충돌할 소지도 높아진다. 하지만 1980년대 풍요 속에서 좌우대립은 심각하게 표출되지 않았다. 엔화의 금융자본 팽창으로 거품경제가 무르익은 1980년대 '안전사회' 속에서 이상적 낭만주의도 현실에 녹아들었다. 자기부정의 반성도 현실부정의 전투력도 문제의 대안이 될 수 없는 일상의 견고함이 유지되고 있었다.

1983년에 나온 시마다 마사히코島田雅彦의 소설《부드러운 좌익을 위한 희유곡優しいサヨクのための嬉遊曲》과 1986년에 출간된 이소다 고이치磯田光一의 평론《좌익이 사요쿠가 될 때左翼がサヨクになるとき》는 1980년대 풍요로운 경제 속에서 펼쳐진 사회운동의 성격과 청년의 사회의식을 대변한다. '부드러운 좌익'은 더는 혁명이념과 조직의 규율에 충성하지 않는다. 좌익을 한자가 아닌, 외래어로 가

타가나 사요쿠ㅏㅋㅋㅋ라고 표기한 것은 수입 명품을 소비하고 개인의 욕구를 중시하는 시대풍조를 상징한다. 미디어와 광고가 만들어내는 풍요로운 소비공간에서 '주의主義=이념'은 '취미=취향'으로 살아남았다.[1]

일상에서 유지되는 취미는 현실을 변화시키려는 추진력과 거리가 먼 '보수적인 기질'에 가깝다. 주의는 정치적·이념적인 논리의 문제이지만, 그것이 일상의 취미, 개인적인 취향일 때는 완고하고도 진지한 삶의 논리가 된다. '주의'가 '취미'로 일상화·관성화한 생활영역에서 좌우이념의 대립은 엷어진다. 대신에 계층과 세대, 개인과 개인 사이에 취미의 차이는 두드러진다.

오타쿠 중에는 중고교 자퇴생과 검정고시 수험생이 많았다. 전후 민주주의와 엘리트주의를 주입하는 교사에게 반발하거나 학교식 관리 교육을 거부했기 때문이다. 그들은 고정된 직업을 회피하고 아르바이트로 생계를 유지하면서도 취미에 자유롭게 몰두하는 프리타(프리 아르바이트) 생활을 즐겼다. 조직에 얽매이지 않는 그들의 감성을 사로잡은 것은 서브컬처다. 그 상징적인 존재가 만화가 고바야시 요시노리小林よしのり다.

냉소주의와 내셔널리즘의 결합

고바야시는 1976년부터 1981년에 걸쳐 일본의 수험 경쟁과 엘리트 출세주의를 풍자하는 만화《도쿄대 일직선東大一直線》과《도쿄대

쾌진격東大快進擊》이라는 연재물을 그렸다. 1980년대 후반에는 엘리트 교육을 받는 상류층을 풍자한《도련님おぼっちゃまくん》으로 인기작가의 반열에 올랐다. 엘리트의 권위주의를 개그 소재로 만든 만화 시리즈는 고바야시 자신이 시대의 허무와 싸운 청춘의 기록이었다. 또한 만화가로서 그의 성공은 프리타와 오타쿠의 가능성을 대변했다. 풍요 속에서 방황하는 젊은이의 무기력은 심해지고, '매뉴얼 세대'라는 조어가 생겨나는 시대였다.

현실의 정체된 흐름에 갑갑함을 느낀 사람들이 연결과 연대의 공간을 찾다가 옴진리교와 같은 신흥종교의 '낭만적인 이상'에 빠지기도 했다. 고바야시도 1990년대에 부락민 차별, 옴진리교 사건, 에이즈 약물피해 사건과 같은 사회문제를 비평하며 '개인들의 연대'를 강조했다. 그랬던 그가 '탈脫정의론'을 외치며 1997년에 새역모에 가담한다. 고바야시와 새역모의 합작품이라 할 수 있는 만화《전쟁론ゴーマニズム宣言SPECIAL, 戰爭論》1권은 '대동아전쟁 긍정론'을 젊은 세대에게 확산한다.

오타쿠와 프리타의 역사의식 형성에서 지식인(교사)의 역사책이 '낡은 죽창'이었다면, 고바야시의 개그 만화는 '핵폭탄'급 영향을 미쳤다. 그 '만화어법'은 역시 냉소주의와 낭만주의에 걸쳐 있다. 고바야시는 1992년부터 만화 제목에 "오만주의 선언"이라는 독특한 슬로건을 내걸고, 자신을 닮은 캐릭터인 요시린을 내세워 '오만한 몸짓'의 유머를 불어넣는다. 냉소가 그들의 신체적인 어법으로 굳은 셈이다. 1992년부터 장기불황을 맞이한 청년들도 현실을 부정하는 냉소주의의 새로운 포스를 취한다.

풍요를 상실한 환경에서 더는 냉소가 무기력한 포스에 머물지 않고, 일본을 비판하는 목소리에 반격하기 시작한다. 사회운동에 동참하던 고바야시는 완고하고 진지한 시민운동에 대항해 1996년 《탈정의론脫正義論》을 당당하게 선언했다. '에이즈 약물 피해 소송'을 지지하고 승소한 후에 '일본군 위안부 지지 모임'을 이어가려는 학생들을 고바야시가 비판한 것이다. 고바야시는 시민운동이 '운동의 일상적인 지연', 즉 '운동을 위한 운동'을 목적으로 삼는다고 비판한다. 봉사자 학생들에게는 스스로 전문가가 되어 약물 피해를 영구히 막아내라고 권한다. "일상으로 돌아가라"는 충고다. 전후 민주주의의 정의를 의심한 그는 민주주의를 성립시키는 보통 사람들의 일상감각을 환기시킨다.

> 일상감각 안에서 선악의 기준을 만든다고 해도 그 근거는 자신의 상식밖에 없지요. 그 상식은 어떻게 자랐는가 하면, 하나는 자신의 아버지와 할아버지로부터 자연히 전달된 것이겠죠. 그리고 전후 민주주의적인 평등과 자유, 인권과 같은 감각으로 길러진 것도 있을지 몰라요. 그것들이 전부 합쳐진 가운데 판단하지만, 그중에서 빌려온 감각이 아닌 게 있을까요? 무엇이 더 솔직한 자신의 생각일까요? 역시 가정이라는 공동체 안에서 전달된 것이 솔직함에 가깝지 않을까요.

고바야시는 선악의 궁극적인 판단근거를 할아버지와 아버지로부터 받은 가부장적 가족공동체의 상식에서 찾는다. '아시아 해방'과 '대동아공영권 건설'은 할아버지 세대의 신념이었다. 그것을 파시즘으로 비판한 전후 민주주의는 밖에서 '빌려온 것'인 만큼 판단의 준거에서 멀어진다. 고바야시는 일본군 위안부문제도 '성풍속이 다른 문화충돌'이라고 자의적으로 해석한다. 기독교문화의 성노예와 달리 일본의 성문화에서 공창제도는 합법이고 위안부의 인권은 존중받았다는 주장이다. 하지만 중학생에게 당시 일본의 성문화를 가르칠 수는 없으니, 역사교과서에서 위안부 항목을 삭제하자는 논리다. 정치인들도 위안부문제로 국제사회에서 사죄할 것이 아니라 문화차이임을 적극 해명해야 한다는 주장도 펼쳤다.

고바야시의 논리는 '아버지를 고발하지 않는 아들의 도리' 차원에서 나눌 수 있지만, 미래를 논의하고 공유하려는 공적 담론에서 공감하기에는 너절하다. 전쟁의 폭력을 극복하려는 인류사의 보편적인 과제를 가족공동체의 사적인 감정으로 치환하고, 국가의 존재 이유를 남성의 지배욕으로 채우며, 역사교육의 과제를 '국민의 역사'로 재편하려는 편협하고 반지성적인 변명이기 때문이다.

이렇게 1990년대 후반, 인기 만화가의 오만과 결합한 냉소주의는 타자를 외면하고 내부자의 변명을 정당화하는 방편으로 변했다. 2채널의 소통공간에서 오타쿠들은 때때로 '정의로운 사나이'처럼 굴면서 혐한담론을 생성했지만, 그들의 투쟁심을 불러일으킨 애국심은 국가라는 공적인 가치에 대한 편협한 이해와 배타적인 책임감을 바탕으로 한다. 냉소와 내셔널리즘이 결합한 결과, 현실을 꼬집는 비웃음의 역설과 냉소주의의 비판적인 기능도 상실했다.

고바야시는 2001년 9.11 테러 이후 '반미보수'의 입장과 '독립'을 표방하며 새역모를 탈퇴했다. 아베 신조安倍晋三 정권이 전후 레짐postwar regime에서 벗어나려는 관점을 표방하면서도 현실적인 안보이익을 추구해 미일동맹을 강화하자, 그는 아베와 넷우익의 정치적인 결탁을 비판했다. 2003년 출간된 만화《전쟁론》3권의 마지막 장인〈국익과 도덕〉에서는 미일동맹을 국익의 생명선으로 간주하는 친미보수의 정치적인 리얼리즘을 보신주의라고 배격한다. 그는 "안전보다, 생존보다 우위에 있는 가치가 독립"이라고 외치며, 미국식 자유와 민주주의로 지구촌을 칠하지 못하도록 "반드시 일본의 도덕이 국제사회의 조정에 기여할 때가 올 것"이라고 호언장담한다.

2011년 동일본 대지진이 일어나자 고바야시는 '핵(원자력)발전 없는 핵무장'을 주장한다. 2011년《국방론ゴーマニズム宣言スペシャル國防論》의 마지막 장〈원전과 국방〉에서는 미국이 만든 핵발전소야말로 국토방위의 최대 불안요소며, 미국은 일본의 핵무장을 억제시킨 세력이라고 비판한다. 중국과 북한이 핵병기로 일본을 위협하는 현실에서 핵무장을 하는 것은 독립국으로서 당연한 국방의 권리이며, 인도와 파키스탄 등을 예로 들며 핵개발로 고립된 선례도 없으니 핵무장을 두려워하지 말라고 주장한다.

흥미롭게도 고바야시 요시노리는 자민당을 지지하는 넷우익을 비판하고, 야마노 샤린의 《만화 혐한류》도 탐탁하게 여기지 않았다. 넷우익에게 역사수정주의를 주입한 선배와 그 영향력을 받은 후배들이 대립각을 세운 것이다. 1948년에 태어난 고바야시가 1970년대 이후에 태어난 세대와 괴리되는 현상이 새삼스러울 리 없다. 그들 사이에 정치적인 견해도 차이가 난다. 그러나 중요한 공통점은 그들의 애국심이 하나같이 국가갈등의 경쟁구도와 자국 중심의 이해관계에 얽매여서, 미국이나 한국, 중국을 적대시하는 편협한 내셔널리즘에 머문다는 사실이다. 그 편협성은 반일 내셔널리즘의 비판적인 목소리를 먹고 자라난다. 따라서 넷우익의 편협한 내셔널리즘을 비판해 자극하기보다, '적대적 공존' 상태를 뛰어넘으려는 지혜가 절실하다.

거리로 나온 넷우익

2005년 일본에서 넷우익이 부상했다. 이는 새로운 정치운동 세력의 등장을 알리는 서막이었다. 2004년 12월부터 고이즈미小泉純一郎 수상이 새해 첫날에 야스쿠니 신사참배를 강행하는 문제로 일본 국내외 여론이 분열되는 긴장된 상황이었다. 2005년 1월, 새해 벽두의 신사참배는 없었지만, 《아사히신문朝日新聞》 기자의 블로그가 인터넷 사용자들의 빨갱이 몰이와 게릴라 전법으로 폐쇄되었다. 넷우익의 행동양식이 민주주의의 적이라고 지적한 한 변호사의 블로그도 습격을 받았다. 이른바 '반일 일본인'에 대한 넷우익들의 품위 없는 댓글과 집요함은 2005년 봄에 더욱 격렬해졌다.

넷우익을 흥분시킨 직접적인 계기는 아시아에서 일어난 반일 시위였다. 마침 3월 말부터 한 달 넘게, 중국과 한국에서 야스쿠니 신사참배, 역사교과서 왜곡, 일본의 유엔 안보리 상임이사국 진입에 반대하는 반일시위가 벌어지고, 독도문제도 불거졌다. 뉴욕의 화교도 반일시위를 벌였다. 2005년 3월, 아난Kofi A. Annan 유엔 사무총장이 안보리 상임이사국을 6개국으로 늘이는 개혁안을 제출한 상황에서 유엔에 분담금을 두 번째로 많이 지출했던 일본의 진출가능성이 거론되었기 때문이다.

5월 8일자《산케이신문》에 〈(블로그 습격을 주도한) 넷우익의 정체는 신보수 여론〉이라는 제목의 칼럼이 게재된다. "조직화된 넷우익의 집단적인 방해행동"이라는 진단은 "시민운동 계열 특유의 모략사관"일 뿐이다. 넷우익 현상의 본질은 "지금까지 매스컴에서 묵살되었던 신보수 여론이 인터넷이란 매체를 얻고서 단숨에 무대 위로 분출한" 것이라는 주장이다. 야마노 샤린이 2005년 혐한현상의 본질로 주장한 "시대를 타개하는 재미"도 신보수가 인터넷 매체를 만남으로써 얻은 것이다. 이 칼럼은 대중적으로 기피되는 우익 용어를 쓰지 않고, 넷우익 대신 '신보수'를 호명한다.

넷우익 또는 신보수는 패전국가의 규범을 준수하던 '친미적 보수주의'와 달리, 1990년대 후반부터 전후 레짐에서 벗어나려고 시도해온 새로운 보수 흐름을 총칭한다. 신보수는 1990년대 탈냉전 세계에서 국지전이 확산되자, 일본의 안보위기를 해소하기 위해 평화헌법을 개정하라고 요구하면서 정치세력화하기 시작했다. 그중에서도 넷우익은 2005년 중국과 한국의 대규모 반일시위와 맞물리면서 인터넷 밖 공론장에 존재감을 드러냈다.

신보수는 탈냉전 이후 일본사회의 구조적인 변화를 위한 자신들의 용트림을 우경화로 '매도'하는 한국과 중국을 혐오한다. 신보수 세력은 아시아 외교를 중시한 일본정부의 사죄 표명을 굴욕외교라고 비판함으로써 아베 정부의 소신외교를 이끌어냈다. 야스쿠니 신사참배를 비판하는 한중의 여론도 일본의 주체성을 억압하는 '내정간섭'이라 생각한다.

활동양식도 다양하다. 2006년부터 거리에 나와 행동하는 보수가 늘었다. 인터넷 안팎에서 내러티브 전략을 펼치고 신보수 담론을 생성하는 자칭 '오피니언 리더'도 부상했다. 구성원도 주부와 직장인, 자영업자, 지식인, 청년층과 중장년층으로 다양하다. 그중에서 개인과 단체의 이름을 내걸지 않고 인터넷에서 익명으로 활동하는 불특정 다수를 넷우익으로 지칭한다. 2012년부터 행동하는 보수단체가 우후죽순 생겨나서 거리와 인터넷을 메웠다. 일본국민을 향한 계몽과 선전을 중시하는 신보수 세력은 익명에 숨지 않고 2015년 무렵까지 과격한 선전활동을 지속했다.

전후 50년을 맞이해 세대의 의식도 변화되었다. 자본주의 시장에 진입한 중국이 부상하리라 예상하는 시대분위기에서, 전쟁의 기억과 책임의식이 없는 세대가 일본사회의 중심으로 성장했다. 그들은 전통적인 보수의 가치로 재무장하고 '주체적인 혁신'을 취하기도 한다. 그 모습은 신보수 계열의 잡지나 정치단체에서만이 아니라, 대중문화에서도 확인된다.

서브컬처에서도 '헤이세이 유신平成維新'이라는 록밴드가 탄생하고, '헤이세이 프로젝트'라는 제목의 전자음악·만화 등이 온오프라인에서 생산된다. 1990년대 말부터 상실·우울·정체로 표현되던 일본사회를 타개하려는 욕구가 대중의 일상과 청소년층의 자아의식에서 발로된 것이다. 그들의 시대비판과 삶의 의욕, 열정에 대한 갈망이 일본의 독자적인 시간의식을 대변하는 '헤이세이'와 '유신' 용어로 표상된 것이다.

한편 한국에 크게 알려지지 않았지만, 한국의 네티즌 문화 콘텐츠가 일본에 수출되는 일도 있었다. 2006년 2월, 월간《말》을 계승하고 "모든 시민은 기자다"라는 표어를 내건 인터넷 신문《오마이뉴스》가 소프트뱅크의 대표 손정의를 투자자로 유치했다.[2] '시민참여 저널리즘' 모델의 세계화를 선언하며 2006년 8월 28일《오마이뉴스 재팬OhmyNews Japan》이 창간되었다. 한국의 네티즌 문화가 세계에 통용되는 가능성을 시험하고, 한일관계의 정립에도 기여할 수 있는 기회였다.

《마이니치신문每日新聞》기자 출신이자 유명 방송인인 도리고에 슌타로鳥越俊太郎가 편집장을 맡았다. 그는 2채널이 "네거티브한 정보가 많고, 인간의 짐負을 배출하기 위한 쓰레기통"으로 기능한다면,《오마이뉴스 재팬》은 "일본사회를 올바르게 변화시키는 장"이라는 포부를 밝혔다. 하지만 기성 저널리즘에 반발하는 목소리를 쓰레기로 취급한 그 발언은 인터넷 아마추어인 프로 저널리스트의 오만이었다. 과거의 관행에서 벗어나지 못한 그들의 시행착오와 시민 참여의 저조 등으로 《오마이뉴스 재팬》은 2009년 4월에 문을 닫았다.

한일이 갈등하는 상황에서 시민 저널리즘을 표방한 《오마이뉴스 재팬》은 한국의 관광정보와 먹거리정보 등 친숙한 소비 콘텐츠를 다수 게재했다. 한류에 편승한 안일한 우호활동은 뉴미디어 청년들의 '비웃음'을 샀다. 《오마이뉴스 재팬》은 저널리즘의 비판적인 대안을 찾지도, 넷우익의 견제를 뛰어넘지도 못했다. 그 실패는 한류의 문화 콘텐츠가 글로벌 사회에서 올바른 쟁점을 제기하고 공감대를 확대하기 위해서는 더욱 치밀한 연구가 필요하다는 점을 시사한다.

인터넷에서 게릴라처럼 활동하던 넷우익은 2009년 9월 민주당 집권하에서부터 정치 오피니언 세력으로 성장했다. '동아시아 공동체'를 제창한 하토야마 유키오 정권하에서 영주 외국인의 지방참정권문제가 부상했다. 재특회는 "주권을 이양할 셈이냐"며 적극적으로 반론했다. 2010년 9월, 중국의 어선과 일본의 해상보안청이 충돌하자, 중국의 티베트 문제에 주력했던 니시무라 슈헤이西村修平도 가두선전에 나섰다. 니시무라는 2007년부터 '말하는 운동'에서 '행동하는 운동'으로 전환하자고 제안함으로써 행동하는 보수계열의 거리운동을 촉발한 활동가다. 센카쿠 – 댜오위다오에서 중국과 해상충돌한 이후, 민주당 정권의 공약이었던 오키나와 미군기지 이전 설치문제도 난관에 봉착한다.

2000년대 일본에서 반미보수의 활동이 두드러졌지만, 일본의 국익을 위한 신보수 세력의 판단은 일률적이지 않다. 미일동맹을 강화하자는 주장부터 핵무장해 자주방위하자는 주장까지 그 스펙트럼은 다양하다. 원전 재가동과 탈원전, 소비세 인상과 환태평양 경제동반자 협정TPP, Trans-Pacific Partnership 등의 문제로 갑론을박하는 토론 프로그램이 동영상으로 돌아다녔다. 주로 반미 내셔널리스트들이 원전 재가동과 환태평양 지역의 경제자유화를 위한 TPP 가입에 반대했다.[3] 서브컬처 관계자들도 다양한 현실문제를 다루는 작품을 제작했다. 그 과정에서 인터넷 공간의 정치화가 활발해지고, 거리운동도 확산되었다.

혐한·배외주의는 극복될 수 있을까

2012년 8월, 넷우익과 재특회는 거리의 정치적인 대중운동 세력으로 등장했다. 그들은 민주당 정권에 대아시아 강경노선을 취하라고 촉구했고, 자민당의 재집권을 도왔다. 그렇다고 그들의 정치영향력을 과대평가할 필요는 없다. 2014년 도쿄 도지사 선거에서 넷우익의 전폭적인 지지를 얻었던, 자위대 출신 다모가미 도시오田母神俊雄는 12.5퍼센트로 저조한 득표율을 기록했다. 2015년 12월, 한일합의 이후에는 그들의 소란도 잦아들었다. 아베 정권의 정책에 동조하기 때문이라고 해석할 수도 있지만, 적어도 혐한세력은 한일합

의에 동조하지 않았다. 혐한시위대는 한일 국교를 단절하자는 요구
까지 했다. 그들의 목소리는 동아시아의 지정학적 정세가 변화함에
따라 다시 분출할 수도, 영영 세력을 펼치지 못할 수도 있다.

신보수가 다양하게 분열하고 내부적으로 이합집산을 거치는
모습도 주의해서 살펴볼 필요가 있다. 2000년대에 폭증했던 반미
보수활동이 2010년대에 들어 수그러들었다. 반미 입장에서 이라
크와 북한에도 공감했던, 신좌익과 함께 등장해 1970년대부터 활
동한 신우익 스즈키 구니오鈴木邦男는 헤이트스피치가 나라망신이
며 '애국자는 우익'이라는 관점에도 어긋난다고 비판했다. '무늬만
우익'이라는 비난을 사면서까지 좌파와 연대에도 앞장섰던 스즈
키는 2015년 8월에 탈우익 선언을 한다.

보수·신보수·우익의 궁극적인 목적은 국가공동체를 수호하는
데 있지만, 급변하는 현실에 따라 국익을 위한 선택이 갈리고 갈등
도 격해진다. 재특회와 '행동하는 보수' 단체들은, 1965년 한일회
담에 반대했던 좌익의 '한일협정 무효화' 구호를 다시 꺼내들었다.
일본의 배외주의를 연구한 리버럴 지식인 히구치 나오토樋口直人는
'보수'라는 용어가 배외주의 풍조를 은폐한다며 '우익'이라는 호칭
을 사용한다. 그러나 극단적인 혐한세력은 천황제의 품위와 일본의
국위선양을 중시하는 '전통 우익'에게도 환영받지 못한다.

2007년 이후 재특회 활동을 취재한 언론인 야스다 고이치安田
浩一는 넷우익을 워킹푸어working poor로 보고, 그들을 배태한 일본
사회의 원인으로 이데올로기적인 경직성과 양극화를 지적했다. 야

스다는 그들에게 비판적이지만 기성세대로서의 책임의식을 보여준다. 한국학 연구자인 오구라 기조小倉紀藏도 소수파인 헤이트스피치와 다수파인 혐한파를 구별하자고 제안했다.

오구라에 따르면 혐한은 한국에 대한 비판만이 아니라, 전후 일본 헤게모니에 대한 도전이다. 혐한론자들이 전후 민주주의를 실천한 미디어, 교사와 지식인, 엘리트주의적인 시민운동론 모두에 비판적이며 정치적인 대립각을 세우고 있음을 지적한 것이다. 반면에 히구치는 재특회를 구성하는 자영업자와 고학력자의 존재를 밝힌다. 동아시아의 지정학적인 갈등 및 일본의 역사수정주의 흐름을 타고 일본사회에 배외주의 현상이 확대되었다는 주장이다. 모두의 견해가 일면 타당해 보인다. 그러나 배외주의 혐한세력에 일본사회의 문제를 해결하고 상생을 도모할 대안을 구체적으로 제시할 수 있다면, 그들과의 대립도 풀릴 것이라고 본다.

2014년 '이민·다문화공생정책에 반대하는 일본국민모임(사쿠라 모임)'이 출범했다. 이들은 단일민족의 지속 가능성을 주장하고, 이민과 난민을 받아들이고 외국인 노동자를 수용하는 글로벌리즘에 반대한다. 제국일본의 식민정책이 재일코리언이라는 문제를 낳았던 만큼, 그들은 이민으로 폭동과 테러가 일어난 유럽과 미국의 현실을 참조하고 있다. 사쿠라 모임은 고용노동자의 생존권을 비롯한 사회적 책임을 강조하면서, 무분별하게 외국인 노동자를 수용하는 정책은 무책임하다고 반대한다. 자신들도 특정한 인종을 차별하는 배외주의에 반대한다고 한다. 주장의 진정성은 인정한다. 그러나 외국인의 생존권에 대한 근본적인 책임감 때문에 수용을 반대한다면, 가난한 나라에도 일자리를 창출해서 인류가 더불어 살도록 책임부터 나누며 방안을 연구해야 할 것이다.

오늘날처럼 상호의존성이 확장되고 테러가 범람하는 글로벌 사회에서 배타적으로 울타리를 치는 것처럼 무책임한 방법도 없다. 이민을 찬성하는 것도, 반대하는 것도 해결책은 아니다. 이제 세계를 삶의 터전으로 삼아 더불어 문제를 해결할 새로운 방안을 찾아야 한다. 누구든 각성해 세계를 자신의 일터라고 생각할 때, 미래도 밝을 것이다. 내셔널리즘도 마찬가지다. 일본의 울타리나 한일 사이의 갈등구도 관점이 아니라, 인류 사회의 미래라는 전망 속에서 검토해야 한다.

왜 네티즌이 아닌, 넷우익이 등장했는가?

혐한이 '전후 일본 헤게모니에 대한 도전'이라면, 그 해석은 전후 일본사회의 변혁욕구가 혐한론에 반영되었음을 인정하고 있다. 그렇다면 새로운 변화의 방향은 무엇이며, 보수와 우익이 일본의 변화를 주도한 까닭은 무엇인가? 과연, 2000년대 한국에서 네티즌과 일베(일간베스트)가 성장하고, 일본에서 넷우익과 재특회가 부상한 현상의 차이가 사회변화의 차이까지 의미하는가? 반일과 혐한의 구조적인 충돌을 분석하고 해결책을 모색하기 위해서라도, 세기 전환기에 일본의 정치의식 및 대중심리가 보수·우익 성향으로 나타난 이유를 찾아볼 필요가 있다.

역사적으로 시민은 자본주의의 이익을 옹호하는 경제활동의 주체와, 민주주의를 실천하는 정치적인 주체라는 양가적인 의미가 있다. 헤겔Georg W. F. Hegel과 마르크스Karl H. Marx가 시민사회를 사적인 이해를 추구하는 개인의 이익집단으로 보았다면, 칸트Immanuel Kant와 베버Maximilian C. E. Weber는 자유·평등·자립의 실천 및 윤리적인 주체로 보았다.

좌익의 정치활동이 제도적으로 보장되었던 전후 일본에서 시민 개념을 긍정적으로 보는가, 부정적으로 보는가의 차이는 한국보다 심하게 나타났다. 1950년대 좌익과 1960년대 신좌익의 급진론자들은 '리버럴리스트와 시민'을 '보수·우익·반동'과 동의어로 취급했다. 전후 일본에서 새로운 국가를 건설한 주체로 호명된 이름은 '애국하는 국민, 해방된 민족' 또는 '혁명적 계급'이었다. 좌익 진영에서도 애국을 강조했다. 혁명을 좇는 시대정신 속에서 시민과 자유주의는 '반혁명'이라 비난받았다.

그러다가 1964년 도쿄올림픽에 이은 고도성장 속에서 신좌익이 명멸하는 가운데, 시민과 민중이 역사의 주체로 부각되었다. 역사적인 조건이 변화하면서 '혁명의 전위'를 대신하는 '투쟁의 주체'로 시민이 호출되었다. 1972년 일본 열도 개조정책도 도시를 골자로 교통·통신·산업망을 확충하는 것이었다. 도시의 광역화가 진전함에 따라 시민은 도시개발의 공공성을 회복하고, "사적·공적인 자치활동을 영위하는 자발적인 인간형(마쓰시타 게이이치松下圭一)"

으로 강조된다. 사회보장을 비롯한 공공정책 입법화에서도 국가통치가 아닌 시민자치로 전환할 필요가 대두했다.

1980년대 신자유주의를 도입한 나카소네中曾根康弘 정권은 경제대국에서 정치대국으로 도약을 시도했다. 국제공헌을 중시한 일본은 1991년 발발한 걸프전쟁에서 130억 달러 이상의 전쟁비용을 지출했다. 하지만 냉전이 붕괴된 후 국제정세가 불안한 상황에서 일본은 정치대국으로 인정받기는커녕, 안보위기와 '잃어버린 20년'이라는 저성장에 직면한다. 1992년 유엔에 협력하는 PKO(평화유지활동)협력법을 제정했지만, 이내 헌법 제9조의 해석공방으로 이어졌다. 결국 거듭되는 논쟁으로 국제현실에 부합한 국가정체성과 안전보장을 확립한다는 과제가 부상하고, 헌법개정에 긍정하는 여론이 형성된 것이다.

1995년 전후 50년을 맞이해 전후 레짐과 전후 민주주의의 역사관을 부정하는 역사수정주의가 싹튼다. 전후 레짐이 패전 상태의 지속을 의미하는 '영속 패전 레짐'이라는 생각도 퍼져나갔다. 새역모는 자학사관과 개인주의를 비판하고, 지역사회의 풀뿌리 보수운동과 결합해 '치유'의 내셔널리즘을 요구했다. 안락한 공동체를 바라는 심정은 전통과 애국심을 불러일으켜 공공가치를 재건하고자 했다.

넷우익과 신보수는 과거 좌파가 전후 일본이 미국의 식민지가 되었다고 규탄하며 민족의 독립을 요구했듯이, '자주헌법'과 '자주국방'을 요구했다. 그들은 국가를 새로운 가치회복의 주체로 부각시키며, 전후 민주주의에 젖은 시민들이 '평화 치매'에 걸렸다고 야유했다. 시민운동의 진보적인 가치가 진부하다고 고발하고 종언을 고했다. 전후 민주주의의 허구성과 실패를 극복하는 방향이 가족 공동체 회복 및 강한 국가의 재건에서 모색된 것이다. 그러나 과연 1인가구가 대세인 시대에, 혈연으로 얽힌 가족공동체 및 국익과 국력에 대한 집착으로 새로운 시대를 전망할 수 있는지는 의문이다.

비단 일본만의 문제가 아니다. 공동체가 회복되기를 바라고 국가 경쟁력을 높이기 위해 배타적인 이익을 추구하는 현상이 과연 일본에서만 일어나는가? 동아시아 각국의 내셔널리즘이 충돌하는 현상은 어떻게 극복될 수 있겠는가? 시민자치의 내실을 꾀하기보다, 재정 재분배 정책에만 의존하면서 국가주의에 힘을 싣는 현상은 대한민국의 자화상일 수도 있다. 국민국가를 생존경쟁의 이기적인 괴물로 키우는 모습은 동아시아의 미래에 더 암담한 갈등을 초래할 수도 있다.

증오의 감정으로는 보이지 않는 모순

1990년대 탈냉전 후 일본사회는 보수와 전통을 강조하면서도, 좌파의 내셔널리즘을 흡수하는 방향으로 변화했다. 만일 일본의 변화를 '좌파의 몰락'과 '우경화'로 표현한다면, 그 안에 포섭된 좌파 담론의 보수성 또는 우익적인 가치를 놓칠 수 있다. 보수 대 진보, 좌파 대 우파의 경계도 모호하다. 개혁은 지배체제를 보수하기 위한 방법이기도 하다. 대립하는 세력들은 서로 모방하고 교착·협력하면서 자신들의 권력을 강화하고, 논리를 정당화하기도 한다.

전통적으로 일본의 우익은 서구 자본주의와 합리적 보수주의를 비판하며, 국가의 전통과 애국심을 찬양해왔다. 2000년대 일본에서는 이러한 사상을 시민민주주의의 대안으로 여겨 과거 좌익의 체제비판론을 흡수하고 풀뿌리 내셔널리즘에 통합시키려는 움직임이 나타났다. 친미보수와 리버럴 좌파가 모두 전후 민주주의와 전후 레짐을 옹호하는 구세력으로 간주되었다.

반미보수와 혁신 좌파가 결합한 사례도 있다. 스즈키 구니오는 이라크전쟁 당시에 '인간방패'로 참가한 후 북한까지 방문했다. 만화가 고바야시도 미국의 이라크전쟁에 협력하는 친미보수를 "미국에 꼬리를 흔드는 강아지"라고 신랄하게 비판했다. 중국이 부상한 2008년 무렵까지 좌파와 우파가 반미전선에서 공감하고 공명하는 현상이 두드러졌던 것이다.

혐한감정에서도 과거의 좌파와 현재의 우파가 합작하는 모습을 볼 수 있다. 넷우익 세대 논객인 후루야 쓰네히라古谷経衡가 2013년 4월에 출판한 《넷우익의 역습ネット右翼の逆襲》을 보자. 이 책은 2012년 8월 이명박 전 대통령의 행보를 본 일본사회에 혐한물결이 거세지면서 조건반사적으로 나온 산물이다. 그는 혐한이 넷우익의 '사상'이라 주장한다. 혐한이 인종차별주의가 아닌 "한국이 싫다는 가치관"이라는 주장이다.

'싫다'는 감정적이고 즉자적인 반응을 '사상'으로 승격시키는 지적 허세를 비판하는 것은 그다지 중요치 않다. 오히려 넷우익 세대의 가치관이나 현대인의 규범에서는 이성보다 감정이 인간적이라고 존중되고, 인권과 휴머니즘이 그 어떤 규범보다 중시된다. 흥미로운 사실은 후루야가 동시대 한국과 일본의 갈등, 그리고 보수와 진보의 역사적인 대립에서 혐한의 논리를 포착해낸 점이다.

혐한이 하나의 가치관이라는 주장에는 냉전시대 좌파의 정치적 이데올로기가 그대로 녹아 있다. 좌익은 미국을 제국주의 국가로 간주하고 한국을 미국의 꼭두각시로 비유했다. 일본의 친미보수는 한·미·일 삼각 안보동맹에 입각해 친한을 실천했다. 후루야는 "전후 일본의 보수는 미국의 아시아 침략에 합치하도록 반공노선을 냉전하에서 오래도록 계승"했다고 서술한다. 다음은 후루야가 인용한 글로, 1965년 10월 13일 일본공산당 의원인 가와카미 기이치川上貴一의 국회발언이다. 1965년에 체결된 한일 국교정상화 회담을 공산당의 입장에서 분석하고 있다.

일한조약이 급격하게 체결된 이유는, 베트남전쟁이 실패하고 동남아시아 군사동맹이 교착상태에 빠져 급속히 붕괴되고 있는 미국이 아시아 침략체제를 재정비하고, 나아가 강화하기 위한 것이 명백하다. ……(한국은) 미국에 지배된 괴뢰국가다. ……한국을 조선 유일의 합법정부로 인정하는 것은 미국과 박일파(박정희 정권)의 이른바 무력 북진을 지지하고, 여기에 동북아시아의 침략거점을 만들려는 것이다.

한일회담에 반대했던 시절에 좌익은 일본·한국·타이완·필리핀의 개발독재 지도자를 미국과 '일본에 의한 아시아 침략의 앞잡이'로 인식했다. 좌익은 미국의 아시아 전략과 그에 협력하는 보수 세력을 '역사의 반동'으로 취급하고 혐오했다. 후루야는 그러한 과거 좌익의 한국에 대한 적개심이야말로 혐한의 원조라고 밝힌다. 전후 레짐의 변화를 촉구하는 신보수는 과거 좌파와 마찬가지로 미국이 동아시아의 역사를 주조했다고 해석한다.

'혐한=신보수론'은 과거 좌파의 반한을 인용하고 계승함으로써 혐한의 논리와 정치적 태도를 정당화한다. 그 내러티브 전략은 탈냉전시대에 한·미·일 삼각 반공안보 동맹의 유효성을 부정하고, 나아가 전후 레짐에서 벗어나는 과정에서 일본의 독자적인 행보를 확보하려는 의도가 있다. 그렇다고 이들이 미일동맹을 강화하려는 아베 정권의 정책에 적극 반대하는 것은 아니다. 다만 패전국가의 규범과 전후 질서의 구속에서 벗어나려는 욕구를 드러낼 뿐이다.

'혐한=신보수론'은 동아시아 전후 질서의 책임을 미국과 친미보수 세력에 전가한 점에서 '좌우합작'을 이루어낸다. 하지만 중국이 부상한 시점에서 과거 좌파의 아시아 연대의식은 사라졌다. 2002년 월드컵 한일 공동개최 이후 오히려 혐한은 반일과 호응하면서 성장했다.

반일과 혐한은 서로를 '상식과 도덕'이 결여한 집단, 소통이 불가능한 무뢰한으로 취급하지만, 서로를 미워하는 에너지는 같은 주파수에서 나온다. 그들 모두가 정보를 비판적으로 사유하기보다는, 국가·국민·민족이라는 방패 뒤에 숨어 자신들의 이기심과 편파적인 의견을 숭고한 애국심으로 포장한다.

반한과 혐한, 그리고 반일의 정점에 선 사람들은 한일협정이 무효라고 주장한다. 2012년 8월 이후, 매년 6월 전국 도시에서 '일한 국교단절 국민대행진'이 벌어지고, '일한 단교 공동투쟁위원회'까지 조직되었다. 포털 사이트인 야후재팬에서 '일한 국교단절'을 검색하면 동영상이 다수 올라왔던 적이 있다. 과대망상적인 현실 인식과 증오심을 보여주던 혐한 동영상은 시민운동의 힘으로 삭제되었다.

냉전시대 좌파가 미국에 종속되는 것을 비판하면서도 미일동맹이라는 국익에 안주했듯이, 반미보수와 넷우익은 지정학적인 맥락에서 미국의 패권과 좌익을 비판하면서도 그 반사이익을 취한다. 수정된 역사인식은 영미제국의 아시아 침략사에 저항한 일본의 아시아 해방 전쟁을 강조하지만, 이것은 동아시아 좌파의 반제국주의 민족해방사관을 모방한다.

그러면서도 그들은 좌우합작의 면모를 인정하지 않으며, 오히려 미국의 승리사관을 비난하고 좌파의 자학사관을 배제하고자 한다. 일본이 미국의 식민지라고 하면서도, 아시아 유일의 독립국으로 근대화에 성공했다는 자긍사관에도 빠져 있다. 자신들은 전후 체제의 책임을 미국에 전가하면서, 식민지 근대화의 성과를 무시한 한국의 민족사관을 비판한다.

증오는 자신의 논리적 분열과 모순을 들여다보지 못하고 남의 모순만 탓하는 태도에서 나온다. 반일이든 혐한이든, 네티즌이든 넷우익이든, 그 호칭의 차이는 중요하지 않다. 그들이 남 탓하는 증오심을 키우고 있는 한, 과거의 모순에 발목 잡혀서 새로운 시대의 변화를 이끌어낼 수 없기 때문이다.

반일과 혐한의 갈등을 넘어서

인터넷으로 실시간 연결된 환경이므로 반일과 혐한은 서로 동떨어진 현상이 아니다. 혐한은 반일의 메아리고, 반일도 혐한의 메아리로 울린다. 양자가 대립하면서 역사인식 논쟁을 통해 뿌리를 내리고 영토분쟁에서 더욱 불거진 것은 말할 나위도 없다.

게다가 2000년대에 네이버의 한일번역 게시판과《조선일보》및《중앙일보》의 일본어판 웹 등을 매개로 반일과 혐한은 점차 더 자주 대립했다. 정황과 맥락은 사라지고 편집된 정보들이 떠돌다가 타자를 증오하고 배제하는 근거로 제시된다. 이는 적어도 '없는 사실'을 날조하지 않았더라도 '있는 사실'을 편파적으로 인용하고 자의적으로 와전시킨다.

동아시아 근현대사에서 지배와 저항의 수단으로 전쟁과 폭력을 정당화한 역사가 있다. 하지만 과거의 폭력문제를 역사적으로 성찰하고 화해를 위해 함께 극복할 미래의 과제로 제기한 적은 없다. 민족적·이념적·정파적 대립구도가 반복되면서 서로 상대방의 폭력만 심판하고, 정치적으로 공격한다. 이로써 과거의 폭력이 현재의 대립을 지속시키는 핑곗거리로 살아남는다.

1949년 중국이 공산화혁명에 성공한 후, 김일성과 마오쩌둥毛澤東, 스탈린Iosif V. D. Stalin이 협의해 한국전쟁을 일으켰다. 일본공산당과 재일조선인 좌파 조직은 미국의 한국전쟁 참전을 동아시아 민족에 대한 식민지 침략전쟁이라 여겼다. 그들은 1951년부터 비합법적인 게릴라 투쟁을 시도했지만, 한국전쟁 휴전으로 고립된다. 1955년 일본공산당이 무장투쟁노선을 비판하고 조총련이 합법주의노선을 택하면서 그들의 '혁명적 폭력'은 역사 속에 묻힌다.

1960년대 공산당의 합법노선을 비판한 신좌익이 또다시 무장봉기와 세계혁명을 추구한 결과, '공산주의자동맹 적군파'가 북한으로 망명하고, 아랍으로 망명한 일본적군이 테러에 가담하며, 연합적군이 아사마산장 사건(연합적군이 인질을 잡고 무장한 채 열흘 동안 경찰과 대치한 사건)을 일으켰다. 1970년대 이후 경제적 풍요 속에서 이들의 폭력은 냉소적인 트라우마로 각인되고, 문학적 표상으로만 전해졌다.

냉전시대 좌파 젊은이들의 폭력적인 혁명충동이 탈냉전시대에는 우파 젊은이들의 배외주의 폭력으로 나타난다. 한국과 중국에서 일본사회의 변화욕구를 우경화라고 비판하자, 재특회 같은 조직이 출현했다. 한일관계에서 과거의 피해자에 대한 국가적인 사죄와 보상문제가 논란이 되자, 일본의 패전 후 일어났던 재일조선인의 폭력문제도 슬금슬금 나왔다. 특히 2002년 북한에 납치된 일본인 피해자에 대한 문제가 불거지면서, 혐한세력은 재일조선인의 폭력문제만을 상기시켰다.

《만화 혐한류》제3장에서는 전후 직후에 "일부 재일조선인이 '전승국민'을 자처하며 일본인들에게 약탈과 폭행"을 행사했다고 쓴다. 야마노의 만화 지문에는 재일조선인에 대한 우호적인 표현도 있다. "많은 조선인은 일본인과 마찬가지로 회사원이나 공무원으로서 또는 자영업 등을 운영하며 패전 후의 혼란기를 나름 살아갔단다"라고 설명한 대목이다.

야마노의 시대감각은 당시를 재현하는 데 역부족이다. 당시 일본인 다수의 생활도 곤궁했지만, 대부분 재일조선인들은 농업·광업·공업의 3D업종에 종사하고 노점상과 행상을 주업으로 삼았다. 그러한 노동이 야마노의 만화에서는 사무직 회사원을 연상시키는 현대어로 포장되었다. 리얼리티가 결여된 상상력으로 쓴 만화이기 때문이다.

한국전쟁 당시 일본공산당과 연계해서 활동한 조국방위대가 폭력 시위를 주도했다. 일련의 역사적인 정황은 일본인에게 공포의식을 심었고, '재일조선인은 폭력적'이라는 이미지를 만들었다. 그렇다면 '일부 재일조선인'을 폭도로 내몰고, '많은 재일조선인'을 일본의 선량한 이웃으로 묘사하는 그 서술의 엇박자는 무엇을 의미할까? 혐한론에서 일본의 국가적 동화와 포섭의 논리를 찾는 것은 너무 진지한 접근법이다. 오히려 그들의 인성을 들여다볼 필요가 있다. 그들은 과연 나쁜 사람들일까?

배외주의적이고 인종주의적인 발언의 발화자는 유년기에 착한 일본인 교육을 받고 거품경제의 성장기를 보내다가 성년을 맞이한 세대다. 약자에 대한 배려와 남에게 폐 끼치지 않는 덕목을 배운 그들은 윤리적으로 결벽증을 보이기도 한다. 전후 민주주의 교육을 받은 일본인은 식민지배가 죄악이었다고 인식한다. 일본의 근대사 자체가 전쟁폭력의 트라우마를 간직하고 있다. 그들도 과거의 상처를 치유하고 자긍심을 회복하고 싶어 한다.

하지만 동아시아의 지정학적 갈등구조는 역사적 상흔을 치유하도록 허락하지 않는다. 한국에서 일본의 국가적인 범죄와 '식민지배의 원죄의식'을 확인시킬수록, 역사 화해가 차단된 갈등구조에서 일본의 젊은 세대는 혐한의 증오의식을 키운다. 역사적 원죄의식에서 벗어나기 위해 이들은 반일에 과잉반응하고 자민족의 역사를 미화시킨다. 도덕적인 당당함으로 무장한 한국의 반일 민족주의자들은 일본을 과감하게 폄하한다. 일본 젊은이들은 거꾸로 '파렴치한' 한국과 재일교포에게 분노한다. 이러한 문제는 개인 차원으로 끝나지 않는다.

안타까운 점은 1950년대 조선인에 관한 폭력적인 이미지가 혐한론에서 재인용되면서 배외주의 폭력으로 재생산되고 있는 현실이다. 혐한론자들은 재일조선인을 범죄민족이라고 규탄하며, '조선진주군을 용납하지 않은 시민모임'이라는 황당한 조직까지 만들어냈다. 그들은 일본을 침탈한 조선진주군이란 허상을 증명하기 위해 무장한 일본경찰관의 사진까지 게시한다.

다민족제국이었던 일본이 패전한 직후, 재일조선인과 재일중국인은 정치적 해방감에서만이 아니라 점령권력이 배급하는 물자를 먼저 얻기 위해 전승국민을 자처했다. 일부 조선인과 중국인은 일부 일본인과 함께 암시장을 만들고 이익을 독점했다. 그러나 전후 혼란기의 시장을 교란시키고 폭력사태를 일으킨 사건을 인종 문제로 접근하는 관점은 부당하다. 패전 직후에 나타난 민족갈등, 여성과 약자를 향한 폭력, 전승국의 지위를 활용한 폭리 추구와 보상심리, 국가권력의 재편을 둘러싼 좌우의 폭력적인 대립 등은 거시적이고 역사적인 문맥에서 고찰하고 대응할 필요가 있다. 어느 일부의 폭력이 아닌, 전 세계에 번지는 폭력의 문제를 진단하고 폭력의 도미노 현상에 대응하려는 노력이 필요하다.

탈냉전기에 세계사가 변동하는 와중에도 폭력사태는 빈발했다. 소련이 멸망하고 동유럽 체제가 변동하는 과정에서 다민족이 분열하고, 내전이 발생했다. 아랍의 혼란도 단순히 서구제국과의 대립만이 아니라, 아랍 내부의 종교와 민족분쟁, 국가권력 해체와 분열 및 통합과정에서 나타나는 폭력문제를 보여준다. 중동아시아와 아프리카에서는 지금도 내전과 약탈이 일어나는 와중에 살길을 찾아나선 난민들이 고통스럽게 살아가고 있다. 기아 상태에 놓인 북한에서 탈출했던 사람들도 중국에 불법체류하면서 중국 내 반한류, 혐한감정과 부딪히기도 한다.

내전으로 인한 혼란과 기아 상태를 벗어나 먹고살 길을 찾아나서는 행위는 인류사에서 끊이지 않는다. 1945년 이후 한반도와 중국 대륙이 내전의 소용돌이를 겪을 때, 일본은 혼란을 통제하고

1955년 시점에 전후 부흥을 선언했다. 그러한 일본의 안정과 부흥에 이끌려 일본으로 밀항한 재일교포들도 있었다. 그 이동의 흐름을 억지로 규제하는 것이 아니라, 글로벌 사회를 공존 가능한 공간으로 바꾸려는 노력이 필요하다.

역사인식 논쟁이 거듭되고 있지만, 가지 않은 길을 되돌아갈 도리는 없다. 등을 돌리고 갈라서도 갈등은 해소되지 않는다. 시간을 되돌릴 수 없듯이, 과거에 풀지 못한 문제의 시비를 가린다 해도 그것이 오늘과 내일의 해결책이 될 수 없다. 오늘의 갈등을 최소화하기 위해서는 경직된 사상과 자기중심적인 역사인식에서 벗어나야 한다. 상대방에게 책임을 전가하며 감정적인 대립에 빠져드는 폐쇄적인 회로에서 벗어나 문제를 새롭게 바라보아야 한다. 새로운 해답을 찾고 공유하는 작업은 결코 간단치 않다. 그러나 책임의 소재를 '오늘, 너와 나'가 주고받는 '동시대 우리의 상호작용'에서 찾는다면, 해결의 실마리는 생각보다 쉽게 잡힐 것이다.●

● **조관자** | 서울대학교 국어국문학과를 졸업한 후 도쿄대학교 대학원 총합문화연구과에서 석사와 박사학위를 받았다. 일본 주부대학교 인문학부 준교수를 거쳐, 현재 서울대학교 일본연구소 조교수로 있다. 지은 책으로는 《일본 내셔널리즘의 사상사》, 《탈 전후 일본의 사상과 감성》(편저), 《일본, 상실의 시대를 넘어서》(편저) 등이 있다.

미디어편

보수화하는 사회와,
이에 대항하는 시민들

●

일본사회 내에서도 보수화하는 정치와
정치권이 미디어에 개입하려는 시도를
비판하고 감시하는 전통이 존재해왔다.
일본의 시민들은 전통매체와 새로운 매체를 모두 활용해
사회적인 목소리를 내려는 노력을 게을리하지 않는다.

일본이라는 난감한 이웃

일본사회에 대한 우리의 인상은 어떻게 형성될까? 물론 요즘은 직접 일본을 여행하고 경험하는 사람이 많이 늘었지만, 이런 경우를 제외한다면 주로 각종 미디어에서 본 모습이 전부일 것이다. 특히 연구자 혹은 일본의 대중문화나 문화 콘텐츠 소비자처럼 평소 일본에 관심이 많은 경우가 아니라면 방송·신문·인터넷 등의 보도매체에서 접한 내용이 인상을 좌우할 것이다.

식민지배 과거청산과 역사인식 문제로 한국사회에서 일본은 늘 어딘가 편치 않은 이웃나라로 여겨진다. 보수적인 일본정치인들의 몰역사적인 발언이나 행동이 한국언론의 집중조명을 받는 것도 어제오늘 일이 아니다. 2012년 아베 신조를 수장으로 하는 자민당이 다시 집권한 이후에는 특히 이런 경향이 뚜렷해진 듯하다. 한국사회의 상식으로는 납득하거나 받아들이기 어려운 극우정치인들의 발언과 행동이 일본 관련 뉴스의 헤드라인을 연일 장식했으니 말이다. 물론 이것은 '전후 체제로부터의 탈각'을 주창하면서 일본정부·여당이 일련의 보수화·우경화 행보를 보인 탓이 가장 크다.

궁금한 것은 일본시민들의 민심이다. 역사인식과 재군비문제에서는 일본과 한국 사이에 인식의 차이가 있다 해도, 정치의 보수화·우경화는 일본사회에도 분명 영향을 끼칠 테니 말이다. 실제로 기본인권을 침해할 가능성으로 논란이 있는 보수적인 법제들이 꾸준히 통과된다는 소식이 들려온다. 그럼에도 자민당은 선거에서 압승을 거두었다고 한다. 모리토모학원과 가케학원 등 연이은 사학 스캔들로 최근 아베 수상의 인기가 시들해지긴 했지만, 각종 여론조사 결과에 따르면 자민당의 우세는 여전히 공고하단다. 정치적 대안이 별로 없다거나 '아베노믹스'로 명명된 양적완화 정책으로 경기가 회복되고 있다는 점이 크게 작용한 탓이라는 분석도 들린다. 정치인들과 일본시민 사이에 온도차가 있다고도 한다. 그러나 넷우익이나 재특회와 같이 극단적인 사례들도 있지 않은가. 이쯤 되면 일본의 민심은 결국 보수정치인들에 대한 암묵적인 인정 혹은 열렬한 지지에 있는 게 아닌지 의심스러울 법하다.

보수화·우경화 이미지가 강한 최근 일본의 정치. 그와 상관없이 매력적이고 흥미로운 일본의 대중문화와 문화 콘텐츠. 이에 비한다면 일본사회, 그리고 그 사회를 구성하는 일본의 시민들에 대한 인상은 사실 흐릿하다. 일반적으로 일본의 시민사회가 최근 정치상황에 어떻게 반응하는지 알 기회가 많지 않기 때문이다. 역사인식 부재, 역사적 사실에 대한 무지, 보수정치인들에 대한 암묵적인 인정, 넷우익이나 재특회 등, 우리가 '일본시민사회'라고 하면 떠올리는 이미지는 대개 우경화하는 일본정치를 직접 투영한 경우가 많다. 그리고 이것은 한국언론 탓만도 아니다. 이러한 정치영역과 온라인 공간에서 일어나는 우경화 경향에 비판적으로 움직이는 시민사회의 대응은 일본 주류 미디어에서도 잘 다루지 않기 때문이다.

뉴스 매체에 보도되는 정보가 편중되는 까닭은 여러 가지 이유가 있다. 그 가운데 하나는 매스미디어의 일대다—對多 커뮤니케이션 방식이다. 폐쇄적인 한 방향 커뮤니케이션에 그칠 경우, 뉴스의 생산자와 소비자 사이에 위계를 형성하고 고착시킬 수 있다. 정치권이나 거대자본이 일대다 커뮤니케이션과 만나면 상황은 더욱 심각해진다. 결국 '누가 매스미디어로 어떤 뉴스를 내보내는가'는 현실의 권력관계를 고스란히 반영하기 십상이다. 2012년 제2차 아베 내각 성립 이후 저널리즘 전체가 위축되거나 우경화하는 것이 아니냐는 우려가 제기된 것도 무리는 아니다.

그렇다고 정치권력이 주류 미디어에 실제적으로 혹은 암묵적으로 압력을 행사하는 데 일본사회가 침묵하고 있지는 않다. 일본에서도 급속한 정보화로 뉴미디어 기술이 보급되어 다대다多對多 쌍방향 커뮤니케이션이 가능해졌다. 덕분에 예전에는 자신들의 뜻을 알릴 마땅한 기회나 수단이 없던 이들도 사회적으로 목소리를 내는 새로운 동력이 마련되었다.

이 글에서는 한국의 주류 미디어에서 잘 알려지지 않은 일본사회의 움직임을 살피고, 전통매체와 뉴미디어를 일본시민들이 어떻게 활용하는지 소개하려 한다. 우선 전통매체와 일본사회의 정보화가 가져온 변화를 간단히 짚어보자.

급변한 미디어 환경과 전통매체의 영향력

1989년 이후 일본역사를 개설한 책《헤이세이사平成史》는 최근 일본의 역사적인 흐름을 정의하는 아홉 개 키워드 가운데 하나로 '정보화'를 꼽았다. "1989년 이후 가장 급속한 변화는 바로 정보화 영역에서 일어났다"고 적고 있다.[1] 그도 그럴 것이 오늘날 미디어 환경에서는 컴퓨터, 노트북과 태블릿형 단말기, 인터넷, 검색 엔진, 스마트폰, SNS가 물이나 공기처럼 당연히 존재하는 정보수단이지만, 이와 같은 정보통신기술과 매체가 일반화된 지는 30년 정도밖에 되지 않았기 때문이다.

이러한 급속한 변화는 통계에서도 확인할 수 있다. 정보통신 관련 주무관청인 총무성에서 매년 발표하는 〈통신이용 동향 조사 결과〉에 따르면, 1989년 컴퓨터 세대 보급률은 11.6퍼센트에 불과했으나, 20년 만인 2009년에는 87.2퍼센트로 성장한 것으로 나타난다. 1996년 3.3퍼센트에 불과했던 인터넷 세대 보급률은 2002년에 이미 81.4퍼센트로 급상승했다. 2010년에 9.7퍼센트였던 세대별 스마트폰 보급률은 2017년에 75.1퍼센트로, 7.2퍼센트였던 태블릿형 단말기는 36.4퍼센트로 상승했다.

1990년대 중반만 해도 컴퓨터나 인터넷 모두 소수의 얼리어 답터early adopter나 마니아들이 사용하는 낯선 매체였다. 이런 이야기를 지금의 중고생들은 먼 옛날로 받아들일 것이다. 변화의 속도를 감안한다면 세대 간 정보통신 기술과 미디어 이용 경험에 차이가 큰 것은 당연한 일이다. 그리고 1990년대를 한국에서 보낸 30~40대라면 이웃나라 일본과 상당히 유사한 속도로 미디어 환경이 변화했을 것이다.

물론 일본은 IT혁명에 한국에 비해 늦게 대응하기 시작한 나라로 알려져 있다. 실제로 1990년대 후반까지 인터넷 이용환경 면에서 구미의 IT선진국은 물론 한국 같은 몇몇 아시아 국가의 수준에 크게 미치지 못하는 상황이었다. 이러한 상황은 정보통신 제도개혁이 지연되고, IT혁명에 범국가적인 차원으로 체계적인 대응을 하지 못한 점, 정보화 추진체계 정비가 지연된 점 등에 기인했다는 분석이 있다.

특히 1990년대 후반까지 가장 두드러진 문제는 브로드밴드 보급이 지연된 점이었다. 이는 기술의 문제가 아니라 정책적인 선택과 일본의 통신산업 구조의 문제에 기인하는 것이었다. 지역 통신사업이 실질적으로 독점인 상황이라 요금이 비싼 편인데다가 각종 규제가 심했고, 일본의 법률이 기본적으로 서면으로 대면하는 데 근거를 둔 행정인 탓에 인터넷 보급을 저해했다. 또한 정보통신 주무관청이었던 우정성과 일본 전신전화주식회사NTT가 고속 인터넷에서 초고속 인터넷으로 바로 진입하기 위해 댁내 광케이블을 세우는 데 전념한 탓도 있다. 이는 폭발적으로 증가하는 인터넷 수요를 예상하지 못한 정책으로, 일본이 단기간에 브로드밴드 후진국으로 전락하는 데 크게 기여한 것으로 평가된다.[2]

그러나 2000년대에 'e-Japan 전략', 'u-Japan 전략' 등으로 명명된 범국가 차원의 정보화 추진전략이 잇달아 시행되면서 비약적으로 인프라가 정비되었다. 실제로 일본은 브로드밴드 인프라를 구축하는 데 상당히 성공적이었다고 평가할 수 있다.

일본은 휴대전화 단말기로 인터넷을 이용하는 환경이 비교적 일찍 정비된 나라다. NTT도코모가 국제규격보다 간소화된 일본 특유의 휴대전화용 무선 인터넷 서비스인 'i-mode'를 1999년에 개시했다. 이후 각 통신사가 휴대전화 인터넷 서비스를 앞다투어 제공한데다 이용량에 구애받지 않는 월정액제도인 '패킷packet 정액'이 도입되었다. 그 결과, 휴대전화로 수시로 인터넷에 접속하는 인구가 급격히 늘었다. 일본은 휴대전화로만 인터넷에 접속하는 이용자가 한국에 비해 높은 비율을 차지한다. 'Yahoo! BB' 서비스가 2001년 등장해 비대칭 디지털 가입자 회선ADSL의 가격파괴 붐을 불러일으키기 전까지는 고정회선요금이 상대적으로 비싼 편이었다. 고정회선은 신청절차도 복잡했다.

몇 년 전에 여행이나 출장으로 일본에 잠시 방문해보았다면 인터넷 사용환경의 차이를 체감했을 것이다. 일본은 보안에도 예민하고 와이파이를 무료로 제공하는 데도 상당히 인색했기 때문이다. 공항이나 국공립대학, 국회도서관 같은 공공시설에서도 와

이파이를 무료로 개방하지 않아 불편을 겪는 경우도 많았다. 카페 나 레스토랑은 말할 것도 없다. 2014년 말까지도 스타벅스를 제 외한 동네 카페에는 휴대용 와이파이 공유기인 에그를 개인적으로 챙겨야 했던 기억이 생생하다. 스타벅스도 집에서 미리 사용신 청해야 쓸 수 있었으니, 한국에 비해 일본 전체가 꽤나 인색하다는 인상이었다.

지금은 공항은 물론 지하철역, 철도역, 버스 정류장에서 무료 와이파이를 제공한다. 일반 카페에서도 제공하는 경우가 많아졌다. 체감하기에도 이제는 도쿄의 공공장소에서 와이파이를 사용하는 것은 서울과 크게 다르지 않은 느낌이다.

이와 같은 뉴미디어 환경의 변화는 전통매체에 어떤 영향을 미쳤을까? 한국에 비해 일본사회는 옛것을 잘 지키고 변화하는 속도가 더디다고 이야기한다. 실제로 일본은 뉴미디어 기술이 상용화된 이후에도 신문·방송 등 전통적인 미디어의 영향력이 한국에 비해 비교적 원만하게 지속되고 있다. 특히 문해율이 높고, 지식과 교양을 위해 독서하는 습관이 몸에 밴 나라로 알려진 만큼 인쇄매체의 영향력은 상대적으로 공고한 편이다.

이 점은 무엇보다 신문 발행부수에서 드러난다. 일본은 세계에서 신문 발행부수가 가장 많은 나라 가운데 하나다. 세계신문뉴스발행자협회WAN-IFRA가 매년 발행하는 〈월드 프레스 트렌드World Press Trends〉 보고서에 따르면 일본은 2015년까지도 인구 1,000명 당 신문 발행부수가 세계 1위였다. 인도에 1위 자리를 내준 2016년에도 신문별 발행부수에서는 《요미우리신문読賣新聞》이 세계 1위, 《아사히신문》이 2위, 《마이니치신문》이 6위, 《니혼 케이자이신문日本経済新聞》이 10위로, 10위 안에 네 개나 이름을 올렸다. 지명도 면에서 세계적인 《월스트리트 저널The Wall Street Journal》과 《뉴욕 타임스The New York Times》가 각각 15위, 17위인 점을 감안하면 일본신문들의 발행부수가 유독 많음을 다시 한 번 확인할 수 있다.

방송에 대한 고령층의 충성도도 여전히 높다. 케이블 방송이나 지상파 방송이 발달한 한국과 달리 일본은 지상파 방송만 발달한 것이 특징이다. 위성방송 계약자가 매년 증가하는 추세라 해도 아직 지상파 방송의 영향력에 비할 바는 아니다.

방송 프로그램 편성에 연속성도 크다. 일본은 몇십 년 동안 계속 방송하는 장수 프로그램이 많을 뿐 아니라, 심지어 이 장수 프로그램들이 방송 부문별 시청률 10위 안에 고르게 포진되어 있다. 가장 대표적인 예는 일요일을 제외하고 NHK에서 아침 8시부터 15분간 방송되어 '아침 드라마朝ドラ'라는 일반명사로 통용되는 《연속 텔레비전 소설聯續テレビ小說》이다. 이 방송은 1961년에 시작해 현재 100여 편이 방송되었는데, 웬만해선 주간 시청률 1위를 놓치는 일이 없다. 일요일 8시부터 NHK에서 방송하는 《대하드라마》도 빼놓을 수 없다. 1963년부터 거의 매년 한 편 꼴로 방송되고 있는 인기 프로그램이기 때문이다. 일요일 점심시간에 방영하는 《NHK 노래자랑NHKのど自慢》은 1946년부터 방송된 일본 최장수 프로그램이다. 심지어 애니메이션도 2018년 8월 주간시청률 상위권에 모두

몇십 년 방송된 작품들이 이름을 올리고 있다. 1969년부터 방영한 《사자에상サザエさん》, 1992년에 방영을 시작한《짱구는 못 말려クレョンしんちゃん》, 1996년부터 방영된《명탐정 코난名探偵コナン》, 1973년부터 시작한《도라에몽ドラえもん》, 1990년부터 방영한《마루코는 아홉 살ちびまる子ちゃん》, 1968년부터 방영한《게게게의 기타로ゲゲゲの鬼太郎》등은 20년에서 50년 이상 방영된 프로그램이다.

　전통매체의 영향력이 비교적 완만하게 유지되는 편이지만, 어떤 매체도 정보화로 인한 미디어 환경의 지각변동에서 벗어날 수 없다. 일본에서도 1990년대 중반부터 젊은 층의 독서 기피 현상이 지적되었고, 스마트폰과 태블릿이 대중화되면서 독서를 기피하는 청소년층이 사회문제로 회자되었다. 전국출판협회·출판과학연구소가 발행하는 〈출판통계연보〉에 따르면, 서적과 잡지도 1996, 97년 무렵에 매출액이 정점을 찍은 이후 장기 하락하는 추세다. 이는 신문도 마찬가지다. 방송도 젊은 층의 이탈이 두드러짐에 따라 방송과 통신을 융합하고 인터넷 전송 서비스를 적극적으로 도입하는 등 변화를 피할 수 없게 되었다.

디지털 공론장의 이상과 현실

급속하게 변화한 미디어 환경은 일본사회에 어떠한 가능성과 도전을 가져왔을까? 인터넷 상용화 초기에는 한창 미국을 중심으로 디지털 공론장 담론이 유행했다. 쌍방향 소통으로 형성된 공론장에서 시민들이 평등하게 토론하고 숙의 민주주의가 발전하리라고 기대했다. 한국에서도 2000년대 들어 정보통신사회가 가져올 민주주의의 장밋빛 미래를 점친 적이 있었다. 이런 낙관론은 특히 2008년 촛불집회를 전후로 빈번히 제기되었다. 광우병 파동 이후 이명박 정부의 미국산 쇠고기 수입 재개 협상에 대한 반발로 촉발되었던 집회는 정부의 교육정책, 공기업 민영화, 4대강사업 등에 대한 비판의 목소리를 집단적으로 표현하는 평화 시위운동으로 발전했기 때문이다. 인터넷이라는 새로운 방식으로 정보가 확산되고 대중참여형 민주주의가 대두한 것이 한국사회의 주요한 화두였다. 이 무렵에 '집단지성', '대중지성', '지식인의 죽음'을 키워드로 하는 언설이나 논저가 앞다투어 나오기도 했다.

물론 지금은 이런 낙관론에만 기댄 언설을 찾아보기 어려워졌다. 지난 10여 년 사이에 한국사회가 정보화사회의 빛과 그림자 모두를 목도한 탓이다. 특히 가짜 뉴스 문제나 일베로 상징되는 담론공간의 분절화 및 양극화, 온·오프라인 양쪽에서 이루어지는 혐오발언 및 혐오범죄 등의 문제는 날로 심각성이 더해가는 듯 보인다. 정보통신기술 발달이 우리 사회가 안고 있는 소통의 문제를 한번에 해결해줄 만병통치약을 의미하지 않음은 이제 힘주어 말할 필요조차 없다. 정보화로 새롭게 형성된 공론장 또한 현실에 존재하는 사회갈등과 반목으로부터 자유로울 수 없으며 발전된 정보통신기술도 사용하기에 따라 오히려 사회에 분절과 불화를 조장하고 확대·재생산하는 방향으로 기능할 수도 있음을 날마다 목도하기 때문이다.

사실 이런 문제들의 징후가 먼저 나타난 것은 일본이었다. 2채널과 넷우익, 그리고 재특회 등 이른바 '행동하는 보수'를 자처하는 새로운 우익운동의 흐름 등은 한국사회에서 인터넷과 혐오발언이 진지하게 논의되기 이전부터 이미 일본사회에서 문제적인 현상으로 인식되었다. 특히 역사수정주의 시각을 공격적으로 내세우는 언설이나 혐한발언 및 재일교포에 대한 혐오발언, 오프라인에서 일어나는 크고 작은 혐오범죄는 많은 논란과 자성 요구를 촉발시켰다.

얼마 전까지 이러한 현상은 '일본 특유의 상황'으로 취급되곤 했다. 미국과 같은 '시민적 전통'이 뿌리내리지 못한 사회이기 때문에 숙의 민주주의 발전으로 이어지지 못하고 이런 부작용이 더 크게 나타난다는 식의 예스러운 '일본 예외주의' 논리를 펴는 학자도 적지 않았다. 한국사회 안에서도 이런 사례들은 이해하기 어렵고 비정상적인 타자로서 일본을 다시 한 번 각인시키는 계기로 작용했다. 이처럼 일본 특유의 돌발적인 현상으로 간주할 경우, 혐한 문제를 제외하고는 어느 정도 강 건너 불구경하는 마음으로 볼 수 있었던 것도 사실이다.

그러나 비슷한 현상들이 한국의 일상을 구성하는 일부가 된 지금, 일본을 이해할 수 없는 타자로 취급하기보다는 오히려 비슷한 문제를 안고 있는 사회이자 한 발 앞서 겪은 사회로 다시 보는 새로운 시선이 필요하지 않을까? 트럼프 집권을 전후한 미국 상황을 보더라도 이러한 문제들을 더는 시민전통이 결여된 나라에서

나 일어나는 독특한 현상으로 간주하긴 어렵다. 게다가 현재는 구미의 근대화 유형을 유일한 규범으로 보는 접근방식에도 비판이 많은 상황이다. 다분히 이상화되고 고착화된 구미의 전통적인 시민 모델에 엄밀히 들어맞는지에 따라 '정상'과 '비정상'을 나누는 역사관에서 한 발 물러나 현상을 차분히 바라볼 필요가 있다. 일본이라고 사회적 여파를 한 방향으로만 겪지는 않았으니 말이다.

민주주의 감각으로 무장한 시민의 등장

일본은 아시아에서 제도적 민주주의를 가장 먼저 획득한 사회 가운데 하나다. 아시아·태평양전쟁(15년전쟁) 후 미국의 점령개혁에 의해 일본국헌법이 새롭게 제정됨에 따라 국민주권, 의회제 민주주의, 기본인권 보장 등의 원칙이 확립되었다. 전후 민주주의의 출발이 미군정의 민주화 개혁에 힘입은 것을 두고 '배급된 민주주의'나 '강제로 주어진 민주주의'라 꼬집으며 민주주의적 제도나 가치가 정착되는 것에 거부감을 보이는 움직임은 점령 당시부터 있었다. 자민당과 아베 신조가 이야기하는 '전후 체제로부터 탈각'하자는 주장도 미군에 '강요된' 민주주의의 '굴레'에서 벗어나야 한다는 논리에 기대어 있다.

　　그러나 보통 사람들이 전후 민주주의의 명실상부한 주체로서 등장한 역사가 존재한다. 특히 1960년 안보투쟁과 같은 직접행동이 중요한 계기였다. 미일안전보장조약 개정 반대운동 자체는 대학생이나 노동조합과 같은 대규모 운동조직의 주도로 시작되었다. 그러나 보통 사람들에게 이 문제에 직접 개입해야 한다는 당사자 의식을 불러일으킨 건 조약 개정 자체보다 기시 노부스케岸信介 내각이 절차적 민주주의를 무시했다는 사실이었다. 그렇지 않아도 기시 내각의 복고적이고 권위적인 태도에 불만이 쌓였던 터였다. 국회에서 개정안이 날치기 통과되자 특정 운동조직에 속하지 않은 다양한 배경의 사람들이 자발적으로 거리로 나오기 시작했던 것이다. 이를 계기로 운동은 예상을 훨씬 뛰어넘는 폭발력을 얻었다. 참가자들은 국민주권과 의회주의와 같은 민주주의 원리를 내면화한 이들이었다. 민주주의의 원칙을 거스르는 정치행위를 묵인하면 언젠가는 자신의 권리와 평범한 삶까지 침해받을 수 있다는 권리의식에서 거리로 나왔던 것이다. 안보투쟁을 거치면서 '신헌법 감각'이 있는 '시민'의 등장을 이야기한 것은 이 때문이다.

　좁은 의미의 조약 개정 반대운동은 실패로 끝났다. 자연승인 제도에 따라 개정안이 성립되었기 때문이다. 자연승인이란 중의원이 의결한 후 정해진 기간 내에 참의원이 의결하지 않으면 중의원의 의결을 국회의 의결로 삼는 제도다. 그러나 개정안이 날치기 통과된 시점에 이미 안보투쟁은 민주주의 수호운동으로 변모했다. 개정안이 자연승인된 전후로 30만 명이 넘는 시민이 시위에 참여했고 결국 승인 다음 날 기시 내각의 총사퇴를 이끌어냈다. 비록 뒤이은 총선에서 자민당이 압승한 탓에 안보투쟁에 야박한 평가를 내리기도 하지만, 상황이 그리 단순하지만은 않다. 자민당에 대한 국민의 신임은 자민당 내부의 권력이 이동해 기시 내각의 권위주의적인 정치 스타일이 청산된 덕분이기 때문이다. 달리 말해 안보투쟁의 참가자들은 직접행동으로 국내정치를 좌우하는 경험을 손에 넣은 것이다.

1960년대와 1970년대는 고도경제성장을 배경으로 일본이 대중소비사회로 변화하고 학생운동이나 노동운동 같은 대규모 조직이 이끄는 사회운동이 힘을 잃어간 시기다. 동시에 평범한 소시민으로서의 정체성을 중시하는 다양한 개인이 이끄는 네트워크형 사회운동의 전통이 일본사회에 뿌리를 내린 시기이기도 하다. 베트남전쟁을 반대하는 평화운동을 주도했던 베평련(베트남에 평화를! 시민연합ベトナムヘ平和を市民聯合)이 가장 대표적인 예다. 베평련은 처음부터 다양한 배경과 직업인이 모인 '평범한 시민'이자 생활인으로 참가자의 정체성을 규정했다. 또한 생활과 운동의 병행을 중요 원칙으로 삼고, 단일 논제를 구체적인 목표로 삼는 한시적인 운동을 추구했다. 실제로 베평련은 '남부 베트남에서 미군 철수'를 목표로 잡고, 목표가 실현되자 해산했다. 또한 정치적인 입장이나 소속된 집단이 어디인지 여부와 상관없이 해당 논제에 대한 목표가 같다면 공동전선을 펼칠 수 있다는 입장을 취했다. 안팎의 경계나 중심과 주변의 구분이 없는 새로운 네트워크형 시민운동이었던 것이다. 초기에는 오다 마코토小田實와 같은 저명한 지식인이 중심을 맡았으나 점차 젊은 층의 참여가 늘면서 정형적이지 않은 풀뿌리 사회운동으로 변형되었다. 베평련과 같은 네트워크형 시민운동은 이

후 환경·인권·젠더 등 다양한 분야로 확대되었다.

생활인으로서 정체성을 선명하게 내걸었던 전후 일본의 풀뿌리 사회운동은 지역공동체·생활·복지 등과 직접적으로 관련된 미시적인 쟁점에 중점을 두는 경향을 보였다. 그렇다고 이런 운동들이 무조건 정부와 협조적인 관계를 유지하면서 지역 활성화와 생활문제를 해결하는 데만 힘쓰는 순응적인 성격이었던 것은 아니다. 그러나 보수정권에 비판적인 태도를 유지하더라도 전후 일본의 풀뿌리 사회운동은 대규모 조직화나 정치투쟁을 회피하려는 성향이 강해서 정치세력화하는 데에는 한계를 보이곤 했다. 이 탓에 일본에는 구미같이 강력한 시민사회가 발달하지 못했다는 주장이 오랫동안 힘을 얻기도 했다.

사실 구미식 모델에 대한 집착에서 벗어나면, 눈에 띄지 않을 뿐 일본에 활력 있는 시민사회가 존재한다는 주장에 고개를 끄덕이게 된다. 무수한 소규모 모임과 사회운동 조직이 다양한 사안을 중심으로 꾸준히 활동해왔다. 이 소규모 조직들은 개인이 자발적으로 주요 사안을 공부하고, 공개행사 및 시위를 조직하고 선전하며, 적은 비용으로 대안적인 미디어를 생산하고 배포하는 실용적인 지식과 기술을 축적하고 전수하는 거점이었다. 전후 일본을 통틀어 정치영역에서는 보수정당의 헤게모니가 지속되었음에도 학계나 문화계에서 리버럴·좌파 사상과 담론이 우위를 점한 것은 이러한 저력 있는 시민사회가 존재한 덕이 크다.[3]

진보적인 지식인과 문화인 또한 이러한 전후 사회운동의 조력자 역할을 톡톡히 했다. 이들은 학계와 문화계의 네트워크와 유명인이라는 위치를 활용해 소규모 네트워크형 사회운동 조직이 갖추기 어려운 여러 가지 자원을 제공했다. 발기인으로 참여하거나 실질적인 혹은 정신적인 리더로 활동하는 경우도 적지 않았다. 강연이나 문화행사의 연사로 전국을 순회하고 논단 잡지에 기고하거나 방송에 출연하는 등, 매스미디어를 활용해 여론을 주도하는 것도 그들의 역할이었다. 특정 사안에 대한 인지도를 높이고 운동에 정당성을 부여하려는 노력이다.

실제로 일본의 사회운동단체와 지식인은 정치인의 망언이나 보수정권의 미디어 장악 시도, 극우단체의 혐오발언과 혐오범죄를 규탄하고 시정을 요구하기 위해 사회적으로 목소리를 내왔다. 공중파 방송에서 이들의 요구나 활동을 심도 있게 다루는 경우는 드물다. 방송은 사회적 파급력이 크고 즉각적이라는 이유로 정부가 여타 매체에 비해 훨씬 더 엄격하게 규제하기 때문이다. 대신 그들은 진보적인 성향의 신문과 논단 잡지, 소책자와 같은 인쇄매체와 강연회·연구회·문화행사 등을 적극적으로 활용한다.

이른바 'ETV 2001문제'로 알려진, 방송에 정치권이 개입되었다는 의혹이 일어난 사례만 봐도 그렇다. 아베 수상이 2001년 당시 내각관방 부장관 신분으로 ETV가 방영한 다큐멘터리 내용을 수정하도록 정치적인 압력을 가했다는 의혹이 제기되었다. ETV는 일본의 공영방송 NHK의 교육 채널이다. 의혹은 방송 4년 후인 2005년 NHK 프로듀서의 내부고발과《아사히신문》기사로 제기

되었다. 문제가 된 〈전시 성폭력을 묻는다問われる戰時性暴力〉 방송은 2000년 12월 도쿄에서 열린 '일본군 성노예에 대한 여성국제전범법정'을 계기로 기획된《전쟁을 어떻게 심판할 것인가戰爭をどう裁くか》라는 특집 4부작 가운데 제2부에 해당하는 프로그램이었다.

역사수정주의자로 알려진 유력정치인이 위안부문제를 다룬 프로그램 내용을 수정하도록 종용했다는 의혹은 정치권력과 언론의 자유문제를 둘러싸고 커다란 사회적 파장을 불러일으켰다. 아베는 정치적으로 '편향'된 내용에 수정을 가하는 것은 합당하다는 논리를 펼쳤다. 이에 더해 정치적 공평 원칙을 선택적으로 적용해 리버럴·좌파 미디어에 '편향적'이라는 꼬리표를 붙이는 전략을 구사했다. 이러한 압박에 일본의 매체들이 자체적으로 정권을 거스르는 프로그램 제작을 자제하면서 일본의 매스미디어 전체가 우경화하는 결과를 낳았다는 주장도 있다.[4]

그러나 주요 신문과 텔레비전 방송 이외의 매스미디어까지 들여다보면 판도는 그리 단순하지 않다. 정치적 압박에 대항해 논단 잡지들이 일제히 정치권력과 언론의 자유, 공영방송의 바람직한 존재방식, 언론의 중립성과 같은 주제로 한 좌담회 기사와 특집 기사를 쏟아냈다. 대학교수·방송인·평론가·사회운동가·예술가 등 다양한 영역에서 활동하는 저명한 지식인·문화인이 총출동해 아베와 정부·여당을 비판했다. 또한 언론에 정치가 개입하는 관행을 근절하고 제도를 개혁하라고 촉구했다.

논단 잡지의 독자는 신문이나 방송의 구독자·청취자에 비해 특정한 성향이나 관심이 있는 이들에 한정될 수밖에 없다. 대신 이들은 사회적인 목소리를 내는 오피니언 리더 계층에 속하는 경우가 많다. 자민당 정부는 2007년 방송법 개정안을 제출해 NHK와 방송에 대한 규제를 강화하려 했는데 결과적으로 실패로 돌아갔다. 2007년 참의원 선거에서 민주당이 다수를 점한 것이 직접적인 요인이긴 하지만, 공론화 노력으로 여론을 주도했던 시민사회의 힘도 무시할 수는 없다.[5]

한편 일본의 사회운동단체들도 주류 미디어에서 자신들의 주장이나 활동을 잘 다루지 않는 고질적인 문제를 극복하기 위해 고심해왔다. 그리고 리버럴·좌파 전통의 사회운동조직들에도 뉴미디어는 새로운 방식으로 소통하고 네트워크의 확산을 도울 유용한 도구로 인식되었다. 이들은 주요 논제를 사회적으로 공론화하고 자신들의 활동을 불특정 다수에게 알리고 지지를 모으는 방편으로 뉴미디어를 적극적으로 채택하기 시작했다. 2005년 봄부터 활발하게 일어났던 NHK 수신료 납부 거부운동이 바로 이런 경우다.

2004년 NHK의 내부비리가 연달아 폭로된 이후 ETV 2001문제까지 불거진 데 실망한 시청자들이 NHK의 근본적인 체질개혁을 요구하면서 수신료 납부를 보류하는 직접행동에 나섰다. 운동의 주축은 대학교수와 전후 민주주의적 가치를 중시하는 시민이었다. 운동은 시작한 지 두 달여 만에 납부 보류 70만 건이라는 호응을 얻었다. 이 운동의 여파로 전후 최초로 재정수입이 감소한 NHK는 개혁안을 공표하고 개혁 약속을 성실히 이행하는 모습을 보일 수밖에 없었다.

단기간에 폭발적으로 호응받을 수 있었던 이유는 뉴미디어의 힘이었다. 운동을 주도했던 'NHK 수신료 납부정지운동 모임'은 인터넷으로 일본 방송법에 수신료 납부가 의무가 아님을 적극적으로 알리고, 수신료 납부정지·거부방법 절차를 공유했다. NHK의 실상에 문제를 제기할 필요를 느끼던 분산된 개인 사이에 '합법적으로' 수신료를 거부할 수 있다는 인식의 전환을 이루어내고 직접행동의 경로를 제공한 것이다.[6] 비슷한 방식으로 기존의 사회운동 조직들이 뉴미디어를 활용해 운동을 대중화하려는 노력을 기울였다.

이처럼 일본사회 내에서도 보수화하는 정치와 정치권이 미디어에 개입하려는 시도를 비판하고 감시하는 전통이 존재해왔다. 일본의 시민들은 전통매체와 새로운 매체 모두를 활용해 사회적인 목소리를 내려는 노력을 게을리하지 않는다. 비록 항상 괄목할 만한 성과를 거두는 건 아닐지라도 말이다.

기존 가치에 포섭되지 않는, 잃어버린 세대들

기존의 사회운동단체나 지식인·문화인 들은 전쟁을 경험했거나 전후 민주주의 교육의 세례를 집중적으로 받은 세대에 편중되어 있었다. 제국주의 교육을 받은 후 전쟁의 참상과 패전 후 가치관이 붕괴되는 경험을 한 전중파戰中派 세대와 1940년대 중반 이후부터

1970년 이전에 출생한 전후 1세대가 주인공이다. 이들이 전후 민주주의를 지지하는 태도도 전쟁을 경험한 회한과 반성에서 비롯되었다. 이들은 일본에 자유롭고 독립적인 주체가 발달하지 못했기 때문에 전쟁과 억압적인 전시체제를 막지 못했다고 진단했다. 따라서 전후 민주주의를 새롭게 구축하기 위한 1차 목표는 바로 국가로부터 개인을 자립시켜 전시와 단절하는 것이었다.

이처럼 개인의 자립과 시민 간의 연대의식의 원천이 바로 공통된 경험으로서의 전쟁 기억이었던 탓에 전후 민주주의는 몇 가지 문제에 봉착했다. 특히 현재 일본사회가 당면한 현실적인 문제는 전쟁을 체험한 세대의 이념과 논리가 젊은 세대에게 즉각적인 공감을 얻기 어려워진 점이다. 후속 세대에게 전쟁의 경험을 전달하려는 여러 가지 노력이 기울여졌지만 시간이 갈수록 그 기억이 풍화되는 것을 막을 수 없었다. 1970년 이후에 탄생한 전후 2세대 이상의 젊은 세대는 이제 '전쟁'이라고 하면 아시아·태평양전쟁보다는 이라크전쟁을 먼저 떠올린다. 아시아·태평양전쟁의 기억은 더는 일본사회를 아우르는 가치와 지향을 이끌어낼 공동 경험으로 작용하지 못하는 것이다.

일본사회의 가치 변동과 세대 간 인식 차이는 1990년대 이후 뚜렷해졌다. 그리고 이러한 변화로 인해 전후 민주주의를 궁극적인 가치로 삼아왔던 일본의 지식인 공동체와 사회운동은 커다란 도전에 직면했다. '전후'로 표상되는 가치와 사회구조는 1970년대부터 동요하다가 1990년대에 들어 본격적으로 무너졌다. 이러한 구조변동 탓에 1990년대를 기준으로 이전과 이후의 시기를 '전후' 와 '포스트 전후'시대로 구분하기도 한다.

전후에는 복지국가체제와 냉전체제를 배경으로 고도경제성 장이 지속되었다. 안정과 풍요, 생활수준의 상향평준화가 삶을 구 성하던 시기다. 안락한 오늘과 오늘보다 나은 미래에 대한 전망 속 에서 '일억총중류一億總中流'라는 중류의식이 공유되었다. 중류의식 이란 생활수준을 상중하로 나누었을 때 자신은 중산층에 속한다 는 인식이다. 민주주의·평화주의와 같은 가치 또한 폭넓게 받아들 여졌다.

그러나 중화학공업에서 정보 서비스로 산업체제가 전환되고, 세계화가 심화되었으며, 신자유주의가 확산되고, 냉전체제가 붕괴 하는 등 일본사회는 거시적인 구조변동을 맞이했다. 거품경제가 붕괴한 이후 장기불황이 지속되면서 사회·경제적 양극화 현상도 급속화되었다. 중류의식이 빠르게 해체되고 일본사회의 새로운 현 실을 설명하는 개념으로 '격차사회'가 널리 회자되었다.

전후 붕괴의 가장 뚜렷한 징후 가운데 하나가 바로 1970~80년 대생 이하 젊은 층이 전후 일본에서 통용되던 가치나 규범에서 이 탈하는 현상이다. 이른바 '잃어버린 세대'로 불리는 이들은 고도성 장기에 나고 자라 장기불황기에 사회생활을 시작했다. 부모 세대에 통용되었던 성공전략이나 문화자본을 답습한 채로 전혀 다른 구조 적인 현실에 내몰린 이들이다. 경제불황으로 실업 혹은 불완전 고 용이 급증하는 현실 속에서 혼란과 불안에 시달리며 실망과 체념을 배웠다. 경기가 회복되는 징후가 보여도 선뜻 밝은 미래를 꿈꿀 수 없는 이들은 부모세대와는 다른 삶의 방식을 '선택'하거나 어쩔 수 없이 받아들인다.

이런 젊은 세대를 설명하기 위해 '프리터ㄱリーター', '니트NEET', '패러사이트 싱글パラサイト·シングル' 같은 신조어가 속속 등장했다. 프리터는 '자유로운'을 의미하는 free에 아르바이트를 조합한 신조어로, 15~34세까지 정규직에 취업하지 않고 아르바이트 등으로 생활비를 버는 이들을 지칭한다. 니트는 'not in education, employment or training'의 줄임말로, 학교에 다니지도 취직하지 않고 직업훈련도 받지 않는 젊은이를 가리키는 용어다. 패러사이트 싱글은 취업할 나이가 되어도 독립하지 않고 독신으로 살면서 경제적인 여유가 있는 부모와 동거하는 젊은 세대를 '기생' 상태에 빗댄 표현이다.

이러한 신조어에는 젊은 세대의 삶의 방식을 탐탁지 않게 바라보는 기성세대의 시선이 다분히 묻어난다. 젊은 세대는 그들대로 급변하는 상황을 제대로 이해하지 못하고 경험에 비추어 자신들을 기르고 재단하는 부모세대와 심리적으로 거리감을 느낀다. 왜 '노(ぉ)력'하지 않느냐고 젊은이들을 질책하는 기성세대와 이들을 '꼰대'로, 이들이 만들어놓은 사회를 '헬조선'으로 부르며 야유하는 한국의 젊은 세대 사이의 감각차이와 본질적으로 다르지 않다.

부모세대의 삶의 방식과 자신들이 당면한 현실 사이의 부조화 속에서 격차사회를 살아가는 '잃어버린 세대'에게 전후 민주주의 또한 기성세대의 가치로 인식되기 쉽다. 격차사회라는 새로운 현실의 프리즘을 통과하면 의미가 크게 굴절되기도 한다. 전후 민주주의는 개인의 도야와 쇄신을 강조하는 계몽주의적인 성격이 강하다. 지식을 축적해 지성을 발전시키라고 강조하는 교양주의는 전후 민주주의의 중요한 요소였다. 한편 고등교육의 대중화로 교양지식을 습득하는 것이 중요한 목표 가운데 하나가 되면서 전후 민주주의는 능력주의 원칙에 따른 전후 학력주의와 일맥상통하는 것으로 이해되었다. 학력경쟁에 따른 결과의 차이를 능력의 차이로 보고, 능력 차이에 따라 차등해 보상해야 한다고 보는 체제, 즉 격차를 정당화하는 기성체제에 전후 민주주의 또한 일말의 책임이 있다고 인식될 수 있다는 말이다. 전후 민주주의 교육이 학교라는 제도를 바탕으로 이루어져, 학생 사이에서 전후 민주주의를 제도권과 동일시하고 반항의 대상으로 삼는 경향도 생겼다.

하시모토 도루橋下徹 전 오사카 시장과 같은 극우정치인의 선동도 한몫을 했다. 이들은 전후 민주주의나 교양주의를 옹호한 지식인이나 매스미디어에 '기득권층'이라는 꼬리표를 붙여 선동했다. 기득권층이라는 프레임은 반反교양주의와 반지성주의 경향이 뚜렷한 젊은 세대 보수주의자 사이에서 지식인과 문화인에 대한 반감을 증폭시키는 역할을 했다. 《아사히신문》이나 이와나미서점에서 발행하는 월간지 《세카이世界》와 같은 리버럴·좌파 성향의 영향력 있는 매스미디어도 이 공격을 피할 수 없었다. 정치적 '중립'을 표방하며 교양주의노선을 유지해온 NHK도 사정은 마찬가지다. NHK는 리버럴·좌파 사회운동단체로부터 정부·여당의 눈치를 본다는 이유로 종종 비난을 받는데, 젊은 세대 보수주의자로부터는 반대로 좌파적이거나 친한·친중에 치우쳤다고 공격받는다. 특히 넷우익으로부터 집요하게 공격받는데, 공격의 주요 수사 가운데 하나가 바로 NHK가 거액의 수신료로 운영되는 국내 최대조직, 즉 '기득권' 미디어라는 주장이다.

전후 민주주의와 같은 기존의 가치규범이 더는 제대로 기능하지 못하는 상황은 신국가주의 정치인이나 새로운 보수를 표방하는 극우운동단체들이 젊은 층을 포섭하는 호기로 작용한다. 특히 정보화를 배경으로 뉴미디어를 주요 소통수단으로 활용하는 새로운 우익운동 세력이 급격히 성장했다. 혐한·혐중과 같은 극우사상, 조잡한 논리, 혐오발언 등을 이유로 주류 미디어는 이들의 주장이나 활동을 진지하게 다루기를 꺼렸다. 뉴미디어는 이들이 스스로 목소리를 낼 대안적인 장소를 제공했다. 게다가 쌍방향 커뮤니케이션과 손쉽고 값싼 복제·공유의 메커니즘으로 소수에 불과한 이들의 목소리가 실제보다 거대해 보이는 결과를 낳았다. 뉴미디어는 새로운 극우운동이 '기득권층'인 리버럴·좌파 지식인, 문화인, 미디어가 묵살하는 '보통 사람들'의 목소리를 대변한다고 자임하며 '잃어버린 세대' 사이에 퍼진 기득권층에 대한 반감이나 현실에 대한 불만을 흡수해 세력화하는 데 핵심역할을 했다.

다만 잊지 말아야 할 점은 기득권층에 대한 반감이나 현실에 대한 불만이 모두 신국가주의 정치인이나 새로운 우익운동을 지지하는 방향으로만 향하지는 않는다는 것이다. 우익논리로 회수되지 않으면서 전후 민주주의적 지식인의 명성에 크게 기대지 않는 새로운 사회운동의 흐름도 있다. 동일본 대지진 이후 활발해진 탈脫원자력발전(이하 탈원전)운동을 필두로 하는 사회운동의 고양이 바로 그것이다. 이러한 현상은 일본사회 안에서 '3.11 이후의 사회운동'이라고 명명되기 시작했다. 상대적으로 한국에는 잘 알려지지 않았으나 일본사회의 중요한 시사점을 주는 새로운 움직임이다.

대지진이 불러온 사회운동이라는 쓰나미

2011년 3월 11일 도호쿠 지방 태평양 해역에서 규모magnitude 9.0에 달하는 대지진이 발생했다. 일본 내 관측사상 최대 규모였던 지진과 그 뒤를 이은 쓰나미에 수많은 이들이 목숨과 삶의 터전을 빼앗겼다. 사람들을 한층 더 분노하게 만든 건 뒤이어 일어난 도쿄전력 후쿠시마 제1원자력발전소 방사능 유출사고였다. 지진과 쓰나미의 여파가 1차 원인이지만 원자력발전 사상 최악으로 기록된 체르노빌에 맞먹는 수준의 피해를 낸 건 도쿄전력과 정부의 부실 대응 탓이었다.

인재로 귀결된 복합재해는 시민들의 당사자 의식을 일깨우고 직접행동으로 정치에 참여할 필요성을 환기시키는 계기가 되었다. 이러한 인식의 변화는 탈원전운동이 일본 전역에서 일어나는 결과를 낳았다. 시민들은 자발적으로 강연회를 열고 원전 재가동 반대 국민투표를 청원하고 크고 작은 집회를 조직했다. 이와 같은 직접행동은 수년 동안 지속되었고 이런 경험을 바탕으로 축적되고 정착된 운동형식은 탈원전 이외에도 다양한 사회문제에 대응하는 운동에 차용되었다.

이러한 새로운 사회적 흐름을 가장 극적으로 가시화한 점이 바로 대규모 시위의 부활이었다. 그간 일본에서 시위는 소규모 시위대가 경찰의 규제와 경비 아래 대열을 지어 질서정연하게 정해진 경로를 행진하는 방식으로 이루어졌다. 경찰의 저지선 저편에서 이루어지는 시위는 국민 대다수의 삶과는 동떨어진 소수단체의 활동이라는 이미지가 강했다.

2011년 4월 1만 5,000명이 모인 고엔지 '원발 정지 데모!!! 原發やめろデモ!!!'를 시작으로, 2011년 9월에 6만 명, 2012년 7월에 17만 명이 참가한 '굿바이 원발집회さようなら原發集會' 같은 시위는 새로운 양상을 보여주었다. 집회 신청자의 수십 배에 달하는 참가자가 군집한 이 집회들은 대열하는 시위에 익숙하던 경찰 측의 대응을 실질적으로 무력화시켰다. 참가자들은 대열을 벗어나 시위공간을 점유하고 즉각적으로 광장을 형성했다. 압도적인 참가자 수로 상징되는 시위의 대중화는 시위운동이 소수 편향된 목소리를 대변한다는 고정된 이미지를 벗어나 다양한 다수가 참여하는 운동이라는 새로운 이미지를 형성하는 데 기여했다. 실제로 3.11 이후 2년 반 동안 일본의 모든 도도부현都道府縣에서 한 번 이상은 탈원전 시위가 일어난 것으로 집계되었다.

대규모 시위가 부활한 것은 일본사회 안팎에서 상당한 주목을 끌었다. 그도 그럴 것이 1960년 안보투쟁과 1968년의 학생운동 이후 일본에서 전국적인 규모의 시위운동이 일어난 최초의 사례였기 때문이다. 전례를 찾을 수 없는 참여인원과 빈도도 인상적이었지만, 3.11 이후 대규모 시위는 그 전의 일반적인 시위 양상과 비교했을 때 몇 가지 차별화되는 점이 있었다.

우선, 참가자의 구성이다. 상당수가 난생 처음 시위에 참여하는 사람이었다. 그리고 청장년층의 참여도 3.11 이전의 시위에 비해 훨씬 높았다. 참가자들은 원전 재가동에 반대한다는 점에서는 의견을 같이했지만 정치적으로는 이념이 다양했다. 운동의 조직방식도 이전의 대규모 시위운동과는 다르다. 시위는 전국적으로 일어났지만 전국적인 조직이 시위를 조율했던 것도 아니다. 지령을 내리는 지도부도 존재하지 않았다. 시위는 수도권이나 원자력발전소 근거지 주위에 한정되지도, 도쿄를 중심으로 동심원 구조로 확산된 것도 아니었다.

무엇이 새로운 사회운동을 가능하게 했는지에 대해서는 여러 가지 분석이 제기되었다. 가장 크게 주목받았던 점이 바로 조직화되지 않은 개인, 특히 전후 2세대 이하의 청장년 세대가 시위와 같은 집단적인 직접행동에 자발적으로 참여할 경로를 만들어낸 뉴미디어의 존재였다. 1960년 안보투쟁 때에는 텔레비전 보도가 더 많은 개인을 시위에 참여하게 했던 데 비해, 3.11 이후 탈원전 시위는 약 1년 동안 주류 미디어에 보도조차 되지 않았다. 이처럼 매스미디어에서 철저하게 주변화된 탈원전운동이 꾸준히 세를 불릴 수 있었던 데에는 SNS와 같은 뉴미디어의 힘이 컸다.

뉴미디어는 새로운 정치참가와 사회참여를 촉발한다. 즉각적인 쌍방향 소통인 SNS는 개인이 각종 미디어 네트워크를 넘나들어 정보를 공유하고 연대하게 돕는다. '아랍의 봄'이나 '월스트리트를 점령하라' 등과 같은 민주화운동이나 체제저항운동이 가능했던 요인 가운데 하나로 SNS를 꼽는다. 한국사회에서도 박근혜 전 대통령 탄핵을 요구하는 촛불집회가 일파만파로 번져나가는 데 SNS와 스마트폰이 크게 기여하지 않았던가. 3.11 이후 사회운동 또한 이러한 전 지구적인 사회운동의 흐름과 맞닿아 있다.

실제로 3.11 이후 정치에 대한 불신과 분노를 표출하고 싶어도 사회적인 목소리를 낼 만한 마땅한 네트워크가 없던 이들에게 인터넷은 중요한 통로를 제공했다. 인터넷에서 시위 정보를 검색하거나, 페이스북이나 트위터 등 SNS로 시위 일정을 접하고 난생 처음 현장을 찾은 이들의 경험담은 셀 수 없이 많다. 3.11 이전부터 탈원전운동을 벌이던 소규모단체의 시위에 갑자기 참가자가 늘어나기도 했다.

3.11 이후 일본사회에는 이처럼 주최자의 구체적인 요구나 운동방식에 반드시 동의하지 않더라도 일단 거리로 나간 다수의 개인이 존재했다. 인터넷에서 일시와 장소, 행진경로 등에 관한 정보를 입수한 이들이 개인사정에 따라 언제든지 현장을 찾을 수 있었다. 대규모 시위를 조직한 단체들은 의식적으로 단일주제주의

원칙을 분명히 하고 SNS로 참여를 독려해 개인들이 함께 사회적인 목소리를 내는 통로를 제공했다.

SNS는 시위 조직 경험이 없는 개인이나 단체에도 사회운동의 장벽을 낮추는 역할을 했다. 페이스북이나 트위터로 시위 조직의 노하우나 성공사례가 전파되었기 때문이다. '시부야 트위터 데모TwitNoNukes'가 대표적이다. 이는 평범한 개인이 트위터로 시위 참가자를 찾는 글을 리트윗해달라고 올리면서 시작되었다. 이 데모가 일회성에 그치지 않고 매월 시부야에서 1,000여 명이 모이는 반원전운동으로 정착되고, 다른 지역에서도 차용되는 결과를 낳았다. 이런 운동의 확산은 전국적인 거대조직을 필요로 하지 않는 네트워크형 사회운동을 활성화하는 데에도 도움을 주었다. 실제로 탈원전운동에서 시작된 3.11 이후 사회운동은 좌파 정당이나 노동조합과 같은 기존의 거대 운동조직의 활동에 수렴되는 일 없이 독립적인 방식으로 확산되었다.

뉴미디어에서는 적은 자본과 인력으로도 대안적인 보도매체를 운영하기 쉽다. 웹진이나 인터넷방송 같은 대안매체는 운동의 정보를 퍼트리고 연대감을 조성하는 데 중요한 역할을 했다. 특히 매스미디어에서 잘 다루지 않더라도 운동의 확산과 집단행동의 힘을 확인하는 대안적인 척도가 되었다. '독립웹저널Independent Web Journal'과 같은 웹진이나 '우리행성텔레비전OurPlannet-TV'과 같은 인터넷방송이 대표적인 예다.

다만 뉴미디어의 역할에만 주목해 다른 요인을 간과해서는 안 된다. 무엇보다 앞서 잠깐 언급한 1990년대 이후 일본사회의 구조변동을 고려할 필요가 있다. 새로운 사회운동의 주체 형성과 관련해서는 특히 그렇다. 참가자가 다양했지만 대규모 시위 참가자의 주역은 전후 2세대 이하의 청장년 세대였다. 교육수준이 높고 미디어 활용능력이 뛰어나지만 고용이 불안정하고 실업 상태에 놓이거나 놓일 위협에 처한 이들의 불만과 분노가 대규모 시위의 핵심동력을 제공했다. 도쿄전력을 위시한 전력회사는 원자력 발전 사고의 책임자로서만이 아니라 일본형 개발주의를 상징하는 '수구세력'이자 '기득권층'으로 지목되어 분노의 대상이 되었다.

'가진 자'와 '못 가진 자'라는 획일적인 이분법에 따라 기득권층으로 분류되는 이들에게 무차별적으로 분노를 표출하는 태도는 자칫하면 배타적이고 파괴적인 방향으로 나아갈 수도 있었다. 넷우익이나 재특회 회원들처럼 말이다.

시위를 열린 참여 공간으로 조직했던 문화활동단체 등은 이러한 에너지가 현실을 비판하고 새로운 전망을 요구하는 보다 생산적인 방향으로 가도록 유도했다. 3.11 이후 대규모 시위운동의 전형을 제공했다고 알려진 '원발 정지 데모!!!!'가 대표적이다. 이 시위는 고엔지 일대 지역사회에서 튼튼한 역사적·문화적 기반을 구축해온 '아마추어의 반란素人の亂'이라는 풀뿌리 문화단체가 주도했다. 고엔지는 가난한 예술가나 자본주의 논리에서 벗어난 삶의 방식을 추구하는 운동가들이 모여들어 차별화된 문화를 형성해온 동네다. 아마추어의 반란은 이러한 고엔지 일대를 거점으로 재활

용품점 등을 운영하고, 포스트 전후 현실 속에서 청장년 세대의 감수성으로 대안적인 삶의 방식을 실험해온 조직이다. 이들은 기존 운동처럼 대규모 조직이나 저명 지식인·문화인에 의존하기보다는 SNS로 불특정다수의 참여를 독려하고 재미있고 흥미롭게 항의하는 방식으로 다양한 개인을 참여시키는 데 성공했다. 대표적인 예로 사운드 데모가 있다. 이는 디제이, 밴드, 거대 스피커와 앰프를 실은 트럭에서 흘러나오는 댄스 음악이나 록 음악에 맞추어 시위대가 제각각 춤을 추고 구호를 외치며 행진하는 축제와 같은 분위기의 집회다.[7]

일본은 3.11 이전으로 돌아갈 수 없다

이처럼 여러 요인으로 수년 동안 수백만 명이 참여한 사회운동은 일본사회에 어떤 변화를 가져왔을까? 장기적인 영향을 진단하기에는 아직 이르지만 눈에 띄는 변화가 없지는 않았다. 정치영역에서 운동이 거둔 직접적인 성과로는 탈원전노선을 취하도록 민주당을 압박한 점과 2012년 가고시마·야마구치·도쿄의 지사선거에서 탈원전파의 통일 후보를 옹립한 점을 들 수 있다. 그러나 2012년 총선에서 민주당이 패하고 자민당-공명당 연합정권이 들어서면서 그 이상의 가시적인 정치적 '승리'는 얻지 못했다.

　새 정권하에서 원전 재가동 방침이 결정되면서 탈원전운동은 실패로 끝났다고 보기도 한다. 그러나 안전성과 주민 정서를 고려한 정부는 후쿠시마 제2원자력발전소를 재가동하는 계획을 내놓지 못하고 있다. 개별 원전의 재가동이 논의될 때마다 안전성과 관리 여부가 까다롭게 검증되고 공론화되기도 하다. 이러한 변화들은 3.11 이후 탈원전운동의 여파와 무관하다고 볼 수 없다.

또 하나의 중요한 유산은 탈원전운동의 경험으로, 중요한 사회적 쟁점이 등장할 때마다 다양한 개인이 다시금 집단적인 직접행동으로 목소리를 내는 행동양식이 정착되었다는 점이다. 대표적인 예로 3.11 이후 탈원전운동 과정에서 정착된 '금요관저앞항의'를 들 수 있다. 매주 금요일 관저 앞에서 벌어지는 항의 시위는 2012년 봄부터 가을 사이에 정착되었다. 탈원전 쟁점에서 이례적으로 수상과 회담을 이끌어낸 것도 이러한 항의로 이루어낸 결과였다. 1년여 동안 침묵하던 주류 매스미디어가 탈원전운동을 보도하기 시작한 시점도 금요관저앞항의에 약 20만 명이 참가하면서부터다. 이 집회에 참가했던 이들이 삶의 터전으로 돌아가 각지에서 집회를 자발적으로 조직하는 경우도 생겨났다. 금요관저앞항의로 주요한 사회문제를 공론화하고 미디어의 세례를 받아 운동을 확산시키는 방식은 다른 사회운동에도 널리 활용되었다.

2015년 반反안전보장관련법(반안보법제)운동에도 탈원전운동이 중요한 청사진을 제공했다. 2015년 제3차 아베 내각하에서 집단자위권 행사와 유사시 자위대 해외파견을 가능하게 한 평화안전법제정비법과 국제평화지원법 체결이 추진되자 이에 반대하는 반안보법제운동이 거세게 일어났다. 반안보법제운동은 정부·여당을 압박하기 위해 탈원전운동으로 효과가 증명된 금요관저앞항의 형식을 활용했다. 곧 대규모 금요관저앞항의가 재현되었고, 이에 정치권이 움직이는 결과를 낳았다. 2016년 2월 19일 다섯 개 정당이 공동으로 안보관련법 폐지법안을 제출하고 선거에서도 민진·공산·사민·생활의당이 소선거구(1인선거구)에 야권 단일후보를 내는 작은 성과로 이어졌다.

한국에는 잘 알려지지 않았지만, 반인종차별주의운동 또한 3.11 이후 고양된 사회운동의 영향력 아래에서 활발해졌다. 배외적인 인종차별주의 및 혐오발언은 보수정권이 재집권한 후인 2013년 이후부터 더욱 기승을 부렸다. 이들에 대항하기 위한 운동이 활발해진 것도 이 무렵부터다. 리버럴·좌파 지식인과 기존의 인권단체가 인종차별주의와 혐오발언을 사회문제로 공론화하기 위해 노력했다. 3.11 이후에는 직접행동으로 인종차별주의를 차단하려는 움직임이 활발해졌다. 정치적 스펙트럼에서는 반대의 극단에 존재하는 넷우익이나 재특회와 같은 단체에 대응하기 위해 그들이 뉴미디어를 사용하는 방식을 의식적으로 빌려오기도 했다. 주요한 활동 가운데 하나는 바로 배외적인 인종차별주의 발언을 일삼는 이들과 인터넷상에서 설전을 벌이는 것이다. 이러한 설전으로 인종차별주의자들의 논리를 논박할 뿐 아니라, 이들에 대한 분노를 공공연히 표출해 화제를 낳는 전략을 취했다. 또한 신오쿠보와 같이 인종차별주의 집회가 빈번하게 열리는 장소에서 반인종차별주의 집회를 열고 연좌농성이나 몸싸움과 같은 직접행동으로 방어하기도 했다. 특히 연좌농성 참가

자 중에는 탈원전운동에 참여한 이들이 상당수여서, 3.11 이후 사회운동의 연속성을 잘 보여준다.[8]

　몇몇 반인종차별주의 집회를 조직한 단체들이 극단적인 전략을 취하는 데 대해서는 일본사회 내에서도 찬반의견이 갈리긴 한다. '레이시스트 타격대レイシストをしばき隊(대 레이시스트 행동집단의 전신)'와 같이 극단적인 노선의 일부 단체는 물리적인 폭력을 불사하는데, 이들의 '활약상'이 동영상으로 생생히 전달되어 논란을 일으키기도 했다. 전략적으로 선별된 분노표출이나 의식적인 미러링 mirroring 행위를 넘어 넷우익이나 재특회와 같은 새로운 보수운동 참가자에 대한 혐오발언이나 혐오범죄로 이어지는 것이 아니냐는 우려도 제기되었다.

　이런 문제들은 지양되어야 하겠지만 어쨌든 반인종차별주의 운동 참가자들이 온·오프라인상에서 상당한 '소란'을 일으킨 덕분에 몇 가지 실질적인 변화를 가져온 것은 부인할 수 없다. 2015년 9월 일본 최대의 동영상 공유 사이트인 '니코니코 동영상'에서 재특회의 공식 채널을 폐쇄하기로 결정했다. 이러한 변화는 혐오발언과 혐오범죄문제를 공론화한 노력의 결과로 봐야 한다.

　한편 2012년 재집권 이후 일본의 보수정권은 헌법상 표현의 자유가 침해될 가능성을 이유로 꾸준히 헤이트스피치 금지법이나 차별반대법을 입안할 의사가 없음을 내비쳤다. 그러나 반인종차별주의운동이 거세지자 총선에서 다수의 정당이 혐오발언 규제 혹은 대책을 공약으로 내세울 수밖에 없었다. 결국 자민당·공명당의 발의와 여야 수정 합의를 통해 2016년 헤이트스피치 대책법(일본 외 출신자에게 행해지는 부당하고 차별적인 언동을 해소하기 위한 대책을 추진하는 법률)이 성립했다. 헤이트스피치 대책법은 '일본 외 출신자'에 대해 "차별의식을 조장하거나 유발할 목적으로 공공연히 생명·신체·명예·재산에 위해를 가할 의도를 알리려는 것" 등을 차별적 언동으로 규정하고 이는 "용납되지 않음을 선언"했다.

헤이트스피치를 금지한다는 표현이 명시되지 않은 데다 마땅한 처벌규정이 없어 실효성에 의문이 제기되긴 한다. 그럼에도 차별금지법 제정부터 난항을 겪고 있는 한국에 비한다면 한 발 앞선 변화다. 그리고 이런 변화를 가져온 것은 무엇보다도 직접행동도 불사했던 시민사회의 압력이었다.

다양한 집단과 주체들의 경합

지금까지 이른바 '포스트 전후' 사회에 접어들면서 뚜렷해진 일본 미디어 환경의 변화와 전통매체와 뉴미디어를 아우르는 다양한 미디어를 활용해 사회적인 목소리를 내온 개인과 집단을 개략적으로 소개했다. 정치가 우경화하고, 역사수정주의와 혐한정서가 만연하며, 혐오발언과 혐오범죄 등이 유독 부각되면서 최근 들어 더더욱 이해하기 어려운 이웃으로 느껴지기 십상인 일본. 그러나 그 안에도 다양한 입장에 선 개인이 살아가고 있다. 그리고 일본사회의 개인 또한 지금 한국에 사는 우리와 다를 바 없이 급변하는 현실 속에서 다양한 사회적인 과제들을 해결하기 위해 서로 교섭하고 협조하며 집단을 이룬다.

일본의 보수정치인이나 보수내각과 달리 다원적인 일본의 시민사회가 도덕적으로 옳거나 정당하다는 주장은 아니다. 한국사회에도 다양한 개인과 집단이 서로 공감하기도 하고 다투기도 하며 아슬아슬하게 공존하듯이, 일본의 시민사회 안에도 상호존중과 공생을 위협하는 요소가 언제나 존재한다. 시민의 직접행동에도 양면성은 있다.

새로운 사회운동은 '진정한' 주권자이자 다수로서의 '인민' 혹은 '보통 사람들'이라는 집단정체성에 입각해 기성정치나 엘리트를 비판함으로써 현실을 쇄신하는 동력을 얻고자 한다. 일종의 포퓰리즘으로 이해할 수도 있는⁹ 이러한 새로운 사회운동의 논리는 사실 넷우익이나 재특회를 탄생시키고 키운 논리와 시작점이 근본적으로 다르지 않다. 무엇을 지향할 것인가에 따라 새로운 사회운동이 앞으로 가져올 결과는 대단히 가변적일 것이다.

'질서를 잘 지키는 일본인', '겉과 속이 다른 일본인'과 같이 일본인을 하나의 개념으로 묶으면 이해하기 편한데, 자꾸만 일본 사회 내부에 다양성과 가변성을 살펴보라고 하니 어딘가 정리되지 않은 것 같은 찜찜함에 못내 불편할 수도 있다. 그러나 그 불편함과 찜찜함 때문에라도 일본이라는 이웃을 다시 한 번 꼼꼼히 들여다보는 계기가 되기를 희망한다. 난감한 이웃인 줄만 알았더니 의외로 우리 사회의 여러 가지 문제와 유사한 과제들을 끌어안고

씨름하는, 미워도 어딘가 짠하고, 모른 척하고 싶다가도 조금 더 알아보고 싶어지는 이웃일 수도 있으니.•

• **정지희** | 서울대학교 동양사학과를 졸업한 후 캘리포니아대학교 샌디에이고캠퍼스 사학과에서 석사와 박사학위를 받았다. 도쿄대학교 정보학환 포스닥연구원을 거쳐 현재 서울대학교 일본연구소 조교수로 있다. 지은 책으로는《탈 전후 일본의 사상과 감성》(공저),《일본 정치의 구조 변동과 보수화》(공저) 등이 있고, 주요 논문으로 〈뉴미디어 세대와 일본 풀뿌리 평화운동의 조우〉 등이 있다.

복잡한 일본을 이해하기 위한 최소한의 역사

●

끊임없이 서양과 비교하며
서양을 따라잡으려 했던 열등감과 욕망,
모든 어려움의 원인을 남에게 돌리며
이웃침략으로 해결하려던 이기적인 선택 등이 이어져,
근대 일본은 비극적인 종말을 맞이했다.

이토록 낯선 일본역사

한국인이 일본의 역사를 배우고 이해해야 할 이유가 있을까? 이에
대한 대답은 쉽게 떠오르지 않지만, 일본의 역사를 접하기 어려운
이유라면 오히려 몇 개라도 금세 열거할 수 있다.

첫째로는 언어라는 난관이다. 길고 낯선 일본어 발음으로 된
등장인물명이나 관직명 등을 이해하는 것은 중국이나 다른 유럽
국가의 역사에 비해 난이도가 높다. 설령 한자로 쓰여 있더라도,
한국과 중국에서와는 쓰임새가 달라 뜻을 짐작하기 어려운 경우
가 많다. 둘째로는 역사 그 자체의 낯섦이다. 대개 하나의 왕조는
200년에서 300년에 한 번씩 바뀐다든가, 사서오경을 열심히 공부
한 지식인들이 권력을 쥐고 통치하는 등, 우리 역사에서 당연하다
고 여기는 일들이 일본역사에서는 당연하지 않기 때문이다. 수천
년 동안 한 번도 바뀌지 않은 '만세일계萬世一系'의 천황이 다스린다
든가, 지식인이 아닌 칼을 찬 무사가 다스리는 시대를 상상하기 쉽

지 않고, 그러한 존재들로 이루어진 역사를 제대로 이해하기는 당연히 더더욱 쉽지 않다. 셋째로는 희박한 접근성을 들 수 있다. 한국인에게는 일상에서 일본의 '역사'를 접할 기회 자체가 별로 없다는 말이다. 앞에서 제시한 바와 같은 이유들 때문인지, 일본에 대한 적대적인 내용이 아니라면 드라마나 영화 등의 대중문화로 일본역사를 자연스럽게 접할 기회는 매우 부족하다. 심지어 작정하고 찾아도 한국인에게 권할 만한 작품을 발견하기는 결코 쉽지 않다.

사실 더 큰 장애는 심리적인 부분이 아닐까 싶다. 한국과 가장 가까운 이웃나라이기는 하지만, 바로 그 때문에 한국과 결코 유쾌하지 않은 이유로 얽혀 있는 나라가 일본이다. 그러한 일본의 역사를 이해하기 위해 굳이 시간을 할애하고 싶지도 않을 뿐더러, 무엇보다 결국은 구구절절한 일본인의 변명을 듣는 것에 불과하지 않을까, 일본의 역사를 이해하는 데서 얻는 것이 무엇일까 하는 의구심이 드는 것이다.

그럼에도 각자 나름의 이유 때문에 일본의 역사에 대해 알아보고 싶어 하는 이들이 있다면, 일본사를 조금 더 쉽게 이해할 수 있도록 제안하고 싶은 방법은 다음과 같다.

첫째, 시시콜콜하고 소소한 내용보다, 큼직큼직하고 뭉떵뭉떵하게 일본의 역사를 몇 개로 토막을 내는 것이 좋겠다. 일본역사의 전체적인 그림이 그려진다면, 각각의 세세한 내용은 관심이 가는 부분부터 찾아보면 될 테니까. 둘째, 몇 가지 주요한 관심사를 선정하고 계속 이를 염두에 두면서 역사적인 흐름을 살피는 법도 있다. 예를 들면, 동아시아 주변국과 비교한다든가, 서양과의 접촉과 관계 형성, 조금 더 구체적으로는 그리스도교의 수용과 축출 같은 것들이다. 셋째, 한국 등과 비교해서 일본만의 특징이 잘 드러나거나 혹은 독자로서 가장 흥미롭게 느껴지는 특정 시기를 이해하는 데 집중하고, 나머지 시대는 바로 그 시대와의 관계 속에서 이해하는 것이다. 얼마나 비슷하거나 다른지, 혹은 얼마나 변화했거나 유지되었는지를 비교하는 식이다. 넷째, 이상의 과정 속에서 확인할 수 있는 '일본(인)스러운' 특징이 요즈음 우리가 만나는 현대 일본인의 모습 속에, 혹은 일본의 사회와 문화 속에 어떤 식으로 남아 있는지 확인해보는 것이다.

이상에서 제시한 것들은 일본역사를 이해하기 위한 정답이라기보다는 낯설고 어려운 일본의 역사를 기억하는데 혹여 도움이 될까 싶어 고안해본 방안이다. 그리고 바로 이 글의 주된 구성과 내용을 미리 소개한 것이기도 하다.

이 글은 기본적으로 일본역사 가운데에서도 '센고쿠시대'에 관심이 있으며, 또 하나의 축으로서 서양(을 비롯한 외부세계)과의 관계에 주목한다. 즉 서양과의 관계가 전례 없이 활발했던 센고쿠시대, 그와는 정반대의 대외정책을 펼친 에도시대, 그리고 다시 에도시대의 쇄국정책을 종결시키며 출발한 근대 일본이라는 맥락으로 일본 역사의 흐름을 살피려는 것이다.

센고쿠시대란 종래의 중앙권력이 약화되어 붕괴해가자, 전국 각지에 통치를 위임받고 있던 지방 영주들이 각자 세력을 키워가며 서로 충돌했던, 15세기 중반부터 16세기 말에 이르는 약 150년 동안의 시기다. 오래전부터 정치적 실권에서 멀어진 상징적인 존재였던 천황[1]은 말할 것도 없고, 정권의 수반으로서 실제 통치력을 발휘해야 할 정이대장군(쇼군)의 권위조차 땅에 떨어졌을 때, 의지할 수 있는 것은 각자의 '실력'밖에 없었다. 과거에는 지위가 낮았던 자가 스스로 힘을 키워 자신의 주군을 제압하는 이른바 하극상의 시대였고 대혼란의 시대였으며, 과거의 질서가 붕괴하고 새롭게 형성되는 리셋reset의 시대이기도 했다.

같은 시기에 우연하게도 서양세력이 일본에 이르렀다. 그리스도교와 신식무기, 그리고 서양과의 무역을 내세운 이들은 서로 치열하게 경쟁하고 있던 일본의 영주(센고쿠다이묘戰國大名)들에게 경계의 대상이 되거나, 주변의 적을 압도하기 위해 협력할 대상이 되었다. 서양세력까지 뛰어들어 전개된 오랜 전란의 시기를 끝내고 최후의 승자가 탄생했을 때, 그가 다시는 '또 다른 자신'이 등장할 수 없는 사회를 원했던 것은 당연했다. 즉 또 다른 누군가가 권위에 도전해 센고쿠시대와 같은 혼란을 일으키는 일이 없는, 그야말로 '태평'한 시대가 영원히 지속되기를 원했던 것이다.

이후 등장한 새로운 정권의 기본적인 정책과 사회 시스템은 센고쿠시대를 반면교사로 삼아 만들어지는 경향이 있었다. 이는 국내통치에서뿐 아니라 대외관계에서도 동일하게 관철된 듯, 센고쿠시대에 활발했던 서양과의 교류는 차단되었고 그리스도교 역시 철저한 탄압을 받게 되었다. 이러한 방침에 따라 수립된 정책과 구조가 바로 '에도 막부'의 근간을 이루었으며, 수백 년 후인 19세기 중반에 서양이 다시 일본을 방문하면서 에도 막부는 막을 내린다. 그리고 메이지유신으로 상징되는 근대 일본이 새롭게 시작된다.

　이러한 이유에서 이 글은 아무래도 센고쿠시대부터 에도시대에 많은 분량을 할애한다. 고대와 중세를 다루는 것은 센고쿠시대부터 에도시대 사이에 발생한 격변의 배경으로서, 혹은 센고쿠시대의 특징을 보다 명확히 파악하기 위한 사전작업이다. 근대에 대해서는, 서양의 도래로 에도시대 일본의 정치와 사회가 (센고쿠시대를 부정함으로써 에도시대가 탄생했던 것처럼) 다시 한 번 스스로의 모습을 부인하고 새로운 길을 모색하는 양상으로서 파악한다. 즉 센고쿠시대부터 에도시대까지 일본의 사회와 정치의 특징에 집중함으로써, 그와 관련한 고대 및 중세와 근대의 역사를 파악하려는 것이다. 이 시기에 다른 나라에서는 찾아보기 힘든, 그리고 매우 흥미로운 사건과 현상이 집중적으로 목격되기 때문이다. 이 과정에서 한국·중국의 사례와 비교하거나, 서양 등 국제정세 변화와의 관련성을 주로 고려할 것이라는 점은 앞서 소개했던 바와 같다.

중앙집권적 율령국가 형성

일본도 처음에는 한반도나 중국에서와 마찬가지의 방향과 유형으로 역사가 전개되었다. 기본적으로 (무사들에 의한 정권이 탄생하기 전인) 12세기 말까지는 진행시기상 차이는 있을지라도, 주변국과 발전

방향이나 방식이 크게 다르지 않았다. 흩어져 있던 여러 세력이 충돌·결합하면서 하나의 중앙집권적인 정치권력이 형성되고, 그 힘이 점점 강력해지면서 통치영역을 확대해가는, 중국이나 한반도의 여러 고대 왕조들에서 보였던 유형은 일본에서도 마찬가지였다. 한국과 베트남 등과 마찬가지로 '동아시아 문화권'에 속해 중국에서 율령제와 한자, 불교를 수입했고 이를 기초로 중앙의 권력을 강화해나갔다.

일본 열도에서 언제부터 구석기시대가 시작되었는지 등의 기원에 대한 논의는 생략한다. 신석기시대에 해당하는 '조몬시대繩文時代'를 거쳐, 기원전 3세기부터 기원후 3세기 사이에는 대륙으로부터 신문물이 수입되어 비약적인 발전을 이루는 '야요이시대彌生時代'가 있었다. 여기에서 신문물이란 벼농사·청동기·철기 등을 이른다. 일반적으로 청동기시대에 벼농사가 이루어진 다음 철기시대로 진입하지만, 일본은 바다로 격리된 섬나라여서 순차적으로 문명을 수입하지 못하는 일종의 정체 현상이 일어났던 것으로 보인다. 마치 '매화와 벚꽃이 같이 피는 것처럼' 말이다.

선진적인 문물이 대륙에서 열도로 전해졌던 만큼, 이를 무기로 하는 정치권력이 등장하기 시작하는 것도 지리적으로 대륙에 가까운 규슈 북부지역이 먼저였다. 상호간의 격렬한 투쟁을 거쳐 3세기경에는 중국에 사신을 보내 책봉을 요청할 정도의 세력을 가진 야마타이국邪馬台國이 등장했다. 대륙에서 규슈를 통해 수입된 선진문물이 점차 동쪽으로 전해진 결과, 4세기경에는 열도의 중심인 지금의 교토 부근에 좀더 체계적이고 중앙집권적인 정치조직을 갖춘 '야마토大和 정권'이 등장했다. 야마토 정권의 권력이 어느 정도였는지를 상징하는 것은 수백 미터를 넘는 규모의 전방후원분前方後圓墳이라 불리는 무덤이다. 바로 이 무덤이 해당 시기를 '고분시대'라고 부르는 연원이 되었다.

야마토 정권은 여러 세력이 연합해 세운 정권으로 대륙으로부터 율령제와 불교뿐 아니라 철제무기와 같은 선진문물을 수입하는 한편, 내부에서는 격렬하고 반복적인 정권 투쟁을 계속하면서 중앙집권적 권력의 형성을 지향해갔다. 우리에게도 낯설지 않은 이름의 쇼토쿠聖德 태자는 바로 그러한 정책을 추진했던 대표적인 인물이다. 야마토 정권은 한반도의 삼국과도 인적·물적 그리고 문명적으로 교류했고, 삼국의 정치형세가 변할 때마다 직간접으로 영향을 받았다. 중국에는 견수사와 견당사를 파견해 적극적으로 선진문물을 수입하고 학습하려 했다. 이는 선박이나 항해술이 발달하지 못한 당시로서는 무사귀환이 보장되지 않는 '목숨을 건' 도전이었다.

7세기 말에서 9세기 말에는 천황을 중심으로 하는 중앙집권적 율령국가로서의 체제를 갖추어갔다. 즉 7세기 말에 강력한 천황을 지향하는 덴무天武 천황의 즉위, 8세기에 국가 정통성을 입증하기 위한 두 권의 역사서《고사기古事記》와《일본서기日本書紀》의 편찬, 8세기 초의 헤이조쿄(지금의 나라奈良) 천도와 8세기 말의 헤이안쿄(지금의 교토) 천도 등을 거치면서 국가로서의 위상을 정립했던 것이다. 불교도 크게 융성했다. 하지만 일본에서는 한국이나 중국에서와 달리 왕권(천황)을 중심으로 하는 중앙권력의 위세가 오래가지 못했다.

한반도의 삼국이 통일되고 중국의 당唐 왕조가 쇠퇴하면서, 대외교류든 외국과의 전투든 일본과 외부세계와의 관계는 소원해졌다. 이러한 변화는 일본 안에서 크게 두 가지 경향을 낳았다. 첫째로 대외 긴장감이 약해지면서 천황을 중심으로 단결하던 분위기가 느슨해졌고, 이에 따라 중앙권력의 지배력도 점점 약해졌다. 그에 반비례해 귀족과 사원이 세력을 강화하면서 대규모 사유지인 장원莊園을 확대해갔는데, 이는 그만큼 중앙권력이 거둘 세금이 줄어드는 것을 의미했다. 여기에 더해 대표적인 귀족가문인 후지와라藤原가는 9세기에서 10세기에 걸쳐 조정의 권력을 장악하면서 절대적인 외척으로 군림했다. 정략결혼으로 외척의 지위를 유지하면서 천황이 아직 미성년자일 때는 섭정攝政이라는, 성년이 된 후에는 관백關白이라는 이름의 후견인으로서 정치를 좌우했던 것이다.

둘째로는, 대외관계가 단절된 기간 동안 일본 내에서의 독자적인 전통문화, 즉 '국풍國風'이 형성되는 시간이 확보되었다. 7세기 중엽부터 9세기 말까지 총 열여섯 번에 걸쳐 견당사를 파견했지만, 안사의 난(당나라 중기에 안록산安祿山과 사사명史思明이 일으킨 반란)을 기점으로 당나라가 쇠퇴하자 대륙의 문물을 적극 수입하기 위한 노력을 계속할 이유를 찾기 어려웠다. 이에 앞서 663년 백제를 원조해 참전한 백촌강전투에서 패하면서 한반도와는 이미 교류가 단절된 상태였다. 내신 외부의 영향 없이 일본 내에서 고유한 문화를 발전시킬 시간을 오롯이 확보할 수 있었다. 이 시기에 한자를 응용한 일본식 문자인 '가나假名'가 여성들 사이에서 유행했다. 무라사키 시키부紫式部가 지은 장편소설 《겐지 이야기源氏物語》가 탄생한 것도 이 시기의 일이었다.

10세기부터 12세기는 중앙집권적 율령국가의 지배력이 더욱 약화되는 시기였다. 지방관이 관리해야 할 영지들이 중앙귀족이나 지방의 호족, 사원 등의 지배를 받는 장원으로 포섭되었다. 중앙권력과 이로부터 파견된 지방관이 제대로 역할을 하지 못하자 농민이나 호족 등이 재산을 지키기 위해 스스로 무장에 나서기 시작했다. 이렇게 스스로 무장한 '재지在地무사'들은 서로 연계하면서 집단으로 세력을 키워나갔다. 무사의 세력이 커지면서 그 가운데 배경이 좋고 능력이 뛰어난 몇몇은 지도자로서 크게 두각을 나타냈는데, 천황가의 피를 이어받은 미나모토源씨와 다이라平씨가 대표적이었다. 결국은 이들이 중앙권력을 압도하면서 천하를 양분하는 형세가 되었다.

12세기까지 일본에서 보이는 양상은 중국이나 한국의 역사 속 여러 왕조와 크게 다르지 않다. 비슷비슷한 소규모 세력들 가운데 힘을 키운 누군가가 주변 세력을 제압하고 패자가 되어 자신의 왕조를 세우고, 다양한 방식으로 중앙집권적 권력을 강화하면서 세습 구조를 형성하지만, 시간이 흐르면 점차 왕조 초기의 활력과 원칙을 잃어간다. 세습 군주가 무능하고 관료마저 부패해 백성들의 원성이 높아지면서 권력이 점점 무너지는 것이다. 이러한 난국을 타개하기 위해 새로이 등장한 누군가가 왕조 타도의 깃발을 드는 모습은 동아시아 역사에서는 전형적인 유형이다. 일본에서도 12세기에 권력자로 등장한 무사들이 천황을 폐위하고 새로운 왕조를 세웠더라면, 이후 일본역사의 흐름도 다른 동아시아의 그것과 크게 다르지 않았을지도 모른다. 그러나 중세를 맞이하는 단계에서 일본은 다른 동아시아 왕조들과는 사뭇 다른 양상으로 나아가기 시작했다.

막부, 무사들이 정치의 중심으로

처음에는 다이라 기요모리平淸盛가 조정을 장악하지만, 겐페이源平 전쟁에서 미나모토 요리토모源賴朝에게 패배하면서 다이라씨의 시대는 비교적 짧은 시기에 종말을 맞이했다. 요리토모는 일본역사에서 처음으로 간토지방인 가마쿠라에 무사들에 의한 정권인 가마쿠라幕府 막부를 세우고, 스스로 최고통치자인 쇼군의 자리에 올랐다. 그리고 자신에게 충성을 맹세한 부하들인 고케닌御家人을 군사·경찰권을 가진 슈고守護와, 치안·세금을 담당하는 지토地頭로 삼아 각지로 파견했다.

가마쿠라에 무사 중심의 새로운 정권이 세워졌지만 교토의 조정과 천황은 유지되었다. 하지만 완전히 힘을 잃은 것도 아니어서, 때로는 막부에 커다란 위협이 되기도 했다. 일본 열도에 서쪽은 천황과 조정이, 동쪽은 막부가 양분하는 형세가 한동안 유지되는 듯했다. 하지만 1221년 천황 측과 막부 측이 정면충돌한 조큐承久의 난에서 막부가 승리하자, 막부의 통치권이 일본 전역으로 확대되었다.

가마쿠라 막부의 통치는 그다지 오래가지 않았다. 13세기 말, 유라시아 대륙을 휩쓸고 고려마저 굴복시킨 원元이 1274년과 1281년 두 차례에 걸쳐 일본 정벌을 감행해왔다. 풍전등화의 상황에서 이른바 '가미카제神風'라고 불리는 태풍의 도움으로 원나라 군대가 혼비백산하며 물러가는 행운이 이어졌다. 훗날 일본이 신의 보호를 받는 나라라는 신국神國사상의 근거가 되는 이 사건은, 가마쿠라 막부의 운명에도 큰 영향을 미쳤다. 외국으로부터의 침략이라는 전례 없는 국가적인 위기는 막부를 중심으로 모두가 일치단결하는 계기가 되었고 심지어 승리했지만, 그 결과가 반드시 긍정적인 것만은 아니었다. 재정부담이 컸을 뿐 아니라 승전 후에도 마땅한 전리품이 없는 전투였던 만큼, 참전한 무사들에게 기대에 부응하는 적당한 보상이 주어질 리 만무했다. 생활이 곤궁해지고 인심이 흉흉해지면서 가마쿠라 막부의 통치에 균열이 가기 시작했다.

무사에 의한 통치에 불만을 품고 과거와 같은 천황 중심의 중앙집권적 왕조의 부활을 꿈꾸던 고다이고後醍醐 천황이 1333년 유력 고케닌인 아시카가 다카우지足利尊氏와 손을 잡고 가마쿠라 막부를 무너뜨렸다. 그러나 협력했던 무사들의 바람은 천황 중심의 정권을 부활시키려는 고다이고 천황의 바람과 같지 않았다. 다카우지는 막부 타도의 성과를 독점하려는 천황에게 실망한 무사들을 규합했다. 그가 새로운 천황을 세우고 자신은 무로마치室町 막부를 세워 쇼군에 오르자, 고다이고는 교토 남쪽의 요시노로 탈출해 또 하나의 조정을 세웠다. 남과 북에 각각 하나씩 두 개의 조정, 두 명의 천황이 존재하는 이른바 '남북조시대'는 14세기 말까지 약 60년에 걸쳐 이어졌다.

무로마치 막부에서 가장 강력한, 그리고 두드러진 성과를 남긴 존재는 제3대 쇼군 요시미쓰義滿였다. 그는 남북조를 통일시켰으며 지금까지도 교토 최고의 관광지로서 화려한 위용을 자랑하는 금각사를 남겼다. 중국에 사신을 보내 일본의 국왕으로서 인정받으려 노력하기도 했다. 하지만 그를 제외하면 전체적으로 무로마치 막부의 통치력은 그다지 강하지도 오래 지속되지도 못했기에, 막부에서 지방관으로 파견되었던 슈고가 현지에서 이른바 슈고다이묘守護大名라는 독자적인 영주로 변신하는 흐름을 막지 못했다. 지방에 파견되었던 고케닌들이 막부의 통제에서 벗어나 현지의 지배자로서 군림하는 길을 택한 것이다. 여기에 1467년 제8대 쇼군 요시마사義政의 후계자를 둘러싸고 전국의 세력이 둘로 나뉘어 전투를 벌인 오닌応仁의 난이 10년 이상 계속되면서, 막부 권력은 유명무실화하고 전국은 혼란으로 빠져들었다.

중앙의 권위가 무너지자 지방의 실력자들이 등장해 힘을 겨루었다. 새로이 등장한 지방의 실력자들은 무로마치시대부터 이어지는 슈고다이묘 출신이 많았지만, 그보다 더 지위가 낮은 무사들이 온전히 자신의 실력으로 주군을 제압하고 새롭게 패권을 차지하는 하극상도 적지 않았다. 이처럼 중앙권력으로부터 독립해 독자적으로 지역을 지배했던 당시의 실력자를 센고쿠다이묘라고 부르며, 이들이 활약한 15세기 중반부터 16세기 말의 약 150년에 걸친 혼란기를 센고쿠시대라 한다. 중국에서는 명나라에서 청나라로 거대왕조가 교체되는 시기였고 조선은 14세기 말에 건국된 조선왕조가 한창이던 시기, 일본만은 이렇게 전국이 분열되어 혼란한 상황이 지속되고 있었다. 이미 르네상스와 종교개혁이라는 대변혁을 겪은 서양인들이 처음 일본을 방문한 것은 바로 이 무렵이었다.

분열과 혼란에서 천하의 통일로

오닌의 난이 발발한 이래 일본은 100년 이상 혼란이 계속되었다. 천황은 물론이고, 실제 중앙권력으로서 전국의 통치를 담당해야 할 무로마치 막부는 허수아비와 같은 존재로 전락했다. 수많은 경쟁자 가운데 누군가가 나머지를 제압하고 패자로 등장할 때까지 충돌은 계속될 수밖에 없었다. 일본 열도가 '천하통일'되는 그날을 향해, 군사적 충돌은 물론이고 정략결혼이나 뇌물 등을 포함한 그야말로 전방위적인 투쟁이 계속되었다.

일본 열도가 이처럼 혼란스러웠던 시기, 외부로부터 예상치 못한 손님이 찾아왔다. 낯선 외모의 서양인들은 처음에는 의도치 않은 표류로, 이후에는 선교와 무역을 목적으로 일본을 찾았다. 16세기 중반의 일이었다.

첫 방문자는 포르투갈이었다. 당시 포르투갈은 전 세계에 식민지를 가진 강대국이었고, 상업적인 이익과 군사정복을 위해 왕실과 귀족이 주도해 해외로 뻗어나가던 참이었다. 여기에는 종교개혁 이후 구교인 가톨릭계, 그 가운데 혁신적인 성향의 예수회 소속 신부들이 동행하는 경우가 많았다. 목적이 같은 스페인과 충돌을 방지하기 위해 각자의 진출영역을 나눈 결과, 포르투갈은 아프리카를 돌아 인도를 거쳐 동남아·동아시아를 향하게 되었고, 고어(인도)-말라카(말레이시아)-마카오(중국)-일본이라는 항로가 만들어졌다.

이러한 항로를 따라 이동하다가 해류에 떠밀려 1543년 규슈 남쪽의 한 섬에 표류했던 포르투갈인들이 일본인에게 두 자루의 총을 넘겨주었고, 1549년 예수회 선교사 사비에르Francis Xavier는 동남아에서 만난 일본인 안지로安次郎를 앞세워 일본 선교를 위해 규슈로 향했다. 예수회의 기본적인 선교전략은 현지의 유력자를 먼저 개종시켜 그 영향력으로 선교를 확대하는 '위로부터'의 선교였지만, 막상 일본에서는 그 '위'를 찾기가 쉽지 않았다. 일본 전역에 걸쳐 수십 명 이상의 센고쿠다이묘가 권력을 행사하고 있었을 뿐 아니라, 유명무실하나 여전히 명맥을 유지 중인 무로마치 막부의 쇼군이 있었고, 심지어 교토 조정에 천황마저 존재했기 때문이다.

포르투갈이 아시아와 일본을 찾은 주요한 목적은 무역을 통한 이익이었지만, 선교와 떼어 생각할 수는 없었다. 상인과 군인, 혹은 진귀한 서양의 물품과 신식무기가 실린 배 안에 선교사가 타고 있었기 때문이다. 포르투갈 선박이 입항할 항구를 결정하는 데는 선교사의 의중이 중요했다. 대형 선박이 입항할 조건을 갖추었다면, 그 가운데 선교를 허용하겠다고 약속하는 영주의 항구에 입항할 것이었다. 동남아로부터의 해로가 이어지는 규슈, 그 가운데에서도 대형 선박이 정박할 수 있는 규모의 항구를 영지로 가진 센고쿠다이묘들은, 중요한 선택의 기로에 서게 되었다. 서양인들과 손을 잡는 것이 자신의 통치력 강화 혹은 패권 장악에 도움이 될 것인가, 반대로 지지세력 내의 분열과 갈등의 요인으로 작용할 것인가. 선택은 갈렸다. 살생을 금하고 신 앞의 평등 등을 설파하는 그리스도교는 살생과 자살 등을 근간으로 하는 무사도와 충돌하거나 전통적인 종교세력의 반발을 불러온다는 등의 이유로, 대부분은 서양세력과의 제휴를 주저했다. 하지만 선교사를 앞세운 포르투갈 선박을 적극 유치했을 뿐 아니라 (전략적인 선택이든, 신앙심에서 우러나왔든) 직접 세례를 받고 그리스도교로 개종을 천명한 그리스도교 영주, 즉 '기리시탄다이묘切支丹大名'들도 탄생했다.

그렇지만 실력 중심의 '하극상의 시대'를 구가하던 일본과 경쟁적으로 바다를 건너 새로운 교역대상을 물색하던 '대항해시대'의 서양이 만난, 그리고 '그리스도교 수용'이라는 전례 없는 사건 등을 특징으로 하는 센고쿠시대가 언제까지나 계속될 수는 없었다. 끊임없이 상호 충돌하고 승패에 따라 세력이 병합·확대하는 과정을 거치면서, 점차 누가 이 상황을 정리하고 최종적인 패자가 될 것인지 윤곽이 드러나기 시작한 것이다. 결국 혼란스러운 센고쿠시대를 마감하고 새로운 통일정권을 수립하기까지는 오다 노부나가織田信長, 도요토미 히데요시豊臣秀吉, 도쿠가와 이에야스德川家康라는 걸출한 세 무사의 활약이 필요했다.

세 인물은 일본에서 가장 유명하고 실제 일본인이 가장 좋아하는 역사 속 '영웅'으로, 서로 다른 성격과 리더십으로도 비교되면서 수없이 회자되는 존재들이다. "새가 울지 않으면 노부나가는 목을 베고, 히데요시는 어떻게든 울게 만들며, 이에야스는 울 때까지 기다린다"는 말이 이들이 가진 리더십의 차이를 비유한다면, "노부나가가 밀을 빻고, 히데요시가 떡을 만들었다면, 그 떡을 먹은 것은 이에야스다"는 쉽게 끝날 것 같지 않던 센고쿠시대가 종식되고 새로이 전국적인 통일정권이 등장하는 과정에서 이들이 각각 수행했던 역할이 무엇이었는지를 함축적으로 드러낸다. 노부나가가 통일을 위해 기존의 악습과 적폐를 파괴하고 새로운 도전을 거듭했다면, 히데요시는 통일을 완성하고 새로운 지배 시스템을 도입했으며, 이에야스는 이를 계승해 새로운 통일정권의 정치·사회 시스템을 구축하고 안정화했다. 세 명이 보인 리더십과 역할을 살피는 것은, 센고쿠시대에서 에도시대로 전환되는 역사 전개의 과정을 확인하는 것이기도 하다.

오다 노부나가는 호기심이 왕성하고 타협 없는 강력한 리더십을 보였으며, 전략 면에서 탁월했다. 효율적으로 화승총 부대를 운용하고 성 아랫마을인 조카마치城下町에 무사를 상주시키는 상비군 체제를 마련하는 등 탁월한 군사전략을 선보였다. 또한 불필요한 세키쇼關所(국경이나 요새지에서 통행인이나 물품을 조사하는 관문)를 철폐하고 조카마치에 상인들을 집결시켜 거주하게 하는 등, 흩어져 있던 지역의 정보와 물자를 조카마치에 효율적으로 집결시키는 행정능력도 발휘했다. 거대 불교사원인 엔랴쿠지延曆寺와 이시야마 혼간지石山本願寺를 불태운 사건으로 상징되는 것처럼, 자신의 길을 가로막는 경우에는 강력한 종교세력과도 정면대결을 불사했으며, 한동안은 전략적으로 그 권위를 이용했던 무로마치 막부도 1573년 자신의 손으로 멸망시켰다. 기성 권력들을 가차 없이 파괴하고 소멸시킴으로써 그리고 새로이 효율적인 지배구조를 구축함으로써, 전국통일의 기반을 마련했던 것이다. 그러나 그러한 과격함 때문인지, 그는 1582년 교토 혼노지本能寺에서 부하의 배신으로 암살되었고, 화재로 인해 시신은커녕 머리카락 하나도 남지 않았다.

도요토미 히데요시는 우리와는 임진왜란이라는 악연이 있는 인물이지만, 일본에서는 오로지 자신의 능력으로 일본역사상 가장 파격적인 신분상승을 이룬 걸출한 인물로 평가된다. 농부의 아들로 태어나 노부나가의 수하에서 총애를 받던 그는, 노부나가가 암살된 직후 여러 경쟁자 가운데 가장 재빠른 움직임으로 후계자 지위를 차지했고, 정책에서도 노부나가를 계승하는 모습을 보였다. 전국통일을 향한 전쟁을 성공적으로 수행해나가는 가운데, 상인과 직인(기술자), 그리고 무사 등을 조카마치에 거주하게 하고 농민의 무기를 회수하는 도수령刀狩り令을 내림으로써, 무사와 농민을 분리하는 병농분리兵農分離 정책을 강력히 추진했다. 전체적으로 노부나가가 만든 지배 시스템을 계승·발전시키는 가운데, 신분과 경제의 기반이 되는 석고제石高制를 정착시켰다. 중세 장원과 같은 중층적 토지지배를 폐지해 토지별로 단일소유자를 확정하고, 생산량을 측정해[檢地] 토지에 등급을 매긴 후 면적을 곱해 쌀의 생산고인 '고쿠다카石高'를 확정한 것이었다. 즉 현대와 같은 돈이 아니라 생산이 기대되는 쌀의 양으로 토지의 가치를 평가한 제도로, 이는 소유자의 지위인 가격家格을 의미하는 것이기도 했다. 히데요시는 전국통일과 지배 시스템 구축에 정력적으로 매진했지만, 말년에 감행한 두 차례의 조선 침공이 실패한데다 후계자 선정을 둘러싸고도 불안한 행보를 보인 결과, 끝내 자신의 이름을 내건 정권을 수립하는 데에는 이르지 못했다.

도쿠가와 이에야스는 노부나가와 히데요시의 시대를 묵묵히 견뎌냈다. 이에야스의 세력을 경계한 히데요시는 아무런 연고도 없는 시골 에도(지금의 도쿄)로 이에야스를 강제이주시켰다. 이에야스는 한동안 에도에서 지역을 개발하면서 묵묵히 세력을 키운 끝에, 히데요시가 죽은 후인 1600년 세키가하라전투에서 승리를 거두고 패권을 장악했다. 노부나가와 히데요시가 꿈꾸었으나 이루지는 못했던 '천하통일'을 달성한 이에야스는, 앞으로는 이전과 같은 실력 중심의 하극상시대가 재현되지 않도록, 표현을 달리하자면 다시는 자신과 같은 새로운 패자가 등장하지 않도록 안정적인 통치체제를 구축하는 데 특별히 신경을 썼다. 1603년 초대 쇼군으로서 에도 막부를 개창했지만, 1605년 일찌감치 쇼군직을 아들에게 넘겨주고 일종의 상황上皇과도 같은 존재인 오고쇼大御所로 물러난 것은 도쿠가와가의 권력을 안정적으로 세습하기 위한 조심스러운 선택이었다.

전쟁 없는 무사들의 시대

에도 막부는 중앙집권적 성격이 강한 봉건제, 이른바 '막번幕藩 체제'라는 통치 시스템을 구축했다. 본래 봉건제란 지방분권을 의미하는데, 그와는 모순되는 '중앙집권'적 봉건제라는, 다른 나라에서 보기 힘든 낯선 시스템을 만든 것이다. 이에야스가 센고쿠시대를 마감하고 일단 천하를 손에 넣었지만, 지방의 권력을 완전히 제압하고 중앙에서 지방으로 행정관을 파견해서 통치하는 군현제를 실시할 정도로 압도적이지는 못했다. 권력의 향방이 정해진 세키가하라전투 이전부터 이에야스에게 충성했던 다이묘들은 물론, 마지막까지 이에야스에게 저항하다 마지못해 굴복했던 다이묘들에게조차 영지를 분배해 통치를 일임하는, 그리고 기본적으로는 그들에게 권력세습까지도 인정하는 봉건제 형식을 취했다. 그러나 과거와 같이 지방의 통치를 완전히 맡겨버린 것은 아니었다. 결코 다이묘들에게 도전받지 않을 정도의, 심지어는 그들을 압도할 수 있는 중앙권력을 구축하고 유지하고자 했다.

도쿠가와가는 막부의 쇼군이라는 의미에서 권력구조의 정점에 위치할 뿐 아니라, 스스로가 실제 정치적으로 그리고 경제적으로 여타 다이묘들을 압도하는 최강의 다이묘이기도 했다. 전국 생산력의 25퍼센트를 장악했고, 정치적 중심지인 에도 주변의 간토 일대와 천황이 거주하는 교토를 포함하는 기나이, 경제적 요충지인 오사카 역시 막부의 직접 지배하에 두었다. 나가사키를 통해 서양(네덜란드) 및 중국과의 교역을 독점했고, 주요 광산도 수중에 두었다.

전국에는 다이묘들이 자치적으로 다스리는 지방영지인 250여 개의 번藩이 있었다. 막부에서 직속 관료인 하타모토旗本를 파견해서 직접적으로 다스리는 막부 직할령이 25퍼센트, 도쿠가와가와 친척인 다이묘가 다스리는 신번親藩과 세키가하라전투 이전부터 이에야스에게 충성을 맹세했던 후다이다이묘譜代大名가 다스리는 후다이번이 30퍼센트, 마지막까지 저항했고 에도 막부 성립 후에도 여전히 막부와 긴장관계를 유지했던 도자마다이묘外樣大名가 다스리는 번이 30퍼센트를 점했다.

도자마번들은 주로 혼슈의 서쪽 끝과 그 너머의 규슈, 혼슈의 동쪽 끝인 도호쿠 등과 같이 에도에서 멀리 떨어진 외곽 혹은 변방지역에 주로 분포했다. 이들은 오래전부터 현지에 세력을 형성해 지배해온 경우가 많아서, 대개는 이에야스와 대결한 끝에 막부에 복속된 후에도 여전한 세력을 유지하고 있었다. 에도 막부 개창 초기에는 영지의 개역(이동)·삭감·감봉 등의 직접적인 방법으로 도자마번을 압박하기도 했지만, 이후로도 막부는 이들에 대한 경계를 게을리할 수 없었다.

막부로서는 250여 개의 번 사이에 평화를 위한 세력균형이 깨지는 일이 없도록, 혹은 막부의 권위에 대응하지 못하도록 평소에 적절히 통제할 필요가 있었다. 이를 위해 고안된 법이 바로 무가제법도武家諸法度, 즉 다이묘를 포함한 무사들이 지켜야 할 내용을 규정한 법이었다. 1615년 처음 발포된 이래 에도 막부가 끝날 때까지 수차례 수정·발포되었는데 대략 열다섯에서 스무 개 조로 이루어졌다. 쇼군이 바뀔 때마다 다이묘들에게 이를 읽혀 숙지하게 했고 위반하면 엄벌에 처했다. 대개의 내용은 문무文武에 힘쓸 것, 참근교대제參勤交代制, 성곽 신축 금지, 이웃 번에 참견 금지, 도당 결성 금지, 사적인 싸움 금지, 결혼허가제, 검약과 단정, 정무의 청렴한 처리, 도로정비, 대형 선박 건조 금지 등이었다.

앞서 거듭 지적했던 것처럼, 이는 사실 센고쿠시대를 반면교사로 삼은 결과라 할 수 있었다. 무한경쟁 속에서 이에야스 개인의 남다른 인내와 전략에 의해서만이 아닌, 노부나가의 암살, 히데요시의 세습 불안과 같은 몇몇 우연한 사건으로 비로소 천하통일과 에도 막부의 성립이 가능했던 것을 떠올리면, 또다시 같은 상황이 재현되지 않기를 바라는 것은 당연했다. 무가제법도에는 바로 그러한 바람이 다음과 같이 고스란히 반영되어 있다.

첫째로 막부에 대한 도전 가능성을 차단하는 것이다. 성곽 신축을 금지한 법이나 대형 선박의 건조를 금지한 법이 이에 해당한다. 성곽은 전쟁시 무기 그 자체라 할 수 있기에, 번주들은 자신이 거주하는 성의 신축은 물론이고 보수조차 자유롭게 할 수 없었다. 선박의 경우, 대형 선박은 많이 싣고 또한 그만큼 장거리를 항해할 수 있다는 의미에서 막부에게 위험이 될 수 있었다. 장거리 항해가 가능한 대형 선박은 안으로는 에도까지 침공할 무기가 될 수 있었고, 밖으로는 먼 바다를 항해해 막부의 허락 없이 외국과 직접 교역하는 수단이 될 수 있었다. 당장은 지배의 대상이지만 잠재적인 경쟁자이기도 한 다이묘들의 군사력이 확장되거나 경제적으로 융성하는 것을 원치 않는 막부로서는 대형 선박의 건조를 묵인할 수 없었다.

둘째, 각 번들의 규모와 세력이 임의로 변화할 가능성을 억제하는 것이었다. 이웃 번과의 관계를 규정한 것, 즉 결혼 허가와 상호 관여 금지 등이 이에 해당했다. 앞서 언급한 것처럼, 에도 막부의 성립과 유지는 약 250개 번의 세력균형에 의한 것이었고 또한 막부에 의해 정밀하게 관리되는 것이었기에, 돌발상황을 최대한 억제할 필요가 있었다. 정략적인 의미일 수밖에 없는 결혼은 막부의 허가 아래에서만 이루어졌고, 분쟁 끝에 돌발적으로 여러 번이 연합하거나 통합해 세력을 확대하는 일이 없도록, 각 번들의 세력이 균형을 이루어 평화를 유지하도록 평소에 관리할 필요가 있었다.

셋째, 각 번의 권력 자체를 감시하고 세력약화를 도모했다. 대표적인 제도가 바로 참근교대제다. 이 제도는 막부가 다이묘를 통제하는 여러 방안 가운데 백미라 할 만했다. 참근參勤은 '주군을 찾아가 만나는 것'을 의미한다. 참근교대제란 각 다이묘들이 1년 단위로 자신의 번과 막부가 있는 수도 에도에 번갈아 거주하도록 규정한 것이다. 이는 기본적으로는 쇼군과 다이묘가 주종관계임을 주기적으로 확인하는 군사적 의례였다. 동아시아의 한국이나 중국에서는 물론, 봉건제를 시행한 유럽 등의 다른 나라에서도 유례를 찾기 힘든 독특한 제도로, 각 번의 다이묘는 에도에 마련된 저택에 자신의 정실부인과 대를 이을 후계자를 살게 해야 했다. 사실상 인질이었을 뿐 아니라, 각 번의 후계자가 자신의 근거시보다 중앙의 문화와 권위에 더 익숙해지게 세뇌하는 효과도 있었다. 다이묘 자신도 거처를 떠나 1년에 한 번씩 수도로 수개월 동안 이동해야 하는 생활이 편안할 리 없었다.

더 큰 목적은 경제적인 타격이었다. 에도에 마련된 각 번의 처소에는 다이묘의 가족뿐 아니라, 이들을 보좌할 시종, 번과 에도를 왕래하는 관료와 유학생 들까지 머물러야 했다. 수도 에도에 그 정도의 대저택을 유지하는 것은 각 번의 재정에 크나큰 부담이 될 수밖에 없었다. 각 번에서는 자신의 재산 혹은 가격家格에 맞는 규모의 일행을 구성해야 했기에, 소규모로 그리고 경제적으로 이동하겠다는 식의 자율적인 선택도 허락될 리 만무했다. 교통수단이 편리하지도 않았기에 이동하는 데 걸리는 기간도 수십 일 이상이었다. 예를 들어 규슈 남쪽의 도자마번인 사쓰마번의 시마즈가島津家에서 참근교대에 나설 경우, 편도 약 2,000킬로미터 거리를 약 2,000명 규모의 행렬이 약 두 달 동안 이동하는 대규모 행사가 되었다. 주기적으로 이러한 규모의 행렬이 이동하는 데 필요한 경비뿐 아니라, 쇼군과 중앙의 관료를 위한 선물까지 준비해야 했기 때문에 매우 부담이 컸다. 참근교대제는 약간의 예외를 제외하고는 막부 말기까지 큰 변화 없이 유지되었는데, 이는 중앙의 막부가 특별한 강제수단을 쓰지 않고도 지속적으로 지방의 다이묘를 통제하는 매우 효과적인 제도였다.

에도 막부가 혼란을 방지하고 평화를 유지하는 방책에는 지배층인 다이묘에 대한 통제뿐 아니라, 신분과 직업의 유동성을 억제해 고정시키는 것도 포함되었다. 즉 평소 농사와 전투를 병행하던 병사들을 성 아랫마을에 따로 거주하게 했던 히데요시의 '병농분리' 정책을 도입한 것이었다. 농민은 더는 병사가 될 수도 나아가 무기를 소지할 수도 없었고, 마찬가지로 무사는 농업을 비롯한 생산직에 종사할 수 없었다. 허가받은 무사만이 무기를 소지하고 전쟁에 참여할 수 있었다. 이는 우발적인 전쟁의 가능성이 훨씬 억제된다는 것을 의미했다.

에도 막부에서도 이러한 병농분리에 기반한 사농공상의 신분제도를 정착시켰다. 그런데 한국과 중국에서는 사士가 문文, 즉 '학문'을 하는 선비를 의미하는 반면, 일본에서는 무武를 업으로 하는 사무라이(무사)를 지칭한다는 점에 차이가 있다. 한국이나 중국과 달리 일본에는 스스로 학문을 연마해 시험으로 관직에 나아가는 과거제가 존재하지 않았다. 이처럼 사회를 지배하는 원리가 지식이나 학문이 아닌 무위였다면, 전쟁 등의 위기상황에서 남다른 공훈을 세우지 않는 한 신분상승을 도모하기는 어려웠다. 에도 막부가 정권 초기부터 감시·통제·균형 등 다양한 방법으로 권력과 사회에 위협이 될 만한 혼란과 전쟁을 방지하는 데 힘을 기울였던 것을 기억한다면, 무사뿐 아니라 사회 전체적으로도 신분이 이동하거나 상승할 가능성은 높지 않았다. 예외가 있다면 본래는 낮은 신분인 상인들이 상업과 경제의 발전을 배경으로 부를 축적해, 종종 궁핍한 하급무사를 추월한 듯한 행태를 보였던 것이다.

에도 막부의 천하태평을 지속시키기 위한 정책은 국내에서뿐 아니라 대외정책에서도 강력하게 추진되었다. 즉 센고쿠시대에 활발하게 이루어졌던 서양과의 교류를 중단하고, 나라의 문을 닫은 채 막부에게 허락을 받은 일부 번에 매우 제한적인 교역만을 허용한 것이다. 물론 수입된 외래문물을 이용·보급하는 것도 중앙에서 통제했다.

세계사적으로 이른바 대항해시대였던 16세기, 센고쿠시대라는 무한경쟁 속에서 일본의 패자가 되기를 바라는 많은 센고쿠다이묘들이 자신의 힘을 강화하기 위해 서양으로부터 무기·무역·그리스도교를 수용하는 길을 택한 바 있다. 일부 순수한 신앙심이나 호기심에 의한 경우를 제외한다면, 대부분은 서양세력과의 협력이 가져올 손익을 계산한 결과였다. 그러나 통일정권을 수립한 에도 막부는 일변해서 서양세력을 몰아내는 쇄국의 길을 택했다. 다만 이때 '쇄국'이라는 단어에 대해서는 약간의 설명이 필요하다. 이는 흔히 생각하는 것과 같이 나라의 문을 완전하고 철저하게 닫는 것이 아닌, 소수의 항구에서 제한된 상대와만 교류하는 등 교역에 대한 '통제'의 의미가 강했다. 조선·중국·류큐(오키나와)·에조치(홋카이도)·네덜란드 등의 나라에 한정해 특정한 도시(혹은 번)와의 교류만을 허용했던 것이다.

조선과는 쓰시마의 소가宗家를 통해 과거 조선을 침략했던 히데요시와는 다른 정권임을 어필해 관계를 회복하고 교역을 재개했다. 류큐에는 그와 가장 가까운 규슈 최남단의 사쓰마번이 막부를 대신해 대응했는데, 1609년에는 사쓰마번이 류큐를 무력으로 점령하기도 했다. 이후 류큐는 쓰시마를 통해 일본의 지배를 받으면서 한편으로는 청淸에게 책봉을 받는, 양국 사이에서 줄타기를 하는 이른바 이원외교를 펼쳤다. 근대에야 뒤늦게 일본 영토로 편입된 에조치와의 무역은 그에 가까운 마쓰마에번에 독점하게 했다.

서양세력 가운데에서는 네덜란드만이 일본과의 교역을 허락받았다. 앞서 언급했듯이 센고쿠시대에 처음 일본을 방문한 나라는 예수회 신부를 앞세운 포르투갈이었다. 이후 같은 가톨릭의 스페인, 성공회의 영국, 프로테스탄트의 네덜란드가 잇달아 일본을 방문했고, 때로 일본에서의 선교를 놓고 경쟁하기도 했다. 하지만 전국을 통일하고 등장한 에도 막부는 종교와 무역을 완전히 분리했고, 포교하지 않고 오로지 무역에만 집중할 것을 약속한 네덜란드에만 교역을 허락했다. 그리스도교뿐 아니라 무역의 이익과 서양의 신식문물이 막부가 아닌 다른 번으로 흘러드는 것을 막기 위해서라도, 서양인과 일본인의 접촉을 차단할 필요가 있었다. 이를 위해 육지와 분리된 인공섬인 나가사키의 데지마라는 작은 거주지로 교역장소를 한정하고, 통역관을 비롯한 한정된 소수 일본인과의 교류만을 허용했다. 필요에 따라 음식물과 매춘부 등을 제공했다.

선교사들은 모두 추방되었고 남은 일본의 그리스도인들에게는 철저한 탄압이 가해졌다. 남은 이들은 순교와 배교 혹은 잠복 가운데 하나를 택해야 했다. 심지어는 그리스도교인을 색출해 말살하기 위해 모든 백성을 각각 사원에 등록하게 해서 그리스도인이 아님을 확인하고, 집단적으로 서로를 감시하고, 발각되면 함께 처벌받는 연좌제를 시행했다. 이와 같이 그리스도교 탄압을 철저하게 제도화한 것은 일본사회의 동요를 가져올 외래적인 요인을 사전에 차단한다는 의미뿐 아니라, 상시적으로 서로를 감시하고 통제하는 시스템을 구축한다는 의미기도 했다. 이 또한 센고쿠시대의 경험이 에도 막부의 지배체제를 지극히 강고하게 구축하는 것으로 연결된 사례다.

혹시라도 정치적 변수가 될 수 있는 천황에 대해서도 그 존재감을 약화시키는 제도를 마련했다. 천황과 조정의 정치참여를 금지하는 규정을 만들어, 천황이 정치적 존재로 변신하거나 나아가 막부에 대항자로 등장하는 길을 원천적으로 차단했다. 평소에는 별다른 존재감이 없는 천황이지만, 센고쿠시대와 같은 무한경쟁이 다시 전개된다면 그의 지지를 얻기 위한 경쟁이 벌어질 수도 있기 때문이었다. 결국 에도시대 말기에는 막부에 반대하는 하급무사들이 이러한 규정을 무시하고 교토로 천황을 찾아가는 사태가 발생하지만, 도쿠가와가의 위세가 높은 막부 초기에는 상상하기 어려운 일이었다.

이제 일본에서 막부를 향해 반란을 일으키려는 세력이 돌연 등장하기는 어려워졌다. 일본이 센고쿠시대와 같은 혼란 속으로 다시 빠져들 가능성이 희박해졌다는 의미다. 만일 이후의 세계정세와 기술에 큰 변화나 발전이 없었더라면, 그래서 함포를 앞세운 서양세력이 일본을 다시 찾아오는 일이 없었다면, 이에야스가 꿈꾸었고 에도 막부가 지향했던 안정적이고 지루할 정도로 평화로운 시대가 언제까지나 지속되지 않았을까 생각될 정도였다.

평화와 안정이라는 이름의 불안요소

극도로 평화를 지향한 에도 막부의 막번체제. 중앙 막부의 강력한 권력과 재산. 각 번의 다이묘에 자치를 허용하면서도 결코 중앙을 넘볼 수 없도록 상호 견제시키고 억제하는 세력 균형. 존재하지만 정치하지 않는 천황. 일본 내부에 평화로운 상태가 유지되도록 외부변수를 저지하는 '쇄국'이라는 대외정책. 이처럼 에도 막부는 일본과 외부세계와의 관계를 차단하면서도 선진적인 기술과 세계정세의 변화에 대한 정보는 정기적으로 수입해 독점·통제함으로써 평화로운 일본을 유지하는 데 만전을 기했다. 실제 에도시대에는 지방관의 학정에 대한 불만을 호소하는 농민 소요 수준을 넘어서는, 정치적인 목적을 내건 다이묘의 반란은 단 한 차례도 없었고, 체제전복을 기치로 내건 것도 막부 말기에 이르러 1837년 오시오 헤이하치로大塩平八郎가 일으킨 반란 단 한 번에 불과했다.

그러나 이렇게 완벽해 보이는 에도시대의 평화에도 불안요소가 있었다. 모순적이게도 가장 커다란 불안요인은 다름 아닌 에도시대의 '평화' 그 자체라 할 수 있었다. 따분할 정도로 수백 년 동안 이어진 오랜 평화가 전쟁을 본업으로 삼는 무사들에게 마냥 기쁜 일일 수만은 없었다. 전체 인구의 약 5~7퍼센트를 점하는 정도였지만, 이들이 당시 일본사회의 근간을 이루는 실제적인 지배층이었음을 생각하면 결코 가벼운 문제가 아니었다.

앞서도 설명했던 것처럼, 무사들은 병농분리 정책에 따라 농촌 등지에 거주하거나 생산노동에 종사하는 것이 원칙적으로 허락되지 않았고, 성 아래 도시에 모여 살면서 각자의 주군인 번주로부터 봉급을 받는 존재였다. 봉급은 쌀로 지급되었으며, 이를 화폐로 교환해 필요한 물건을 구매하는 방식으로 살아가야 했다. 이렇게 현물로 받는 봉급이란 시간이 흐를수록 혹은 경제가 발전할수록 가치가 하락할 수밖에 없었고, 이는 신분이 높지 않아 경제적으로도 윤택하지 않은 하급무사들의 생존을 위협하기 쉬웠다.

참근교대는 각 번의 재정에 부담이 되었지만 교통와 유통의 발달을 가져왔고, 인구이동이 활발한 만큼 숙박업·외식업 등 서비스업과 상업의 발달로 이어졌다. 에도에는 100만 인구가 북적였으며, 막대한 부를 축적한 상인층을 중심으로, 가부키(음악과 무대장치,

무용 등으로 구성되는 일본 특유의 연극으로, 모든 역할을 남자배우가 소화한다)나 우키요에를 비롯한 서민문화가 크게 융성했다. 식자층이 두터워 대중소설도 널리 읽혔다. 하지만 이렇게 활력 넘치는 에도사회의 분위기가 무사들을 더욱 초라하게 만들었으리라 짐작하기는 어렵지 않다.

전쟁을 억제하고 평화를 유지하려던 에도 막부의 다양한 시도는, 에도시대 내내 거의 별다른 전란이 없었다는 점에서 그 자체로 비교적 성공적이었다고 할 수 있었다. 하지만 시간이 흐르면서 그러한 성공을 가져온 여러 정책이 그대로 에도 막부에 불안요소가 되는 모순적인 상황으로 전개되었던 셈이다. 그렇다면 다시 한 번 센고쿠시대와 마찬가지로 혹은 그보다 더욱 강력하고 대규모인 서양세력이 찾아와 개항과 교역을 요구했을 때, 에도 막부는 종래의 선택을 고집할 수 있을까? 막부 이외의 천황이나 지방의 다이묘들은 어떤 반응을 보일까? 이하에서는 이러한 문제의식을 가지고 근대 일본의 역사에 대해 살펴보려 한다.

마지막으로 한 가지, 비록 쇄국정책을 취하면서도 에도 막부가 꾸준히 서양과의 교류를 지속했을 뿐 아니라 이를 통해 수입된 문물을 중앙에서 관리해 보급했다는 사실은 기억해둘 필요가 있다. 네덜란드의 상선은 (마치 각지의 다이묘들이 1년 주기로 참근교대를 하는 것처럼) 정기적으로 나가사키의 데지마에 입항해, 참근교대의 통로를 따라 에도를 방문해 쇼군을 알현했다. 네덜란드는 독점무역의 이익을 노린 것이었지만, 막부는 최신 지식과 문물, 그리고 서양의 정세변화

에 대한 정보를 독점입수하는 기회로 삼았다. 에도시대를 통해 난
학蘭学(화란, 즉 네덜란드를 통해 일본에 수입된 서양학문)이 학문의 하나로서 존
재했던 것은, 이후 서양과의 본격적인 만남이 시작될 무렵의 충격
이 한국의 경우와는 크게 달랐으리라 짐작케 한다.

개항과 불평등조약, 그리고 막부의 타도

오랜 평화가 지속된 에도 막부 안에서 하층무사를 중심으로 불만
이 팽배하던 시기, 다시 한 번 서양이 도래했다. 물론 이미 18세기
말경부터 러시아를 비롯한 서양인들이 간헐적으로 일본의 개항을
요구하기도 했지만, 서양의 방문이 더는 무시할 수 없는 중요한 사
안으로 부상한 것은 1840년 중국에서 발발한 아편전쟁과 관련이
있었다. 막부는 이미 네덜란드를 통해 중국이 영국으로부터 굴욕
을 당한 결과뿐 아니라, 조만간 미국이 일본에 개항을 요구하러 오
리라는 사실까지 파악하고 있었다.

　산업혁명의 결과, 대량생산된 상품의 판로를 찾아 서양 각국
이 활발하게 해외로 진출하던 19세기, 태평양에서의 포경과 아시
아진출을 위한 중간기착지를 위해 일본과의 통상을 간절히 원했
던 미국은 1853년 페리Matthew C. Perry 제독을 일본으로 파견했다.
그는 막부의 코앞인 에도만灣에 구로부네黑船라는 네 척의 거대한
증기선을 이끌고 나타나 무력시위를 벌여 일본인들에게 큰 공포
를 안겼다. 현실을 직시한 막부는 에도에서 멀리 떨어진 하코다테

와 시모다의 두 항구만을 개방하는 방식으로 '일미화친조약'을 맺기로 했다.

그동안에도 네 개의 번을 통해 외부와 교역했던 것을 생각하면 과거의 원칙을 아예 포기한 결정이라 하기는 어려웠다. 하지만 미국의 지속적인 압박과 국제정세의 변화로 인해 5년 후에는 개항지를 확대하는 본격적인 '일미통상조약'을 맺었고, 이어서 다른 열강과도 유사한 조약을 맺어야 했다. 조약에는 협정관세권, 치외법권, 최혜국대우 등 일방적으로 서양열강에 유리한 내용이 담겼고, 이러한 '불평등조약'을 철폐하기 위해 하루 속히 서양과 동등한 수준의 국가로 성장해야 한다는 것이 이후 근대 일본을 지배하는 커다란 과제가 되었다.

센고쿠시대와 마찬가지로, 서양이 방문해 통상을 요구했을 때 일본은 (조선이나 중국에서와 같이) 중앙권력이 중심이 되어 일사분란하게 대응하지 못했다. 막부와의 관계에 따라, 서양에 대한 인식에 따라, 혹은 자신들의 이해관계에 따라 의견이 나뉘었던 것이다. 줄곧 막부와 긴장관계를 유지해온 여러 번에서 막부의 개항결정에 반발했고, 특히 개항과정에서 천황의 허락을 얻지 못했다는 사실을 문제 삼았다. 평소 막부의 결정에 대한 천황의 재가는 형식적이었지만, 막부의 권위가 예전과 같지 못한 상황에서는 공격의 빌미가 되었다. 특히 사쓰마번·조슈번 등이 천황을 중심으로 모여 서양을 물리치자는 주장, 즉 존왕양이尊王攘夷론의 선두에 섰다. 행운인지 불행인지, 사쓰마번과 조슈번은 각각 영국·프랑스와 무력충돌을 통해 그 위세를 직접 목격할 기회가 있었고, 그러한 경험을 바탕으로 1868년 친위 쿠데타明治維新를 통해 천황을 중심으로 하는 메이지 신정부를 수립할 무렵에는 이미 '양이'를 포기하고 적극적인 개항주의자가 되어 있었다.

흥미롭게도 사쓰마번과 조슈번은 각각 규슈 남단과 본토 서쪽 끝에 위치해 과거 서양과의 교류뿐 아니라 그리스도교 포교가 가장 활발했던 지역이다. 가장 대표적인 도자마번들이었고, 그중에서도 막부를 타도하는 과정에 가장 적극적으로 참여한 것은 에도사회를 통해 불만이 팽배했던 하급무사들이었다는 점에서, 메이지시대라는 근대의 출발에는 과거 에도시대, 더욱 거슬러 올라가면 센고쿠시대의 그림자가 엿보인다고 할 수 있다.

강력한 개혁에 따른 눈부신 성과

1868년 사쓰마·조슈번의 하급무사들이 중심이 되어 천황을 정점으로 하는 메이지 신정부가 수립한 이래, 일본은 서양과의 불평등조약을 철폐하고 서양열강과 어깨를 나란히 하고자 개혁에 박차를 가했다. 그야말로 부국강병에 매진한 것이다. 에도는 도쿄東京로 이름이 바뀌어 천황이 거주하는 새로운 수도가 되었고, 종래 번의 다이묘들은 영지를 모두 천황에게 반환해야 했으며, 전국에는 번 대신 중앙에서 지방관을 파견해 다스리는 현縣이 설치되었다. 류큐를 오키나와 현으로 편입시켜 홋카이도와 함께 새로이 일본의 영토로 확정한 것도 이 무렵이었다. 과거의 신분제 대신 새로운 호적법을 제정했고, 이를 기반으로 교육과 징병, 세금제도를 정비했다. 정확하게 인구를 파악해 의무교육을 실시하고 병역과 납세의 의무를 지게 하려는 것이었다.

이상과 같은 일련의 정책은, 과거의 봉건적인 제도를 폐지하고 서양을 본떠 근대국가로 나아가기 위함이었다. 같은 목적으로 단발령 실시, 우편과 화폐제도 정비, 철도 부설, 태양력 채용 등도 잇달아 이루어졌다. 식산흥업殖産興業(기간산업을 공업화하고 민간산업을 육성하는 정책)과 문명개화는 지상과제였다. 추진 과정에서 정책의 우선순위나 방향을 둘러싸고 정부의 내외에서 갈등과 반발이 있었지만, 반대의견을 제압하거나, 일부를 수용해 정책을 수정하거나, 여의치 않은 경우에는 장래에 수용하겠다는 약속으로 무마하면서도 대체적인 개혁의 방향은 유지했다. 즉 메이지정부의 일련의 정책에 대해 비판과 공격이 이어지는 가운데에서도, 하루 속히 근대화를 달성해 서양열강과의 불평등조약을 폐지하고 동등한 자격을 인정받겠다는 것, 나아가 그들과 같은 강대국의 일원이 되겠다는 기조는 큰 변화 없이 지속되었던 것이다.

그 과정에서 중심역할을 한 인물은 우리에게도 낯익은 이름의 이토 히로부미伊藤博文였다. 조슈번 출신인 그는 1871년 메이지정부가 서양문물을 견학하고 (결국 불가능한 일이었지만) 서양과의 불평등조약 개정을 목적으로 파견한 이와쿠라사절단岩倉使節團으로 참가한 이래, 줄곧 메이지정부가 추진하는 개혁정책의 중심에 있었다. 1873년에는 그러한 개혁정책의 추진에 방해가 되는 정한론征韓論, 즉 내정의 개혁보다 해외침략을 주장하는 사이고 다카모리西鄕隆盛 등을 정부에서 몰아냈고, 자유민권운동(독선적인 메이지정부에 대항해 인민의 권리와 자유 확대를 내걸고 정치에 참가하려 한 광범한 정치운동) 등 신정부의 독재적인 행태를 비판하는 목소리에 대해서는 10년 내 헌법을 제정하고 의회를 개설하겠다는 약속으로 답했다. 실제로 이토는 1889년 자신의 주도로 독일 사례를 본뜬 제국헌법을 제정해서 그 약속을 지켰다. 비록 천황 중심의 제한적 삼권분립 등 불완전한 내용을 담은 제국헌법이었지만, 19세기 말에 헌법과 의회가 존재하는 나라는 전 세계적으로도 소수에 불과했다.

　일련의 개혁이 마무리된 후인 1894년에는 청일전쟁이, 1904년에는 러일전쟁이 발발했다. 일본의 잇달은 승리는 메이지정부의 근대화를 위한 개혁정책이 성공적이었다는 입증으로 받아들여졌다. 두 번 모두 상대가 아시아의 최강 혹은 서양열강의 일원이라 일본의 승리를 장담할 수 없는 상황이었기에 기쁨은 더 컸다. 특히 청일전쟁 당시 일본은 이를 '문명과 야만의 전쟁'으로 규정한 만큼, 승리 후에는 막대한 배상금과 영토뿐 아니라 청을 누른 아시아 최강의 문명국이라는 자부심을 얻었다.

　하지만 일본의 팽창을 염려한 삼국(프랑스·독일·러시아)의 간섭 때문에, 승리의 대가로 청에게서 받은 영토 일부를 되돌려주는 굴욕을 감수해야 했다(삼국간섭). 삼국간섭을 주도하고 심지어 일본이 반환한 요동반도를 대신 접수한 러시아는, 이후 한동안 (청일전쟁으로 물리친 청을 대신해) 일본에게 주된 가상의 적으로 간주되었다. 그 결과가 바로 10년 후 만주와 조선의 지배권을 놓고 러시아와 충돌한 러일전쟁이었다.

이번에도 일본은 예상을 깨고 '서양'의 강대국인 러시아에 승리를 거둠으로써 명실상부한 5대열강 가운데 하나로 인정받게 되었다. 1910년 조선의 강제병합 역시 이러한 일련의 과정 속에서 이루어진 일이었다. 일본의 오랜 숙원이었던 서양과의 불평등조약 철폐는 모두 달성되었고, 특히 세계 최강국이라 할 수 있는 영국이 아시아에서 러시아를 견제하고자 일본과 '영일동맹'을 맺은 것은 일본의 자존심을 크게 높여주었다.

기대와 불안이 교차하는 예측 불가의 시대

러일전쟁 종전 이후부터 1931년 만주사변 발발 전까지 약 20년 동안의 일본을 한두 가지 용어로 표현하기는 쉽지 않다. 오로지 부국강병을 위해 질주한 메이지시대나 아시아와 서양열강 대부분을 적으로 돌리고 전쟁에 몰두했던 아시아·태평양전쟁기처럼 시대적인 특징이 강렬하지 않으며, 전간기戰間期 혹은 그 기간 중에 포함되는 다이쇼시대大正時代의 연호를 이용해 '다이쇼 데모크러시'라고 불리기도 한다. 두 시기에 비하면 모든 면에서 다양한 시도가 있었고, 각각의 방면에서 성장하는 모습을 보였으며, 미래에 대한 기대와 가능성을 품게 하는 시대였다.

그러나 반드시 긍정적인 면만 있었던 것은 아니다. 그 모든 근대적·진보적인 움직임에는 여전히 한계가 있었을 뿐 아니라, 그에 대해 비판하고 반발하는 반동적인 움직임, 심지어는 폭력을 수반한 직접적인 공격도 있었다. 개항을 강요당한 메이지시대와는 다른 차원에서 이 시기의 일본 역시 국제정세의 변동에 크게 영향을 받았는데, 가장 대표적인 것은 바로 제1차 세계대전이었다.

제1차 세계대전이 발발한 것은 일본에 큰 호재였다. 서양의 관심이 유럽에 집중된 사이에 아시아에서 다양한 이권을 손에 넣을 수 있었기 때문이다. 일본은 영일동맹을 명분 삼아 참전을 선언하지만, 주된 목적은 중국에서 이권을 확보하는 데에 있었다. 중국 산둥반도의 독일 조차지를 접수하고 위안스카이袁世凱 정권을 향해 중국 내 일본의 권익을 보장하는 내용을 담은 '21개조 요구'를 제시해 대부분을 관철시키는 등의 성과를 거두었지만, 전쟁이 끝나면서 상황은 일변했다. 일본은 본격적으로 중국에서의 이권에 욕심을 냈지만, 전대미문의 세계대전을 겪은 국제사회는 국제연맹을 창설해 국가 간 전쟁을 억제하려 했다. 국제사회는 워싱턴과 런던에서 잇달아 주요 강대국의 군사력을 일정 비율로 유지하는 군축조약을, 1928년에는 부전不戰조약인 켈로그-브리앙조약을 맺었는데, 일본정부는 이들 모두에 참여했다.

사실 이 과정에서 국제사회가 주로 경계한 것은 뒤늦게 군사력 강화와 대외팽창에 몰두하는 일본이었다. 특히 '중국의 주권 침해를 용납하지 않겠다'며 중국에 관심을 보이던 미국은 중국 내 이권에 눈독을 들이는 일본의 움직임에 민감하게 반응했다. 1919년에 한국과 중국에서 대규모로 일어난 반일운동은 국제사회에서 일본의 입지를 어렵게 했고, 1924년 미국이 사실상 일본인의 이민을 금지하는 이른바 '배일排日이민법'을 제정한 것은 일본인의 자존심에 큰 상처를 남겼다.

경제적인 면에서도 제1차 세계대전의 종결은 일본에 우울한 소식이었다. 서양열강이 주로 유럽을 무대로 전쟁에 몰두하던 사이에 일본경제는 전례 없는 호황을 누릴 수 있었다. 전쟁에 필요한 선박과 물자를 조달하기 위해 조선업과 해운업이 발달했고, 서양의 빈자리를 틈타 수출을 확대하면서 각종 산업이 크게 발전할 수 있었다. 하지만 전쟁이 끝나자 경제지표는 곤두박질했고, 물가가 폭등해 '쌀소동'이라 불리는 민중봉기가 일어날 정도로 사회 분위기는 흉흉해졌다. 1923년 9월에는 근대화의 결과로 인구와 건물이 가득해진 수도 도쿄 일대에 진도 7.9의 강진이 습격한 간토대지진이 발생해, 인명뿐 아니라 경제적으로도 막대한 피해를 안겼다. 그로부터 오래지 않은 1927년에는 국내에 금융공황이, 1929년에는 세계대공황이 발생하면서 일본의 경제는 과거의 활기를 되찾지 못하고 불안정한 행보를 계속했다.

국내의 정치와 사회에서는 명과 암이 엇갈리는 시기였다. 특히 1925년은 상징적인 해였다. 여전히 불완전한 내용이긴 했지만 남자 보통선거법이 제정되는 민주주의에서의 큰 진전이 있었다. 반대로 사상통제를 크게 강화하는 치안유지법이 제정되기도 했다.

또한 NHK가 주도하는 라디오 방송이 시작된 것도 특기할 만한 일이었다.

같은 해에 일어난 이 세 가지 사건은 전간기 일본사회에 공존했던 서로 다른 몇 가지 움직임을 상징하는 것처럼 보인다. 즉 대중의 참여를 확대하는 정당정치의 진전과 아울러 이에 대한 반동적인 움직임으로서 애국주의·천황주의 등을 강화한 정책들이 마련되었고, 한편에서는 신문과 잡지, 문고본 등 대중매체가 확산되었으며, 영화와 카페, 백화점 등 문화와 소비가 한층 발달했다. 기대와 불안, 성장과 반동이 공존하는, 그래서 여전히 미래를 단정하기 어려운 가능성의 시대라 할 수 있었다.

아시아·태평양전쟁기, 그 암흑의 역사

아시아·태평양전쟁기 일본을 이해하기 위해서는, 이제까지와 마찬가지로 국제사회와의 관계뿐 아니라 군부라는 존재에도 주목할 필요가 있다. 메이지유신 이래 각각 프랑스와 영국의 영향을 받아 서양식 육군과 해군이 창설된 이래, 군부는 줄곧 국내정치와 외교정책이 유약하고 천황 중심의 일본에 어울리지 않는다며 불만을 품었다. 종종 군비의 확대뿐 아니라 정책결정에도 자신들의 주장을 관철하려는 경향이 있었다. 특히 이토가 만든 헌법하에서는 현대와 달리 군부가 의회나 내각 총리대신의 지휘를 받지 않(고 오로지 천황에 대해서만 책임을 지)는 존재였다. 만약 이들이 돌출적인 행동에 나서도 민간정부가 쉽게 제어하기 어렵다는 제도적인 허점이 있었다. 이것이 1930년대 군부가 폭주한 배경이다.

군부는 청일전쟁과 러일전쟁의 승리를 통해 일본에 자랑스러운 성과를 남기기도 했지만, 종종 애국주의·천황주의에 사로잡혀 극단적인 주장과 행동으로 치달았다. 특히 이들은 제1차 세계대전 후의 일본정부가 취한 온건한 외교노선과 전후의 경제불황에 불만을 품고, 무능한 정치인과 자본가 대신 군부가 중심이 되어 천황과 국가를 위한 정책을 펼쳐야 한다고 생각했다. 또한 일본이 처한 난국을 타개하기 위해서는 중국 등 해외로 진출해야 한다고 주장했다.

이미 1927년 장쭤린張作霖이라는 중국의 유명정치인을 암살했던 전력이 있는 관동군(만주에 주둔했던 일본육군)은, 1931년 우발적인 총격사건을 가장한 유조호사건(유조호에서 만철노선을 폭파한 후 이를 중국군의 소행이라며 공격한 사건)을 일으켜 만주 일대를 점령했고(만주사변), 1937년에도 그와 유사하게 노구교사건(중국 베이징에 가까운 노구교 부근에서 훈련 중인 일본군이 총격을 받았다는 이유로 중국군을 공격, 교전으로 확대된 사건)을 빌미로 중일전쟁, 즉 본격적으로 중국과 전면전에 돌입하는 계기를 만들었다. 두 사건 모두 일본정부 차원의 결의나 선전포고가 이루어지지 않은 관동군의 독자적인 행동으로 시작되었다. 그러나 일본정부는 이들을 제어하기는커녕 묵인하고 변호했다. 전쟁 초기 일본군의 승전보는 실의에 빠져 있던 일본대중을 열광시켰고, 일본을 제어하려는 국제사회의 대응은 도리어 일본의 피해의식을 자극한 듯 더욱 전의를 불타게 했다. 국제연맹이 일본에게 만주에서 철수하도록 권고하자 일본은 국제연맹 탈퇴로 대응했고, 중국을 양분하는 앙숙인 국민당과 공산당이 이른바 '국공합작國共合作'을 통해 당분간 항일운동에 전념하기로 한 것도 일본의 위기감을 부추겨, 도리어 국내 강경파의 입지를 강화시켰다.

이와 병행해 1920년대와 1930년대 일본 내에서는 일부 청년장교들이 잇달아 온건파 정치인과 기업인 암살을 시도하고, 천황 중심의 국가를 세우기 위해 내각을 붕괴시키려고 쿠데타를 일으키는 등, 그간 발전시켜온 민주주의적인 정치 시스템에 균열을 일으켰다. 중일전쟁 발발 후 국내정치는 대외 침략전쟁을 지원하기 위한 체제로 전환해 1938년 전쟁에 물자와 인력을 최대한 지원할 수 있도록 국가총동원법이 제정되었고, 오래지 않아 정당과 의회도 해산되었으며, 사상과 언론뿐 아니라 생활에 대한 통제도 한층 강력해졌다.

30만 명을 학살했다는 난징대학살은 압도적인 무력으로 중국에 충격을 주어 속전속결로 항복을 받아내겠다는 의도 때문이었던 듯하지만, 이러한 일본의 바람은 쉽게 이루어지지 않았다. 일본은 막대한 병력과 물자를 투입해서 중국의 주요 거점을 점령해 중국의 전의를 상실케 하려 했지만, 항일전선으로 뭉친 국민당과 공산당은 수도를 옮겨가며 혹은 게릴라전을 통해 필사적으로 계속 항전했기 때문이다. 오랜 앙숙관계였던 장제스蔣介石의 국민당과 마오쩌둥의 공산당이 내전을 중단하고 대일항전을 위해 협력한다는 것은, 일본으로서는 결코 바라지 않던 바였다.

중국 대륙에서 끝나지 않는 전쟁이라는 수렁에 빠진 일본에는 출구 혹은 새로운 물자 보급창고가 필요했다. 마침 1939년 독일의 폴란드 침공으로 제2차 세계대전이 발발하자, 일본은 풍부한 물자를 손에 넣을 목적으로 서양이 지배하고 있던 동남아까지 전선을 확대했다. 이러한 정책은 '대동아공영권'이라는 말로 포장되었고, 한동안은 성공적인 듯 보였다.

하지만 일본의 끊임없는 해외침략이 한국·중국뿐 아니라 동남아에 이르렀을 때, 태평양에서 미국과 충돌하는 것은 피할 수 없었다. 중국과 동남아에서 즉각 철수하라고 요구하는 미국에 대항해 일본은 어전회의를 통해 미국과의 전쟁을 결의했다. 미국은 일본이 석유 등 주요 자원의 수입을 의존하는 상대였다. 보유한 자원이 소진되기 전에 승기를 잡아야 한다는 악조건 아래에서 내린 결정이었다.

1941년 12월 8일 진주만 공습 이후 전광석화와 같이 동남아 일대를 점령했지만, 전세가 역전되기까지는 여섯 달의 시간만이 필요했다. 1942년 6월 미드웨이해전에서 미국에 궤멸당하는 패배를 겪은 이후에는, 군사력이 열세인 일본이 항복하는 것은 시간문제였다. 미군의 오키나와 상륙, 일본 본토에 대한 폭격이 이어지고 일본과 삼국동맹을 체결했던 이탈리아와 독일이 연합군에 항복하는 상황에서, 홀로 남은 일본이 승리할 가능성은 전무했다. 항복 조건을 두고 마지막까지 천황과 천황제를 사수하려 시간을 끌었지만, 두 발의 원자폭탄이 히로시마와 나가사키에 투하되면서 일본에게 무조건 항복 외의 다른 선택지는 남지 않았다. 1945년 8월 15일 옥음玉音방송, 즉 전쟁이 끝났음을 알리는 천황의 목소리가 흘러나왔다. 일본국민들은 그때 비로소 처음으로 천황의 목소리를 들었다.

일본의 역주力走 혹은 역주逆走

개항과 메이지유신 이후 근대 일본의 역사에서는 더더욱 서양의, 나아가 국제사회의 영향이 강력했던 듯하다. 서양은 배워야 할 모범이기도 했고, 인정받고 싶은 짝사랑의 대상이기도 했다. 일본이 그들과 어깨를 나란히 한 후에는 경쟁상대이기도 했다. 서양보다 뒤떨어졌다는 열등감, 어서 빨리 따라잡아야 한다는 초조함, 이로부터 부국강병과 문명개화에 모든 역량을 집중하는 필사의 노력을 경주했다. 그 결과, 중국과 러시아와의 전쟁승리를 통해 세계열강과 어깨를 나란히 할 수 있었고, 일본도 방대한 식민지를 경영하는 제국으로서 군림하기를 꿈꾸게 되었다.

이러한 목적과 과정에 집중하기 위해서라면, 그 외의 존재나 가치를 희생하기를 주저하지 않았다. 강력한 근대국가 일본 건설을 위해 가정에서 '양처현모'로서의 역할을 강요당하고, 일본의 승리에 기여한다면 참정권을 획득할 수 있을 것이라는 희망으로 전쟁에 협력했던 여성들이 대표적인 사례일 것이다(역설적이게도 일본 여성의 참정권은 일본의 패전 후 점령군에 의해 주어진다).

하지만 제1차 세계대전 이후의 세계는 대규모 전쟁의 경험을 교훈 삼아 군사충돌을 억제하면서 평화를 추구하는 방향으로 선회했다. 이는 그동안 선망하던 서양 제국주의를 본떠 본격적으로 중국과 아시아에 세력을 확장하려던 일본의 욕망과 충돌하는 것이었다. 항상 그렇듯, 일본 안에는 다양한 성격의 집단이 존재했고 서로 다른 주장을 펼치고 있었다. 그런데 이러한 국제정세의 변화와 국내 사정의 악화 속에서 주도권을 잡는 것은 대개 천황주의를 내세우며 해외침략으로 난국을 타개하자고 주장하는 군부 등 강경파였고, 중요한 순간마다 그들의 주장이 선택되었다.

근대 이래 끊임없이 서양과 비교하고 서양을 따라잡으려 했던 열등감과 욕망, 모든 어려움의 원인을 남에게 돌리며 이웃침략으로 해결하려던 이기적인 선택 등이 이어져, 근대 일본은 비극적인 종말을 맞이했다. 아마도 근대 일본인들은 자신이야말로 국가를 위해 스스로를 희생했노라고 회고할지 모르지만, 그리고 어쩌면 그것이 사실일 수 있겠지만, 그들의 역주ヵ走가 국제정세의 흐름이나 인류 보편의 가치에서 멀어지는 역주逆走가 되었던 것은 근대 일본의 비극이자 이웃 한국을 비롯한 인류의 비극이기도 했다.•

• 이은경 | 서울대학교 동양사학과에서 학사와 석사를, 일본 도쿄대학교 대학원 총합문화연구과에서 박사학위를 받았다. 현재 서울대학교 일본연구소 조교수로 있다. 지은 책으로는 《일본사의 변혁기를 본다》(공저), 《젠더와 일본사회》(공저)가 있고, 주요 논문으로는 〈근대 일본 공원묘지의 탄생: 도쿄 다마영원의 이념 활용 변질〉 등이 있다.

정치편

우경화되는 일본과
헌법의 상관관계

●

일본의 헌법개정 논의를 읽는 것은
일본의 정치와 외교, 그리고
안보정책의 향방을 전망하는 일이며,
나아가 한일관계의 향방 및
동아시아 국제정치의 향방을 가늠하는 일이다.

보수화된 일본정치와 헌법

이번 글에서는 일본의 헌법개정문제를 다룬다. 왜 헌법개정에 대
해 다루는가? 일본의 헌법을 둘러싼 정치논쟁은 안전보장과 직접
관련되는 핵심이다. 그래서 전후 일본정치는 헌법개정을 둘러싸고
호헌파와 개헌파가 대립되어 전개해왔다. 그뿐 아니라 일본정치에
서 늘 중심에 있는 자민당 내에서도, 헌법에 대한 태도를 둘러싸고
호헌을 주장하는 사람들이 보수의 주류인 가운데, 개헌을 주장하
는 사람들이 이들과 대립하는 구도가 형성되어왔다. 그 때문에 일
본에서는 호헌이냐 개헌이냐 여부가 정치가의 입지와 성향을 가
늠하는 가장 대표적인 기준이 되어왔다.

　그중에서도 특히 헌법 제9조가 문제시되었다. 이는 안전보장
과 관련된 내용으로, 일본은 헌법 제9조에서 전쟁을 포기하고, 교
전권을 부인하며, 군사력을 보유하거나 유지하지 않는다는 원칙을
천명했다. 그래서 일본의 전후 헌법을 평화헌법으로 부르기도 한

다. 이 점에서 일본의 헌법에는 반전평화라는 인류의 진보적인 이상이 새겨져 있다고 할 수 있다. 그래서 이를 변경하려는 움직임은 보수화 또는 우경화라는 용어로 포착되며, 종종 '보통국가화'라는 용어로 표현되었다. '세계적으로 특이한 헌법에 일본의 안보가 발목 잡혀 있다'는 인식이 확산된 것이 그 배경이다. 이윽고 헌법을 개정하려는 의지를 공공연히 피력해온 아베 신조가 수상 자리에 섰던 2006년 이후 일본정치가 보수화를 넘어 우경화하고 있다고 관찰되었다. 1년만에 수상 자리를 내던졌던 그가 2012년에 다시 복귀하면서 이 경향은 더욱 가속화되었다.

그러나 2018년 현재 제2차 아베 내각이 출범한 지 6년이 지났음에도 아직 헌법은 개정되지 않았다. 다만 집단적인 자위권 행사에 대한 헌법 해석은 변경되었다. 헌법 제9조에 대해 일본에서 오래 유지된 공식 입장은, 일본을 향한 외국의 직접적인 침략에 대응하는 수단으로서의 개별적인 자위권은 인정되지만 직접적인 침략이 아님에도 자위대를 해외에 파견하는 집단적인 자위권은 행사할 수 없다는 것이었다. 그런데 2014년에 이 공식 해석을 변경했던 것이다. 이른바 '해석개헌'이다. 이어서 2015년에는 대규모 반대시위가 국회 앞에서 벌어지는 가운데 집단적인 자위권 행사를 제도적으로 가능하게 하는 여러 법안이 통과되었다. 이른바 '평화안보법제'라는 일군의 법률들이다. 이제 아베 내각이 나가려는 다음 수순은 헌법개정으로 지목되었다. 이처럼 헌법개정은 여전히 일본정치의 향방을 좌우하는 중요한 쟁점이다.

그래서 일본의 헌법개정 논의를 읽는 것은 일본의 정치와 외교, 그리고 안보정책의 향방을 전망하는 일이며, 나아가 한일관계의 향방 및 동아시아 국제정치의 향방을 가늠하는 일이다.

이 글은 네 가지 내용을 중심으로 진행할 예정이다. 첫째, 개정논의의 대상인 전후 헌법이 만들어진 경위와 내용을 알아보고자한다. 둘째, 헌법개정론의 배경과 전개를 살펴보고, 헌법개정 절차에 대해 알아볼 것이다. 셋째, 일본국민의 헌법에 대한 의식의 변화를 추적해보고, 끝으로 헌법개정의 가능성을 전망해보고자 한다.

미국이 일본헌법에 미친 영향

헌법개정이 무엇을 의미하는지 이해하기 위해서는 논쟁의 대상인 '전후 헌법'이 무엇인지 먼저 알아야 한다. 우선 퀴즈를 하나 내보겠다. 일본은 헌법이 몇 개일까?

답은 두 개다. 근대 이후로 일본은 메이지 헌법과 전후 헌법두 개가 있을 뿐이다. 일본이 근대국가를 만들면서 제정한 것이 메이지 헌법이고, 패전 후에 메이지 헌법을 대체해 새로 만든 것이지금의 전후 헌법이다. 5월 3일은 일본의 헌법기념일로, 전후 헌법이 시행된 날이다. 1946년에 만들어져 1947년 5월 3일에 시행되었다. 그래서 일본에서는 5월 3일을 전후해 헌법에 대한 각종 여론조사를 실시한다. 2016년은 헌법이 생긴 지 70년이었고, 2017년은 전후 헌법 시행 70년이었다.

전후 헌법은 미국이 일본을 점령한 시기에 만들어졌다. 일본은 1945년에 패망한 이후 연합국이 점령했다. 샌프란시스코 평화조약을 거쳐 일본이 독립한 시기는 1952년이었다. 일본이 미국의 점령 아래에 놓인 시기에 헌법의 주요 내용이 정해졌다는 사실은 문제가 될 수 있다. 특히 일본 우익들은 이 헌법이 미국으로부터 강요받은 것이기에 폐기하고 자주헌법을 제정해야 한다고 강력히 주장하고 있다. 이에 반해 일본의 리버럴인 호헌파는 전후 헌법이 민주개혁이 이루어지는 가운데 제정된 헌법이라고 해서 여전히 그 가치를 높게 평가한다. 그래서 전후 헌법을 이해하려면 미국의 일본 점령이 어떠했는지에 대한 배경지식이 필요하다.

일본을 점령하려는 미국의 구상은 국무부 특별조사부의 지일파들이 세운 것이다. 미국이 대일점령을 구상하기 시작한 시기는 상당히 빠르다. 이미 일본의 진주만 습격 직후부터였다는 이야기기도 있다. 그러나 대체로 미국은 1942년 여름부터 일본 점령정책을 검토해서, 1943년 가을에는 구체적으로 구상하기 시작했다. 1942년 6월 초, 미국이 일본을 대파하면서 전세를 역전시킨 미드웨이해전이 계기였다. 1942년 8월에 미국 국무부에서 '동아시아 정책연구 그룹'이 구성되었고, 1943년 10월에는 '극동지역위원회'가 구성되어 대일점령 정책들을 검토했다. 1944년 12월, 삼부조정위원회SWNCC가 설치되어 이러한 구상들을 구체화시켰다. 삼부조정위원회는 미국 국무부 관료들의 외교안보 구상과 육군부·해군부 등 군부의 군사전략적 구상을 조정해서 최종적인 대외정책을 만드는 기구였다.

이 과정에서 큰 영향력을 발휘하던 사람들이 이른바 '일본파' 였다. 대표적인 사람이 1932년부터 1942년까지 주일대사를 지낸 외교관 조지프 그루Joseph Grew다. 그는 만주사변이 일어난 직후에 도쿄에 왔다가 미일전쟁이 발발하는 장면을 목도했다. 그의 일본 관은 일본 온건파를 중심으로 한 이해에 입각해 있었다. 그루는 일 본 외교 당국의 주류 집단이 앵글로 색슨의 해양세력인 영국 및 미국과의 관계를 중시한 데 비해 군부가 주도하는 공격적인 대외 정책이 메이지유신 이래 일본외교의 중심에서 일시적으로 일탈했 다고 생각했다. 그루를 중심으로 한 일본파의 전후 대일점령 구상 은 온건파를 중심으로 한 일본의 재건에 중심이 놓여 있었다.

미국에는 전쟁 이전에 일본에서 근무해본 자 가운데 그루와 생각이 같은 사람들이 꽤 되었다. 미국의 전후 동아시아 정책을 구 상하는 그룹에서 이들은 '일본파'를 형성하고 있었다. 이에 반대해 서 일본의 대륙침략과 해양으로의 팽창노선이 일본식 근대화 자 체에 각인되어 있으며, 일본은 철저히 파괴 및 개조가 필요하다고 역설하는 사람들이 있었다. 주로 '중국파'라고 불리는 사람들 가운 데 이와 같이 주장하는 경우가 많았다. 가령 일본파는 천황제의 효 용을 인정했던 데 반해 중국파는 천황제 폐지를 주장했다.

전후 동아시아 정책을 입안하는 과정 초기에는 중국파가 주 도하는 모양새였다. 그러나 전쟁 말기인 1944년에 그루가 국무차 관으로 임명되자, 일본파의 견해가 국무부에서 점차 영향력을 발휘하기 시작했다. 그루 같은 미국의 일본파 외교관들에게 크게 영향을 미치던 사람이 요시다 시게루吉田茂다.

요시다 시게루는 패전 이듬해인 1946년 5월에 수상으로 취임했다가, 가타야마片山 내각 및 아시다芦田 내각을 거친 이후 다시 1948년 10월부터 1954년 12월까지 수상으로 집권하면서 일본의 재건 부활을 이끌었던 사람이다. 그는 일본이 대한제국을 병합하던 1910년을 전후로 외교관으로 생활하기 시작했는데, 주로 중국에서 일본의 이권을 지키는 일을 했다. 1930년대에는 이탈리아와 영국 등의 대사를 역임하면서 유럽의 외교무대를 경험했다. 여기에서 그는 독일-이탈리아-일본의 삼국동맹에 반대했으며, 미국이나 영국과의 관계 악화를 우려해 군부와 대립각을 세웠다. 1939년에는 외무성을 퇴관해 일본에 돌아왔는데, 이때 일본 군부와 미국의 대일 강경파 사이에서 미일전쟁이 발발하는 것을 회피하기 위해 움직였던 사람이다. 이때 요시다가 빈번히 만났던 자가 바로 그루다.

요시다는 그루에게 진자이론을 설파했다고 한다. 진자이론이란, '일본은 전통적으로 반동과 혁명의 양극단을 거부하고 중도노선을 국가운영의 기본으로 삼아왔다'는 이론이다. 요시다의 설명에 따르면, 진자이론이 외교노선으로 나타날 때 일본은 영미 등 앵글로 색슨 해양세력과의 협조를 기본으로 한 국제협조주의 외교를 지향했다. 이것이 메이지유신의 원훈들이 세운 외교노선이고 '가스미가세키霞ヶ關(외무성이 자리 잡은 지명. 외무성의 다른 이름) 외교'의 기본 노선이기에 군부가 주도하는 영미국가들과의 충돌과 대립은 일시

196

적인 일탈이라고 주장했다. 따라서 그는 군부를 제거한다면 일본이 기존의 국제협조주의 외교로 돌아갈 수 있으리라고 전망했다.

요시다의 진자이론은 주효했다. 그루 같은 일본파를 매개로 미국의 대일정책 입안 그룹의 중심에 이 이론이 전파되었기 때문이다. 전후 일본을 이끈 사람이 요시다 시게루이고, 그를 정치무대에 등장시킨 게 미국의 일본파다. 그러니까 아주 단순하게 설명하면 요시다와 그루가 협력해서 전후 일본을 만들어갔다고 할 수 있다. 요시나는 패전을 맞이하는 상황에서도 이러한 믿음, 즉 군부를 제거한다면 일본은 영국이나 미국과 같은 서구국가들과 협력해 국가를 발전시킬 수 있으리라고 굳게 믿었다. 패전 직후에 그가 쓴 서한에서 그와 같은 생각을 발견할 수 있다.

요시다는 일기를 쓰지 않았지만 서한을 많이 남겼다. 일본정치가 가운데 기시 노부스케, 오노 반보쿠大野伴睦 등과 함께 3대 서예가로 일컬어질 정도로 명필이었다. 그가 8월 27일, 즉 천황이 무조건 항복을 받아들인 8월 15일부터 2주일이 지난 시점에서 그가 가장 신뢰하고 친밀감을 표시했던 구루스 사부로來栖三郎에게 보낸 서한이 있다. 거기에는 다음과 같이 쓰여 있다.

드디어 올 것이 왔습니다. 만일 악마에게 아들이 있다면, 그건 분명 도조東條英機일 것입니다(If the Devil has a son, surely he is Tojo). 지금까지 일본은 훌륭한 패자로서 잘 행동해오고 있는 바, 고금동서에 미증유의 일이라 생각됩니다. 황국 재건의 기운이 바로 여기에서 나옵니다. 군이라는 정치의 암을 잘라 제거하면 정계는 맑아지고 국민 도의는 높아지며, 외교는 스스로 새로워지기에 이를 것입니다. 이에 더해 과학이 진흥해, 미국 자본을 초치해 재계가 다시 일어나서 드디어 제국의 진수가 한 단계 더 발휘되기에 이른다면, 이 패전이 반드시 나쁜 것이라고는 할 수 없습니다. ……소생은 전에 빌려두었던 트리벨리언George Trevelyan의 《영국사History of England》를 탐독 중인 바입니다. 우리 현실은 마치 독립전쟁 당시의 영국과 매우 비슷합니다만, 식민지 열세 개 주를 잃은 데다 유럽 대륙의 프랑스 등을 모두 적으로 삼은 고립무원이자, 중원에 집중된 가운데 재흥의 기운을 일으켜, 전쟁 전후부터 피트William Pitt와 필Robert Peel, 캐슬레이Castlereagh, 캐닝George Canning, 파머스턴Palmerston, 디즈레일리Benjamin Disraeli 등 일대 명외상을 배출해, 이윽고 19세기의 영국을 건설해낸 역사를 다시 읽으니 감개무량합니다.

서한에서 요시다는 패전을 오히려 기뻐하는 마음을 토로하고 있다. 도조 히데키에 대한 적개심도 드러난다. 도조를 악마의 아들로 칭한 부분은 영어로 적혀 있다. 이 부분을 영어로 썼다는 데 요시다의 심리가 드러나는 것 같다. 그동안 이 말을 입에 달고 살면서, 특히 영미권 외교관들에게 이 말을 많이 했을 것으로 짐작된다. 미국과의 전쟁 말기에 전쟁에 반대하던 요시다는 조기 종전을 위해 움직이다가 군부에 의해 연금당했다. 군부가 친영·친미주의자를 눈엣가시로 여기던 시절이다. 그러니까 요시다 같은 사람에게는 패전이 군부로부터의 해방이자 새로운 시대의 출발로 느껴졌던 것이다. 일본국민 대다수가 비통해하던 와중에 요시다는 이제야말로 일본이 제대로 발전할 기회를 얻었다고 생각했던 것이다.

패전을 계기로 요시다는 트리벨리언의 《영국사》를 다시 읽는다. 미국이라는 식민지를 잃고 19세기를 맞은 이후 진정한 의미의 세계 제국이 된 영국처럼, 식민지를 잃은 일본 또한 진정한 제국으로 거듭나는 계기를 맞이하리라 생각했던 것이다. 그리고 영국이 세계 제국을 만들어가는 전위에 외교관들이 있었음을 강조한다.

'앞으로 일본을 세계 제국으로 이끌어갈 사람이 누구냐. 영국처럼 일본도 이제 외교관의 시대가 올 것이다. 외교관인 내가 앞장서서 그와 같은 나라를 만들 수 있다.'

그의 서한에는 이런 자부심과 소명의식이 드러난다.

미국 대일점령의 내막

같은 시기에 미국은 대일점령정책을 실행으로 옮기고 있었다. 앞서 언급한 삼부조정위원회에서 만든 문서에는 번호가 붙는다. 일본점령과 관련해서는 SWNCC 152와 SWNCC 70 시리즈가 중요하다. 152 시리즈는 연합국이 실시할 통치형태와 관련이 있고, 70 시리즈는 군사점령 방식과 관련한 내용이다.

미국이 대일점령을 형성하는 과정에 대해서는 일본연구자 이오키베 마코토五百籏頭真가 미국 외교문서를 면밀히 분석해서 상당히 자세히 밝힌 바가 있다. 그에 따르면, SWNCC 152 시리즈를 작성하는 과정에서 미국은 직접통치 형식을 고려했다. 즉 독일식 점령을 구상했던 것이다. 일본정부를 인정하지 않고 연합국이 통치한다는 내용으로, 일본의 구체제를 철저히 부정한다는 의지가 반영된 것이었다. 연합국이 실시할 정책은 '2D 정책'으로 불리었다. 2D는 비군사화demilitarization와 민주화democratization였다. 먼저 철저한 비군사화를 이루고 이후에 민주화 개혁을 실시한다는 구상이었다.

SWNCC 70 시리즈는 일본을 분할하지 않고 미국이 주도해 단일점령한다는 내용이다. 이 결정은 70 시리즈의 다섯 번째 문서(SWNCC 70/5)에서 이루어졌다. 군부 입장에서 마련한 분할점령안을 불과 이틀 만에 폐기하는 극적인 과정을 거쳐 나온 안이었다. SWNCC에 안건을 올리기 전에 육군부과 해군부의 의견을 조정하는 기구인 합동전쟁계획위원회JWPC에는 '일본을 분할점령한다'는 내용이 있었다. 8월 16일에 작성된 문서 385 시리즈의 첫 번째 문서(JWPC 385/1)에서 이를 확인할 수 있다. 대일전쟁에 참전한 주요국, 즉 미국과 소련, 중국, 영국 등이 일본을 네 개 지역으로 분할·점령한다는 내용이다.

분할점령안은 미국 군부의 입장을 반영한 것이었다. 대일전쟁이 종료되면 미군 다수가 본국으로 돌아가므로, 일본을 점령하는 데 참가하는 미군은 제한적이리라 예상했던 것이다. 게다가 일본군은 본토에서 국민까지 동원해 철저히 항전하겠다는 자세를 보이고 있었다. 오키나와전투에서 일본군과 오키나와 현 현지인들은 옥쇄玉砕를 불사하며 결사적으로 미군에 저항했다. 이를 경험한 상황에서 미 군부는 연합국과 부담을 나누고 싶었을 것이다. 그런데 이로부터 불과 이틀 뒤인 8월 18일에 단일점령안으로 개정되었다. 분할점령안이 부정된 배경에는 외교를 관할하던 국무부의 우려가 있었다.

독일이 패전한 이후 미국은 유럽에서 전후 처리를 둘러싸고 소련과 마찰 중이었다. 이 과정에서 독일을 네 분할했던 데 대한 반성이 국무부 내에 일었던 것이다. 유럽에서의 경험을 바탕으로 미국은 일본에 대한 소련의 개입을 가능한 막아보려고 했다. SWNCC에서는 이런 국무부의 입장이 반영되어 미국이 주도하는 단일점령안이 부상했던 것이다.

독일은 미국·소련·영국·프랑스 등 대독 전선에 참전했던 주요 4개국이 분할하는 형태로 점령이 이루어졌다. 1990년에 통일되기까지 독일이 분단국가였던 기원이 4대국 분할에 있다. 미국·영국·프랑스가 점령했던 지역이 서독으로 독립하고, 소련이 점령했던 지역이 동독이 되었던 것이다. 일본에서는 도쿄는 4국 공동점령, 오사카는 미중 공동점령, 그리고 홋카이도와 도호쿠는 소련이, 간토·호쿠리쿠·도카이·긴키·오키나와 현은 미국이, 주고쿠와 규슈는 영국이, 시코쿠는 중국이 점령하도록 고려되고 있었다. 만일 이대로 분할되었다면 동아시아 냉전의 전선은 일본의 동과 서가 되었을 가능성이 있다.

이처럼 대일 군사점령의 형태가 변하자, 통치형식도 직접통치에서 간접통치로 바뀌었다. 점령을 실시할 인원에 한계가 있었기 때문이다. 4개국의 분할점령이 단일점령으로 바뀌었으니, 산술적으로 지역당 투입인원이 4분의 1로 줄어든 셈이다. 미국이 홀로 점령을 주도하는 상황에서 일본의 정부와 행정기구를 없애고 직접 통치한다는 것은 현실적이지 못했다.

정책이 변경된 결과, 그 유탄을 맞은 것이 한반도였다. 일본 점령에서 소련을 배제한 미국이 이를 달랠 카드로 한반도 분할을 내세웠다. 당시 '대일본제국'의 영토는 한반도와 타이완을 포함한 것이었다. 크게 보면 한반도 일부와 타이완을 일본 열도로부터 분리해 연합국 점령하에 두는 것은 '대일본제국'을 분할하는 것이기도 했다. 그러니까 한반도 분할은, 미국이 일본에 대한 분할점령을 철회하고 단일점령으로 변경한 데 따른 결과였다.

물론 미국이 일본정부를 남긴 배경에는, 일본의 온건파가 정치를 주도하면 미국과 협력하리라는 믿음이 있었다. 이와 같이 미국은 일본정부를 그대로 유지한 채, 그 위에 점령기구를 두고 일본을 통치하는 방식을 택했다. 그러나 이러한 방식은 일본국민이 반발할 수 있었다. 미국이 천황의 존재에 주목한 것은 이러한 이유 때문이었다. 미국이 점령통치하는 데 일본국민의 지지를 얻기 위해서는 천황의 협력이 필요했던 것이다.

사실 미국은 이미 1944년 전후로 일본의 전후 처리와 점령통치에 천황의 협력이 필요하다고 생각하기 시작했다. 미드웨이해전 이후 미국은 일본으로부터 빼앗은 태평양 섬들을 기지로 삼아 본토를 공습하고, 다른 한편으로는 대륙을 통해 일본으로 진격할 계획이었다. 이때 중국 대륙 팔로군과의 협력이 필요하다고 판단했다. 그 가능성을 엿보기 위해 중국 옌안의 팔로군에 군사시찰단인 딕시미션을 보낸 바 있다.

딕시미션이 보고한 내용 가운데 재미있는 것은, 거기에 일본군의 포로와 탈영병으로 구성된 반전동맹이 조직되어 있었다는 내용이다. 그들 가운데 상당수가 일본 군부에는 비판적이면서도 천황에 대한 충성심을 완전히 버리지는 못하고 있었다. 실제로 천황이 포츠담선언을 수락했다는 소식을 들은 소장 장교들이 전쟁을 계속하자며 쿠데타를 기도하기도 했다. 이러한 움직임은 천황이 아니면 통제할 수 없었다.

이러한 일본국민의 심리상태로 볼 때, 만일 미국이 천황을 전범으로 소추한다면 커다란 반발에 직면할 수 있었다. 미국은 천황을 전범 리스트에서 제외하는 대신, 대일점령 정책의 스피커로 삼을 생각을 했다. 천황이 점령정책을 흔쾌히 받아들이면 미국은 일본에 대한 군사점령과 일본정부 위에 올라탄 통치방식을 정당화할 수 있었다. 천황이 정치적인 실권은 포기하지만 국민통합의 상징으로 전후 일본헌법에 규정되어, 전쟁범죄자로 처벌받지 않고 살아남은 이유는 이러한 경위에 따른 것이었다.

전쟁하지 않는 일본과 천황의 상관관계

이러한 역사적 배경을 알아야 전후 헌법의 구조와 내용을 이해할 수 있다. 전후 일본헌법의 제1장은 천황에 대한 규정이다. 제1조부터 제8조까지가 이에 해당된다. 제1조에는 다음과 같이 되어 있다.

천황은 일본국의 상징이며, 일본국민통합의 상징으로서, 이 지위는 주권을 가지는 일본국민의 총의에 기초한다.

그리고 제4조에는 천황이 정치적 실권을 가지지 않는다는 내용이 명기되어 있다.

(천황이) 국사에 관한 행위를 행하지만, 국정에 관한 권능을 가지지는 않는다.

이어서 저 유명한 제9조가 나온다. 제9조의 1항과 2항은 〈제2장. 전쟁의 포기〉라는 제목이 달려 있다. 그래서 일본의 전후 헌법은 평화헌법이라고도 불린다.

제2장. 전쟁의 포기

제9조. 1항. 일본국민은 정의와 질서를 기조로 하는 국제평화를 성실히 희구해, 국권의 발동인 전쟁과 무력에 의한 위협 또는 무력행사는 국제분쟁을 해결하는 수단으로서 영구히 포기한다. 2항. 전

항의 목적을 달성하기 위해 육해공군 기타 병력은 이를 보유·유지하지 않는다. 국가의 교전권은 이를 인정하지 않는다.

군대 폐지를 헌법에 명시한 나라는 현재 일본과 코스타리카뿐이다. 물론 코스타리카는 상비기관으로서 군대를 금지한 체제로, 일본보다 더 엄격하게 선언했다. 그럼에도 일본의 헌법 제9조도 군대를 보유하지 않겠다고 명기했다는 점에서 획기적인 조항이었으며, 그 의미는 결코 작지 않다. 여기서 우리는 이 조항, 즉 제9조가 제1장의 천황 규정과 한 쌍이었다는 점을 놓쳐서는 안 된다.

비록 정치적 실권이 없는 상징적인 의미지만, 미국 이외의 연합국이 볼 때 천황과 황실의 존속은 받아들이기 힘든 존재였다. 연합국 가운데 소련은 물론 일본에 직접적으로 침략받았던 중국과 일본에 점령당했던 필리핀, 그리고 코앞까지 일본군이 들이닥쳤던 호주와 뉴질랜드 등 영연방은 천황에게 전쟁범죄를 면책해주고 존속시키는 것에 매우 비판적이었다. 천황의 존재를 인정한 채 일본 점령이 종료된다면 독립된 일본이 군대를 다시 만들 수도 있고, 이는 곧 황군의 부활을 의미하기 때문이다. 비록 점령정책을 주도한 나라는 미국이지만, 원만하고 효율적으로 점령정책을 실시하기 위해서는 소련 등 연합국의 협력을 얻어야 했다.

미군 당국이 황군 부활에 경계심을 품는 연합국들의 우려를 해소하고 그들을 설득하기 위해 '상징천황제' 규정에 이어 군대를 보유하지 않고 교전권을 부인하는 내용을 담은 제9조 '전쟁 포기'

를 포함시켰던 것이다.

일본의 전후 헌법이 순전히 미국 작품이라고 할 수만은 없다. 일본 자유주의적 보수정치인들은 미국의 의도에 자신들의 희망을 끼워 넣었다. 요시다와 같은 자유주의자들은 군부의 독주에 저항 했지만, 스스로 신민을 자처할 정도로 천황주의자이기도 했다. 이 들이 반군과 반전, 천황주의가 묘하게 어울린 전후 헌법의 옹호자 였다. 그 결과, 천황 존속과 전쟁 포기가 불가분으로 하나가 되어 전후 헌법의 큰 골격을 이루었던 것이다.

요시다와 함께 전후 일본의 기초를 다진 시데하라 기주로 幣原喜重郎 수상은 전후 헌법이 제정되는 과정에서 맥아더Douglas MacArthur의 의도를 읽고, 그에게 협력하면서 천황제를 존속시키는 데 성공했다. 1945년 연말, 사경을 헤맬 정도로 앓던 그는 천황의 지위를 확정하지 않고서는 죽을 수 없다고 생각했다. 병상에서 일 어나자마자 시데하라는 맥아더에게 면담을 신청해 천황제 존속과 전쟁 포기를 먼저 제안했다고 한다. 천황제를 존속시키고 싶으면 서도 소련과 영연방 국가들을 신경 쓸 수밖에 없었던 맥아더가 기 꺼이 이 제안을 받아들였으리라는 것은 상상하기 어렵지 않다. 점 령 당국의 수장인 맥아더와 피점령 국가의 수장인 시데하라 사이 에 공감대가 만들어지고 있었다.

천황제 존속, 전쟁 포기, 봉건제 폐지 등 이른바 '맥아더 3원 칙'은 이러한 분위기에서 나온 것이었다. 이는 한편으로는 일본정 부가 내놓은 헌법개정안들의 내용이 여전히 보수적이라는 데 대한 비판의 의미도 있었다. 연합국 총사령부는 맥아더 3원칙에 입각해 독자적으로 헌법개정 시안을 만들었고, 일본정부가 이를 기초로 약간의 수정을 거친 끝에 제정·반포된 것이 현재의 일본국헌법인 것이다.

이렇게 보면 미국이 주도해 헌법을 제정하고 이를 일본국민에 강제한 것같이 보이기도 한다. 이 때문에 일본의 우익은 이를 '강제된 헌법'이라고 비판하고, 일본국민 스스로 독자적인 헌법을 제정하자고 주장한다.

그러나 일본우익의 주장에 이미 상당히 많은 반론이 제기되고 있다. 우선 이 주장은 시데하라 수상과 맥아더의 면담과 배치된다. 앞서 말한 대로, 전후 헌법의 큰 얼개는 시데하라 수상이 제안한 내용에 기초하기 때문이다. 그 외에도 당시 사회당이나 공산당 등에서도 자생적인 헌법안이 만들어지고 있었고, 공표된 헌법은 그 내용들을 참조하기도 했다. 가장 중요한 점은, 이 헌법이 발표되자 대다수 일본국민이 환영했다는 사실이다.

헌법 초안이 발표되자마자, 일본 전국에는 신헌법을 공부하는 모임이 우후죽순처럼 생겼다. 이 헌법 초안을 본 일본국민 대다수는 비로소 전쟁이 끝나고 새로운 시대가 열렸다는 사실을 이해하게 되었다고 한다. 비록 미국 점령하에 만들어졌지만, 전후 헌법의 방향을 설정하고 내용을 채우는 과정에서는 일본인이 주체적으로 움직였으며, 수용과정 또한 자발적이었다. 일본의 리버럴이 중시하는 것은 이 부분이다.

헌법개정론, 뜨거운 감자가 되다

현재 일본에서 제기되는 헌법개정론의 직접적인 기원은 탈냉전 시기 일본의 안보구상과 맞물려 나오기 시작한 이른바 '보통국가론'이라고 할 수 있다. 사실 개헌 논의의 뿌리는 더 깊은 곳에 있다. 1955년 자민당 창당 시 채택된 '당의 정강'에는 "현행 헌법의 자주적 개정을 시도한다"는 것이 목표로 제시되어 있었다. 그런 의미에서 아베 수상이 헌법개정을 들고 나오는 것은 자민당 창당 시 목표를 구체화한 것일 뿐이라고 할 수 있다. 오히려 아베 수상 이전까지 개헌 논의가 수면 위로 올라오지 않았던 것이 이상한 일이다. 개헌 논의가 처음으로 구체적으로 등장하기 시작한 것은 한국전쟁 시기였다.

사실 전후 헌법은 유엔에 의한 평화를 전제로 한다. 즉 평화조약을 체결한 일본의 점령 상태가 종료되고 일본이 독립한 뒤에는 유엔을 중심으로 한 국제사회가 일본의 안전을 보장하리라는 전제가 있었던 것이다. 그러나 국제적인 냉전이 시작되자 이 전제는 무너졌다. 일본의 안전을 보장할 유엔이 기능하지 않았기 때문이다.

한국전쟁은 전후 헌법의 운명에 두 가지 모순되는 환경을 제공했다. 한 가지는 일본이 살아가야 할 현실이 냉전이 아닌 전쟁이라는 사실을 보여주었다. 다른 한 가지는 한국전쟁에 대한 유엔군의 참전으로, 유엔에 의한 일본의 안전보장 가능성이 확인되었다. 전자에 주목한 사람들은 평화헌법을 개정해 재무장하고 자주국방의 국가로 거듭나야 한다고 주장했다. 이른바 재무장론의 등장이다.

후자에 주목한 사람들은 한국전쟁에 참전한 유엔군이 실질적으로는 미국이었다는 점에서 미국에 의한 안전보장을 약속받으려 했다.

결론부터 이야기하자면, 재무장론이 대두했음에도 일본은 평화헌법을 유지하는 길을 선택했다. 1950년 6월에 한국전쟁이 발발하고, 1953년 7월에 정전협정으로 일단 전투는 그쳤다. 그러나 법적으로 전쟁이 종식된 상태는 아니었다. 즉 전쟁은 계속되었던 것이다. 그런 와중에 1951년 9월, 일본은 샌프란시스코에서 평화조약에 서명하고, 1952년 4월, 이 조약이 발효됨에 따라 국제사회에 복귀했다. 이웃나라에서 전쟁이 일어난 가운데 평화조약을 체결해 독립했던 것이다.

이것이 어떻게 가능했을까? 그 간극을 메운 것이 '미일안보조약'이다. 이는 일본이 평화헌법하에서 전쟁의 포기를 선언한 데 머무르되, 미국이 일본의 안보를 책임진다는 의미다. 앞서 말한 두 부류 가운데 후자가 승리한 것이다. 이 과정을 이끌어간 인물이 요시다 시게루다. 여기에서 평화헌법과 미일안보조약이 한 쌍으로 묶이는 것을 확인할 수 있다. 요시다 시게루가 이 과정에서 다시 중요한 인물로 등장한다.

이 과정에는 사실 조금 더 복잡한 이야기가 얽힌다. 한국전쟁과 일본과의 관계가 애매하고 복잡했기 때문이다. 일본은 유엔군을 구성한 참전국이 아니다. 한국전쟁에 참전한 국가들의 국기가 있는 용산 전쟁박물관 앞에 일장기는 걸려 있지 않다. 한국전쟁이 발발했을 당시 일본은 여전히 연합국의 점령을 받고 있었기 때문에 주권국가로서 국제사회에서 인정을 받지 못했다. 따라서 일본이 스스로 전쟁 참가여부를 선언할 주체가 되지 못했다. 그럼에도 일본은 미국이 주체인 유엔군의 전쟁에서 매우 중요한 역할을 수행했다. 한국전쟁에 대한 미국의 공식 전쟁사는 일본이 '후방기지의 요새a logistic fortress'로서 미국의 전쟁을 수행하는 데 결정적인 의미가 있었다고 평가한다.

전쟁 초기, 남하하는 북한군을 낙동강 방어선에서 저지하는 데 일본 규슈 지방에서 발진한 전투기들의 기총소사가 매우 큰 역할을 했다. 나아가 인천 상륙작전으로 전세를 역전시키고 한국군과 미군이 반격하는 시점에도 일본기지들은 전투기·폭격기·전함 등을 출격시키고, 출항기지가 되는 등 중요한 역할을 수행했다. 전선에 미군병사와 물자를 투입하는 데 일본의 공공과 민간 수송수단, 일본인 선원과 하역노동자 들이 동원되었다. 전선으로부터 후송되는 부상병을 치료하는 데 일본의 의사와 간호사 들이 동원되었으며 미군에 접수되는 바람에 가동을 멈추었던 일본의 공장들은 전선에 투입되는 군수물자를 생산하고 수리하기 위해 재가동되었다. 일본 미군기지 주변에 위치한 마을들은 병사들을 위해 휴양과 오락과 유흥을 제공하는 기지촌이 되었다.

직접 전투에 가담한 일본인들도 있었다. 미군군속 등으로 미군에 수행했던 일본인들이 전투현장에서 엉겁결에 총기를 배급받아 참전했다. 그보다 조직적인 사례는 원산·진남포·해주·인천·군산 앞바다 등 한반도 주변 해역에서 일본 소해정이 미군의 요청에 따라 소해작업에 종사했다. 당시 해상보안청 요원으로 약 1,450명이 동원되었다. 앞서 언급한 사례처럼 일본인 선원과 하역노동자 등이 약 6,500명 동원되었으니, 여기에 소해작업에 동원된 해상보안청 요원을 합하면 일본인 약 8,000명이 한국전쟁에 간접적으로 '참전'했다고 볼 수 있다. 이 수는 한국전쟁에 참전한 열여섯 개 국가와 비교하면, 미국·영국·호주·캐나다·터키에 이어 상위 6위 실적이다. 게다가 앞서 말한 것처럼 수행역할의 비중을 생각하면 일본은 미국과 함께 한국전쟁에서 가장 중요한 역할을 수행한 국가였다.

공포와 불안으로 요동하는 정치와 여론

일본을 점령한 미국은 대륙침략과 전쟁의 선두에 섰던 구 군인과 우익을 공직에서 추방했다. 대신 일본의 군국주의와 전쟁에 끝까지 저항했던 사회주의자·공산주의자에게 정치적 기회를 주고, 비군사화와 민주화를 내용으로 한 점령정책의 조력자로 삼았다. 일본공산당도 미국에 호의적이었다. 미국이 점령으로 이루려는 바가 일본의 민주화라면 기꺼이 협력하겠다는 것이었다. 일본 점령 초기에 매우 진보적인 개혁이 이루어진 배경에는 미군 점령 당국과 공산당의 밀월관계가 있었다.

그런데 둘의 관계는 점점 나빠지더니 1949년부터는 매우 악화되었다. 중국 공산당에 의해 중국 대륙이 통일되자, 일본을 중심으로 동아시아 질서를 재편하려 한 미국이 일본 우파에게 다시 힘을 실어주기 시작했기 때문이다. 일본을 반공의 보루로 만들기 위해서는 경제적인 안정이 필수였다. 긴축재정으로 일본경제의 체질을 강화하려는 과정에서는 많은 노동자가 일자리를 잃었다. 이러한 분위기가 혁명의 기운을 낳았던 것이다. 그 가운데 경찰력도 미약한 상황에 한국전쟁까지 발발해, 이에 고무된 일본의 좌익세력이 각지에서 소요사태를 일으켜 혁명을 시도할지도 모른다는 공포심이 커지고 있었다.

이것이 한국전쟁이 발발하자마자 일본에 경찰예비대 조직이 생긴 이유다. 1950년 7월 8일, 맥아더 서한에 따라 7만 5,000명의 경찰예비대가 만들어졌다. 이것이 일본 재군비의 시초라고 할 수 있다. 이는 한국 전선으로 주일미군이 급파된 데 따른 일본의 안보 공백을 메우려는 시도였다. 다만 평화헌법에 저촉되지 않는 선에서 경찰병력을 중무장시키는 정도로 만들었다. 이 조직은 일본이 평화조약을 통해 독립했을 때 명칭을 '보안대'로 변경했다가 '자위대'로 다시 변경해 현재의 모습을 갖추었다. 그러나 이는 어디까지나 국내 소요사태에 대응하는 정도의 무장력이었다. 당연히 일본 본토에 대규모로 직접적인 침략이 일어날 경우에는 어떻게 대응할지를 둘러싸고 논쟁이 일어났다. 본격적인 재무장론의 등장이었다.

한국전쟁이 발발한 이후 일본의 정치지형에 일어난 가장 큰 변화는, 비군사화·민주화를 위한 점령개혁으로 공직에서 추방되었던 구 군인과 우익 활동 관련자들이 정치 일선으로 돌아왔다는 점이다. 한반도에서 전쟁을 수행하기 위해 미국은 일본 구 군인들의 지식과 정보가 필요했다. 나아가 냉전의 보루인 일본을 재건하기 위해서는 소련과 중국 공산당을 상대로 대륙에서 반공전선을 만들었던 구 군인과 우익이 유용하다고 판단했다. 재무장을 주장했던 사람 가운데 이런 사람들의 목소리가 가장 컸다. 이들이 친미·반공을 기치로 재군비를 주장하며 조직화를 시도하고 있었다.

여기에 보수적인 자유주의 정치인들도 요시다에게 반기를 들며 재군비가 필요하다고 주장했다. 일본이 전쟁에 휘말릴 상황에 군대를 만드는 것은 국가의 권리라는 주장이었다. 이 점은 사회주의자들도 일부 동조했다. 국가에 군대는 필연적이라는 주장이다. 경찰예비대라는 준 군대조직으로 재군비해 국민을 속이는 것보다는 차라리 당당하게 헌법을 개정해 재군비하자는 것이 사회주의자들의 재군비론의 논거였다.

일본의 여론조사만 보면 재군비론이 국민의 지지를 얻던 것처럼 보인다. 1952년 4월의 평화조약 발효를 즈음해 실시된 여론조사에서는 헌법개정에 찬성하는 사람들이 반대하는 사람을 웃돈다. 1952년 2월에 실시된《요미우리신문》조사에서는 헌법개정에 찬성하는 사람이 47.3퍼센트, 반대하는 사람이 17.4퍼센트다. 발효 직전인 4월에 실시된《마이니치신문》조사에서는 찬성하는 사람이 43.2퍼센트, 반대하는 사람이 26.8퍼센트였다. 그럼에도 1952년 10월에 실시된 중의원 선거에서 재군비를 주장했던 개진당은 466석 가운데 85석을 얻는 데 그쳤다. 이로써 헌법개정이 정치권에서 쟁점으로 부상하지도 못한 결과를 낳았다. 1953년 4월에 실시된 중의원 선거에서도 재군비에 소극적인 일본국민의 의사는 다시 확인되었다. 헌법을 개정해 적극적으로 재군비하자고 주장하던 개진당 및 자유당의 하토야마 이치로鳩山一郎파는 각각 76석과 35석을 얻는 등 다 합쳐도 111석에 그쳤다.

반대로 같은 시기에 평화헌법에 대한 지지는 더 확고해졌다. 사회당은 대일 평화조약과 미일안보조약이 동시에 체결되는 데 대해 두 파로 입장이 갈렸다. 당시 자유진영과 공산진영이 갈려 한국전쟁을 벌이고 있는 상황에서, 일본이 양대 진영을 동시에 상대해 평화조약을 체결하는 것은 불가능한 일이었다. 그럼에도 사회당을 중심으로 한 이른바 평화세력은 미국을 중심으로 한 자유주의 진영만을 상대로 평화조약을 체결하는 것은 안일한 생각이라며 반대했다. 반면에 자유진영만 상대하는 것이 현실적이라는 입장이 사회당 내에서 우파로 갈려 나왔다. 그들은 샌프란시스코 평화조약을 인정하고 있었다. 그러나 미일안보조약이 평화조약에 위반한다는 생각은 좌우파가 동일했다.

이 시기, 사회당을 지지하는 것은 미일안보조약을 반대하며 평화헌법을 지지하는 의미로 해석되었다. 1952년 선거에서 좌우파를 합해 111석이었던 사회당은 1953년 선거에서 138석으로 의석수를 늘렸다. 평화헌법하에서 점진적으로 재군비하자던 요시다가 이끄는 자유당은 1953년 총선에서 199석을 차지했다. 보수적인 입장에서도 진보적인 입장에서도 평화헌법에 대한 지지가 다수를 차지한다는 입장이 확인되었다. 일본의 정치사에서 냉전 시기를 관통해 지속된 1955년 체제가 여기에 기원한다. 1955년 체제의 특징 가운데 하나가 평화헌법을 옹호하면서 미일안보조약을 지지하는 보수정당과 안보조약에 반대하는 혁신정당의 대립이다. 일본에서 탈냉전과 동시에 나타난 1955년 체제의 동요는, 일본정치의 대립축이 미일안보조약의 존폐 논쟁에서 평화헌법의 존폐 논쟁으로 변화하는 데 따른 현상이었다.

평화헌법과 미일안보에 대한 논쟁은 지금도 일본 국내정치는 물론 외교안보 구상을 둘러싼 가장 중요한 쟁점이다. 이제 미일안보조약과 개헌 논의의 상관성에 대해 살펴보자.

미국이 일본의 안보에 기여하는 만큼 일본의 안보 공헌이 필요하다고 생각한 미국은 애초에 일본에 일정 수준으로 재군비할 것을 요구했다. 그러나 요시다는 이를 거부했다. 여러 가지 이유가 있지만, 가장 큰 이유는 군대를 보유·유지하는 데 따른 재정부담 때문이었다. 패전으로 경제기반이 철저히 파괴된 일본으로서는 아직 군대를 만들 수 없다는 논리였다. 게다가 요시다에게는 한국전쟁을 계기로 활발해진 좌익활동도 위험해 보였다. 이러한 상황에 군대가 생기면 군조직에 침투한 좌익세력이 자칫 군대를 붉은 군대로 만들 가능성도 있었다. 거꾸로 황군이 부활할 위험도 있었다. 즉 한국전쟁을 계기로 공직추방 대상에서 해제되어 복귀한 구 군인들이 새로 발족하는 군대를 장악할 가능성도 있었다. 물론 하루라도 빨리 평화조약을 체결해 국제사회에 복귀하고자 노심초사하던 요시다에게는 일본에 대한 주변국의 우려와 의구심을 해소할 필요도 있었다.

요시다는 차라리 미국에 기지를 제공해서 안보를 담당하게 하고, 일본은 경제성장에 매진하는 것이 일본의 국익과 미국의 동아시아 냉전전략에 모두 기여하는 길이라고 생각했다. 요시다의 이러한 생각은 당시 국민의 생각과도 일치했다. 한국전쟁이 발발한 뒤 일본의 안보를 어떻게 확보할 것인지 묻는 여론조사에서 이러한 일본국민의 생각을 읽을 수 있다.

한국전쟁 발발 직후 8월에 실시된《요미우리신문》여론조사와 9월에 실시된《아사히신문》여론조사에서는 재군비를 찬성하는 쪽이 반대를 웃돌았다. 앞서 언급했듯이 재군비에 찬성하는 여론은 1952년 일본이 평화조약으로 국제사회에 복귀하는 시점까지 거의 일관되게 반대여론을 웃돌았다. 그런데 미군에 기지를 제공해 일본의 안보를 확보하자는 여론에는 변화가 일어난다. 즉 전쟁 직후 조사에서는 기지를 제공하는 데 찬성한다는 여론이 30퍼센트를 미치지 못하는 반면, 반대한다는 여론이 40퍼센트 가까이 나온다. 대체로 미국에 기지를 제공하는 데 부정적인 여론이 강했다.

이러한 여론이 1950년 말부터 조금씩 변화하기 시작했다. 1950년 연말부터 1월까지 실시된《요미우리신문》여론조사에서 처음으로 기지를 제공하는 데 찬성한다는 여론이 42.5퍼센트로 41.2퍼센트인 반대여론을 웃돌았다. 이후 실시된 여론조사에서는 기지를 제공하는 데 찬성한다는 여론이 점점 늘어나, 평화조약 체결을 즈음한 1951년 9월 실시된《마이니치신문》조사에서는 기지를 제공하는 데 찬성한다는 여론이 80퍼센트에 이른다.

한편 헌법을 개정해 일본을 재군비하자는 여론은 과반을 넘기지 못한다. 게다가 앞서 이야기한 대로, 1952년과 1953년에 실시된 선거에서 재군비론자는 결과적으로 일본국민의 신임을 얻지 못했다. 국민 대부분이 미국에 기지를 제공해 안전을 확보하자는 요시다의 구상을 받아들였던 것이다.

여기에 한 가지 더 지적할 필요가 있다. 기지를 제공하는 데 대한 여론이 중국의 한국전쟁 참전이 확인되는 시점에 변화되었다는 점이다. 일본국민은 중국이 참전한 마당에 일본이 독자적으로 무장해 중국에 대응하는 것은 중과부적이라고 생각했던 것이다.

보통국가론의 등장

이와 같이 일본은 미국의 후방기지가 되어 한국전쟁에 깊숙이 관여하는 상황에서 평화헌법을 유지한 채 미일안보조약을 체결하고 국제사회에 복귀했다. 이 과정에서 전후 일본은 평화헌법과 미일안보조약이 동거하는 모순을 끌어안았다. 평화헌법과 미일안보조약이 개별적으로 완전해지기 위해서는 서로를 부인해야 하는 관계에 있기 때문이다. 즉 평화헌법이 온전히 구현되려면 미일안보조약이 파기되어야 하고, 미일안보조약이 완전하게 기능하기 위해서는 평화헌법이 개정되어야 한다. 이 모순이 평화헌법의 불구성不具性과 미일안보조약의 불평등을 낳았다.

미일안보조약 제1조에는 "일본은 미군이 주둔하는 권리를 허여(許諾)"하며, "미국은 일본의 안전을 위해 주일미군을 사용할 수 있다"고 규정되어 있다. 즉 미국에 일본이 기지를 제공하는 것은 의무인 반면, 일본에 대한 미국의 안보공약은 모호하게 규정되었던 것이다. 일본이 재군비를 거부하며 스스로 피를 흘리려 하지 않는 상황에서 미국의 '피'와 일본의 '땅'이 맞교환될 수 없었던 것이다.

이 때문에 미일안보조약의 불평등을 시정하기 위해 일본의 안보 기여를 확대하면, 평화헌법의 불구성이 그만큼 커져 일본의 시민사회가 동요한다. 이를 시정하기 위해 미국과의 관계에서 일본의 안보 기여 확대에 저항하면, 이번에는 미일안보조약의 불평등이 커진다. 이러한 모순이 전후 일본정치에서 무한 반복되었던 것이다. 결국 일본의 전후 정치는 이 불구성과 불평등을 시정하기 위한 상반된 노력으로 전개되었다고 말할 수 있다.

미일안보조약의 불평등을 시정하기 위한 대미외교를 본격적으로 처음 시도한 사람이 아베 수상의 외할아버지 기시 노부스케였다. 1960년에 기시는 미일안보조약 제1조의 편무성, 즉 조약의 한쪽 당사자만 의무를 지는 구조를 시정하고자 시도했다. 이를 위해서는 미국은 일본의 안보를 책임지고, 일본은 극동에서의 미국의 안보이익에 그만큼 더 기여해야 했다. 그 결과 개정된 신 미일안보조약에는 주일미군이 일본의 안보뿐 아니라 극동지역 전반의 안보를 위해 출동할 수 있다는 내용이 추가되었다. 이른바 '극동조항'이라는 내용이다.

이러한 시도는 일본국민의 거대한 저항을 불러일으켰다. 이른바 안보투쟁이라는 국민운동이었다. 일본이 아시아의 전쟁에 더 깊숙이 개입하게 된다는 것이 반대하는 이유였다. 물론 기시의 머릿속에서 미일안보조약의 개정은 본편인 헌법개정을 위한 시동걸기에 불과했다. 미일안보조약은 국회에서 난투극이 벌어지는 가운데 가까스로 통과되어 성립했지만, 국민적인 저항에 부딪친 기시는 수상 자리에서 내려올 수밖에 없었다. 일본국민은 안보조약의 개정을 저지하지 못했지만, 헌법개정 저지에는 성공했다고 볼 수 있다. 기시가 퇴진한 이후에 등장한 이케다 하야토池田勇人 수상은 "국민적인 합의가 형성될 때까지 헌법개정을 논의하지 않겠다"며 헌법개정을 포기하겠다고 선언했다. 이후 일본에서 헌법개정을 시도하려면 '하야'를 각오해야 했다. 그러던 일본에서 헌법논쟁이 다시 일어난 것은 냉전이 종식된 이후였다.

이와 같이 냉전기에 평화헌법은 절대적인 지위를 차지했다. 따라서 이 시기에는 평화헌법의 불구성을 시정하기 위해 미일안보조약을 폐기해야 한다는 주장이 일본시민사회를 지배해왔다. 미일안보조약의 폐기를 주장하는 사람들이 소련과 사회주의 진영에 기댈 수 있었기 때문이다. 그러나 소련과 사회주의 진영이 붕괴한 탈냉전시대에 미일안보조약의 존폐를 둘러싼 대립은 일본정치에서 더는 의미 있는 논쟁축이 되지 못했다. 그와 동시에 탈냉전시대에 지역분쟁은 더 빈번해졌고, 한반도를 둘러싼 사태가 평화헌법을 개정해 미일안보조약을 강화하자는 논쟁을 전면에 내미는 효과를 낳았다.

이러한 변화는 먼저 걸프전쟁의 전쟁비용 제공과 전후 처리를 둘러싸고 드러난 일본 외교의 한계를 국민이 실감하면서 일어났다. 이른바 '보통국가'론의 등장이다.

걸프전쟁이란 1990년 8월 이라크가 쿠웨이트를 침략하자, 1991년 1월에 유엔이 다국적군을 파견해 쿠웨이트를 해방시킨 전쟁이다. 이 전쟁에 들어간 비용이 600억 달러였다고 한다. 약 400억 달러를 사우디아라비아가 지불했으며, 일본은 130억 달러를 지불했다. 130억 달러는 일본엔으로 1조 5,500억 엔 되는 거금이었지만, 일본은 다국적군에 군대를 파견하지 않았다는 이유, 즉 피를 흘리지 않고 돈만 냈다는 이유로 국제사회에서 오히려 비난을 받았다. 쿠웨이트는 해방 이후《워싱턴포스트Washington Post》에 미국을 비롯해 지구촌에 감사 광고를 내보냈는데, 여기에 일본의 이름은 없었다.

냉전 이후 유엔을 중심으로 새로운 질서가 구축되는 것을 목도하던 일본인들이 감사 광고 속 국기 사이에 일장기가 빠진 모습을 보고 초조함과 조바심을 느꼈으리라는 점을 충분히 상상할 수 있다. 걸프전쟁이 종식된 뒤, 기뢰를 제거하기 위해 소해정을 파견해달라는 요구에 호응하려는 움직임이 일어난 것은 어쩌면 자연스러운 일이었다. 그러나 일본 내에서는 해상자위대 및 자위대 함정의 해외파견이 헌법을 위반한다는 비판이 이는 등 혼란에 빠졌다.

사정이 비슷한 독일도 (걸프전쟁에 비전투적인 차원에서 지원했을 뿐이지

^{만)} 국제사회에서 비난이 크게 일지는 않았다. 당시 통일이라는 국내문제를 안고 있던 독일에는 어느 정도 책임이 면제되는 분위기가 있었다. 반면에 일본은 당시 거품경기의 절정기로, 미국을 능가할 제1의 경제대국을 넘보는 국가였다. 일본은 '평화의 무임승차국'이 되려 한다는 비난이 국제사회에 퍼졌다.

일본의 이름이 빠진 쿠웨이트의 감사 광고가 실린 날은, 군대 대신 경제를 안보의 수단으로 삼은 '종합 안전보장 정책'의 한계를 일본인들이 인식하기 시작한 순간이었다. 종합 안전보장 정책이란, 군사력 대신 경제력으로 안전을 확보하는 정책이었다. 정부개발원조ODA를 증액하는 것이다. 그러나 걸프전쟁으로 그 실패를 확인한 일본은 탈냉전시대에 국익을 확보하기 위해서는 돈 대신 사람을 보내야 한다는 부담을 느끼게 되었다. 이른바 자위대를 활용한 '국제공헌'론의 등장이다. 이를 주장하는 사람들이 생각하기에 자위대가 국제적으로 공헌하기 위해서는 헌법을 개정해 일본이 군사적인 '보통국가'가 되어야 했다.

이에 더해 한반도의 사태 변화가 보통국가론이 대두되는 결정적인 역할을 했다. 전후 일본 외교구상의 대전제 가운데 하나는 '한반도에서는 전쟁도 없고 통일도 없다'는 것이었다. 이는 한반도에서 정전협정을 체결할 무렵에 나왔다. 그런데 유럽에서 탈냉전의 징후가 나타나면서 냉전의 전초기지였던 한반도에서도 큰 변화의 조짐이 나타나기 시작했다. 1988년, 한국에서는 통일을 위해 남북한이 서로 민족공동체의 일원으로서 평화 공존과 주변 4대 강국의 교차 승인을 동시에 추진한다는 7.7선언이 선언되었다. 이는 한국전쟁으로 인한 적대관계를 해소하는 과정이었다.

이 남북기본합의서는 평화공존의 전제를 마련했다. 소련과 중국은 한국과 적대관계를 해소하는 의미로 국교를 정상화했다. 그러나 북한은 미국 및 일본과 국교정상화를 이루지 못하고 여전히 적대하는 관계가 지속되었다. 그 결과, 국제적 역학관계에서 절대적인 우위를 차지한 한국에서는 북한의 붕괴를 바라보는 흡수통일론이 대두했다. 한편 비대칭적인 국교정상화로 안보 불안을 키우기 시작한 북한은 이 격차를 해소하는 수단으로 핵과 미사일을 개발하는 데 착수했다. 이에 대한 국제사회의 압박에 북한은 전쟁도 불사하겠다는 태도를 보였다. 걸프전쟁에서의 외교실패로 입은 충격에서 벗어나기 전에, 한반도에서는 일본 외교의 대전제가 무너지기 시작했다. 통일의 가능성과 전쟁의 위험성이 동시에 고조되는 사태가 벌어졌던 것이다.

이러한 사태 속에서 일본은 외교안보 전략의 대전환을 모색하기 시작했다. 1993년에 출판된 오자와 이치로小沢一郎의《일본개조계획日本改造計劃》에는 헌법에 대한 해석을 변경해 자위대 해외파견을 허용하자는 주장이 담겨 있었다. 오자와의 주장은 '보통의 국가'가 되자는 그의 궁극적인 목표를 따서 보통국가론으로 불리었고, 이는 이후 일본의 외교안보 정책을 이끄는 큰 담론이 되었다. 1960년 안보투쟁 이후 수면 아래에 잠재되었던 헌법개정론이 30년의 세월을 지나 다시 일본정치의 핵심 쟁점으로 부상했다.

개정을 둘러싼 첨예한 대립

이제 일본에서 어떤 절차를 거쳐 헌법이 개정되는지 알아보자. 헌법개정 절차를 이해하려면 일반 법률이 어떻게 제정되는지 먼저 알 필요가 있다. 일본은 내각책임제이며 중의원과 참의원의 양원제를 채택하고 있다. 법률을 발의하는 권한은 의원과 내각에 있다. 법률안을 의원이 발의하거나 내각이 제출하고, 중의원의 해당 위원회에서 심의·가결되면 중의원 본회의에 상정된다. 여기서 심의·가결되면 참의원에 보낸다. 참의원에서도 해당 위원회에서 심의·가결되면 참의원 본회의에 상정된다. 본회의에서 심의·가결되면 법률로 성립된다. 참의원 본회의에서 부결되면 중의원 본회의에 다시 회부되어 심의 의결을 거친다. 중의원 본회의에서 재심의한 결과, 3분의 2 이상 찬성하면 법률로 성립되며, 양원협의회에서 협의해 처리하는 방법도 있다.

이는 헌법개정에도 적용된다. 정확하게 말하면, '더' 엄격하게 적용된다. 세계적인 기준에서 볼 때 일본은 헌법개정 절차가 가장 까다롭고 엄격한 나라 가운데 하나다. 헌법개정안은 의원이 제출할 수도, 내각이 제출할 수도 있다. 현행 헌법의 관련 조항과 관련 법률에 따르면, 헌법개정안이 제출되면 중의원 총 의석수 3분의 2와 참의원 총 의석수 3분의 2의 찬성으로 발의된다. 양원에서 개정안이 통과되면 만 18세 이상 국민을 대상으로 투표에 부쳐 유효투표 총수의 과반수 찬성으로 개정될 수 있다. 이와 같이 양원을 거친다는 점, 양원에서 3분의 2 이상 찬성으로 발의할 수 있는 점,

이에 더해 국민투표를 거친다는 점 등이 특징이다. 몇 겹의 관문을 설치해놓아 개정하기가 매우 어렵다.

그토록 어려운 헌법개정을 아베 신조 수상은 자신의 정치적 명운을 걸고 실현하려 했다. 보통국가론이 등장한 이후 20년, 자민당은 정권을 민주당에 내주고 야당이 되어 있었다. 이때 자민당 총재로서 2012년 연말의 중의원 선거를 이끈 사람이 바로 아베 신조였다. 이때 아베는 자민당 공약으로 개헌을 내세웠다.

구체적으로는 세 가지 내용을 중심으로 한다. 첫째, 제1장 천황 규정과 관련해, 일본의 국가적인 정체성을 선명히 하는 내용이다. 천황을 일본국의 원수로 명문화하고, 국기 및 국가 규정을 둔다. 둘째, 〈제2장. 전쟁의 포기〉 규정을 변경하는 내용이다. 평화주의 원칙이 자위권 발동을 방해하지 않도록 하고, 국방군을 보유·유지한다. 셋째, 제96조에서 규정된 헌법개정 요건을 완화한다는 내용이다. 헌법개정 발의 요건을 중참 양원 3분의 2 찬성에서 과반수 찬성으로 변경한다. 이러한 내용으로 중의원 총선에 나선 자민당은 압승해 정권에 복귀했고 제2차 아베 신조 내각이 탄생했다. 480석 정원 가운데 중의원에서 자민당이 294석을 얻어 단독 과반을 확보했고, 일본유신회(54석)와 다함께당(18석) 등 개헌에 적극적인 정당의 의석수를 합하면 3분의 2를 훌쩍 넘는 의석을 확보하기에 이르렀다. 중의원에서 개헌 찬성파가 3분의 2석을 확보한 것은 이때가 처음이다. 이제 관심은 2013년 참의원 선거에서 개헌 찬성파가 의석수를 얼마나 차지하는지에 쏠렸다.

2013년 7월의 참의원 선거에서도 자민당은 "시대가 요청하는 헌법을"이라는 구호를 내걸고 자민당이 이미 발표한 '헌법개정 초안'에 따라 헌법을 개정해 "국민 손에 돌려드리겠다"고 공언했다. 참의원 선거에서 자민당과 공명당의 연립여당은 가까스로 과반을 차지했지만, 자민당과 일본유신회, 다함께당의 의석수를 다 합쳐도 개헌선에 도달하지 못했다. 국민이 아베의 개헌 시나리오에 '일단 정지' 신호를 보낸 것이었다. 오히려 이때의 참의원 선거에서는 일본유신회 대신 민주당이 선전을 펼쳐 부활의 조짐을 보였다. 또한 전통적인 호헌정당인 일본공산당도 선전했다. 개헌을 반대하는 목소리가 조직화하고 있었던 것이다. 이후 자민당에서는 헌법개정의 요건을 규정한 제96조만이라도 개정하자는 '원포인트 개헌론'이 고개를 들기 시작했다. 우선 개헌의 물꼬를 틀겠다는 의도였다. 그러나 제9조 개헌론자 가운데에서도 이는 정도正道가 아니라며 반대하고 나서는 등, 원포인트 개정론은 오래가지 않았다.

이후 자민당은 개헌론을 정면으로 제기하지 않았다. 자민당에 대한 지지가 곧 아베노믹스에 대한 지지이며, 개헌론을 잘못 건드렸다가는 정권이 오래가지 않을 수 있다는 신호를 읽었기 때문이다. 2014년 12월부터 2017년 10월까지 두 번의 중의원 선거와 한 번의 참의원 선거가 있었다. 자민당과 연립여당, 그리고 개헌에 적극적인 정당들은 세 번의 선거에서 모두 각각 3분의 2 개헌선을 확보했다. 2014년 12월 중의원 선거에서는 자민당·공명당·유신의당·차세대당 등 의석수를 합쳐 개헌선을 웃돌았다. 2016년 7월,

참의원 선거에서는 자민당·공명당·오사카유신회·마음의당 등의 의석수를 합쳐 개헌선을 확보했다. 2017년 10월 중의원 선거에서도 자민당과 공명당의 연립여당에 일본유신회를 합쳐 324석을 확보해 개헌선인 310명을 돌파했다. 그럼에도 아베 정권은 본격적인 개헌에 나서지 못하고 있다.

2014년 12월 선거는 이전 선거에 이어 민주당과 공산당이 선전한 대신, 자민당보다 개헌의 기치를 더 선명히 했던 차세대당이 몰락했다. 차세대당은 자민당에 반면교사가 되었다. 2016년 7월 참의원 선거에서는 민주당의 후계정당인 민진당과 공산당이 선거공조를 이룬 지역구에서 성공적인 결과를 냈다. 선거 기간 내내 아베는 개헌을 공약으로 내건 것이냐는 질문에 확답하지 않았다. 선거에서 개헌 여부가 쟁점으로 부상하는 순간, 개헌을 반대하는 세력이 결집할 가능성이 있었기 때문이다. 2017년 10월 중의원 선거에서도 비록 야당은 연립여당에 개헌선의 의석을 내주었지만, 입헌민주당의 약진은 괄목할 만했다. 또한 자민당에 반대하는 야당 공조도 다시 확인되었다. 야당 공조는 일부 성공적인 결과를 냈다.

자민당의 입장에서는 정작 개헌 정국에 들어가면 연립여당인 공명당도 우군인지 확신이 서지 않았다. 공명당은 이런저런 요구로 개헌과정을 복잡하게 할 가능성이 있었다. 이에 더해 국민여론도 그리 호의적이지 않았다.

2018년 7월 현재 일본의 의석수 구성을 보면, 중의원에서는 2017년 10월에 실시된 총선에서 자민당과 공명당 등 연립여당에 희망의당·일본유신회 등 개헌에 적극적인 정당의 의석수를 합치면 개헌발의 가능선을 훨씬 넘는다. 이미 참의원에서는 2016년 여름 선거 결과 자민당과 공명당의 연립여당이 과반을 차지했으며, 여기에 개헌에 적극적인 오사카유신회 등의 의석수를 합치면 개헌세력이 3분의 2 이상이다. 지난 2017년 10월의 중의원 총선 결과, 숫자상으로만 보면 개헌안 발의가 가능한 원 구성이 되었다.

아베 수상과 그 주변에서는 오랜 염원인 개헌 가능성이 높아졌다고 고무되었으나, 아직 개헌을 본격적으로 시작하지는 못하고 있다. 가장 큰 이유는 국민투표에서 과반을 확보할 수 있다는 확신이 아직 서지 않았기 때문이다. 여기에 각종 사학 스캔들로 아베 수상의 리더십이 흔들리는 상황이라, 자민당 총재 3선을 거쳐 아베 내각을 연장하더라도 임기 내에 헌법개정이 가능할지 여부는 여전히 불투명하다.

과연 일본의 보수화·우경화는 저지당했나?

이제 보통국가론이 제기된 이후 일본국민의 개헌에 대한 태도가 어떻게 변화했는지 알아보자. 장기적으로는 헌법개정에 대한 찬성이 반대보다 늘었음을 확인할 수 있다. 그러나 개정론자가 압도적이라고 할 수는 없는 것 또한 현실이다.

헌법개정 찬성이 반대를 웃돌았던 최초의 여론은 2002년 NHK의 여론조사에서 확인할 수 있다. 10년 전인 1992년에 실시했던 여론과 비교했을 때 찬반 여론이 처음으로 역전되었으며, 수치도 찬성이 60퍼센트 가까이 나온 데 반해 개헌에 반대하는 여론이 약 20퍼센트에 불과해, 찬성이 세 배 가까이 큰 것을 확인할 수 있었다. 이후 2007년, 2012년, 2013년, 2015년 등의 여론조사에서는 개헌 찬성 여론이 줄곧 우위에 있다. 그러나 제9조나 국방군 보유에 대한 찬반 등과 같이 좀더 구체적으로 들어가면 여전히 평화헌법을 중시하는 태도를 보인다. 2015년에 실시된 여론조사에 따르면, 헌법개정에 찬성하는 여론이 28퍼센트, 반대하는 여론이 25퍼센트로 헌법개정을 지지하는 의견이 더 크지만, 제9조에 대한 질문에서는 현상 유지하자는 의견이 38퍼센트로, 개정의 필요성을 인정한 22퍼센트를 크게 웃돈다.

이러한 경향은 보수적인 독자층이 많은 《요미우리신문》의 여론조사에서도 확인된다. 2015년 2월과 3월에 각각 다른 방식으로 실시된 여론조사에서 찬반이 42퍼센트 대 41퍼센트, 51퍼센트 대 46퍼센트로, 개정하자는 여론이 근소하게 앞선다. 그러나 구체적으로 제9조의 개정 여부를 질문하면, 해석개헌으로 대응하는 것이 바람직하다는 의견이 다수를 차지한다.

《닛케이신문》의 조사는 재미있는 사실을 보여주고 있다. 2004년 이래 개정할 필요가 있다는 의견이 우위를 차지하다가, 아베 내각 들어서면서 반대론자가 급증한다. 급기야 2015년 4월에는 헌법개정 반대론이 찬성론을 역전하는 현상을 볼 수 있다.

최근 들어 아베 수상은 제9조에 자위대 규정을 명기하는 내용의 새로운 원포인트 개정론을 들고 나왔다. 이에 대해《요미우리신문》,《산케이신문》,《닛케이》등 보수매체들이 실시하는 여론조사에서는 찬성 의견이 우위를 점하는 반면,《아사히신문》,《마이니치신문》,《도쿄신문》등 중도 또는 진보 성향의 매체들의 여론조사에서는 명백하게 반대의견이 우세하다. 이러한 상황에서는 아베 내각도 자민당도 제9조 개정을 핵심 내용으로 하는 헌법개정을 밀어붙일 수 없다. 만일 중참 양원에서 헌법개정안을 통과시킨다고 해도 국민투표에서 과반을 확보하기 어렵기 때문이다. 개헌론자라면 개헌 국회의 심의 과정에서, 그리고 국민투표를 앞둔 과정에서 극단적인 대립이 일어날 가능성이 있는 개헌론에 몰입할 수 없는 것이다. 만일 국민투표에서 개정안이 부결되면 앞으로 상당한 기간 동안 헌법개정을 언급하기조차 어려운 상황에 빠질 가능성이 있다. 그 위험을 무릅쓰기에 개헌 찬성 여론은 아직 충분히 익지 않은 상태인 것이다.

그렇다면 일본은 앞으로 어디로 향하게 될까? 흔히 일본이 보수화·우경화하는 척도로 헌법개정을 든다. 그러나 이미 확인한 대로 헌법개정은 쉽지 않은 일이다. 그렇다면 일본의 보수화·우경화는 제지당한 것일까? 여기서 우리는 보수화와 우경화에 대해 조금 더 과학적으로 접근할 필요가 있다. 즉 아베가 주장하는 '전후 체제로부터의 탈각'이 무엇을 의미하는지 알아보고자 한다.

앞서 언급했듯이, 전후 일본이 끌어안은 모순은 평화헌법과 미일안보조약의 기묘한 동거에서 발생한다. 이러한 구조 때문에

표1. 미일동맹에 대한 태도와 헌법개정 입장

	자	주	
호	1. 호헌/자주국방 사회 민주주의자	4. 개헌/자주국방 국가주의적 개조론자	개
헌	2. 호헌/미일동맹 제도적 자유주의자	3.개헌/미일동맹 정치적 현실주의자	헌
	동	맹	

헌법개정 여부는 필연적으로 미일동맹에 대한 태도 여부와 불가분의 관계를 맺는다. 이른바 평화헌법으로 인한 안보 공백을 미일동맹이 보완해온 역사가 전후사이기 때문이다.

동맹에 대한 태도(자주/동맹)와 헌법에 대한 태도(호헌/개헌)의 교차로 만들어진 표1에서, 우경화란 1.호헌/자주국방과 2.호헌/미일동맹의 쟁투에서 2의 승리로 전후사가 종결되는 1990년대 이후 시작되어, 2.호헌/미일동맹과 3.개헌/미일동맹의 쟁투에서 3의 승리가 가시화되는 과정을 거쳐, 3.개헌/미일동맹과 4.개헌/자주국방의 쟁투로 대립 전선이 이행하는 경향을 이야기한다. 이를 다시 좌우 사이에 펼쳐지는 정치적 스펙트럼으로 표현하면 표2와 같다.

따라서 '국가주의'의 대두로 나타나는 우경화는 이 스펙트럼에서 4의 영역에서 발생하는 인력에 의해 4보다 왼쪽에 있는 영역

표2. 미일동맹에 대한 태도와 헌법개정 정치적 입장

1. 호헌/자주국방	2. 호헌/미일동맹	3. 개헌/미일동맹	4. 개헌/자주국방
사회민주주의자	제도적 자유주의자	정치적 현실주의자	국가주의적 개조론자

이 4의 방향으로 이끌리는 현상이다. 한편 3과 4의 영역 사이에는 건너기 어려운 간극이 발견된다. 정치적 현실주의는 근대 '국가'가 호명하는 낭만적인 요소와의 사상적 결투 속에 나온 정치적 입장이기 때문이다. 따라서 3의 영역에는 4와 대결하면서 1과 2의 영역을 이끌려는 힘이 발생한다. 이는 우경화와 구별되는 '보수화' 현상이라고 할 수 있다.

다시 말해 보수화는 외교안보 정책이 기원하는 국제질서관이 자유주의liberalism에서 현실주의realism로 크게 이동하고, 현실주의 영역 안에서 중상주의적 현실주의mercantilism에서 권력정치적 현실주의realpolitik로 이동한 뒤, 다시 권력정치적 현실주의의 영역 안에서 방어적 현실주의defensive realism에서 공격적 현실주의offensive realism로 이동하는 현상을 말하는 것이다. 이는 '평화의 이상'보다는 '국제정치의 현실'을 강조하는 입장으로의 변화이며, 이러한 변화는 일본에서 미일동맹을 심화 및 강화하려는 원인이다.

한반도 정전체제 해체와 일본의 평화

미일동맹을 강화하려는 일본의 움직임은 일본의 국내상황하고도 관련이 있다. 일본은 향후 상당한 기간 동안 저출생·고령화라는 구조적인 문제에서 헤어나오기 어려운 상황이며, 이로 인해 이미 고질적인 문제가 된 재정적자도 쉽게 해결될 기미가 보이지 않는다. 저출생문제는 인원부족으로 자위대를 대규모로 군대화하는 것을 어렵게 하는 기본 요인이다. 고령화문제는 사회보장비 급증을 가져와 방위비 증액의 상한을 제한하는 요인이다.

이렇듯 자위대의 군대화에 알레르기 반응을 보이는 '암반과도 같은 여론'에 더해 인구·재정의 한계가 명확해 일본 자주국방의 실현은 어려운 상태다. 이 문제는 결국 미일동맹의 불균형을 더욱 심화시키는 요인이 된다. 일본이 안보에 의미 있는 장치로 미일동맹에 의지하려면 일본의 역할을 증대시키는 방향으로 나아갈 수밖에 없다. 이것이 헌법개정의 추동력으로 작용하는 것이다.

그동안 이러한 움직임은 북한 핵미사일 개발과 중국의 군사적 부상 및 그에 따른 공격적인 대외정책에 대응해야 한다는 논리로 정당화·합리화되었다. 한반도의 긴장이 고조되는 것이 일본의 방위력 및 안보역할 증대에 유리한 환경으로 작용했다. 그러나 이는 일본이 후방기지로 편입된 한국전쟁 정전체제의 강화로 이어지기 때문에 한반도에서의 위기와 유사사태를 전제로 한 미일 간의 불평등한 안보조약 체제를 더욱 강화시킬 것이다.

이러한 상황의 무한반복은 결국 한반도에 평화와 번영을 바라는 우리 입장에서 매우 불리하다. 미일동맹에 기댈 수밖에 없는 일본의 안보위협을 해소하는 것이 이 무한반복의 고리를 끊는 방법이다. 한반도 평화 프로세스는 일본에 새로운 기회로 작용할 수 있다. 이러한 방향에서 우리가 동아시아의 평화와 번영을 함께 일구어가는 파트너로서 일본에 손을 내미는 노력을 기울여야겠다.•

• **남기정** │ 서울대학교 외교학과에서 석사학위를, 도쿄대학교 종합문화연구과에서 박사학위를 받았다. 일본 도호쿠대학교 법학부 조교수 및 교수, 국민대학교 국제학부 부교수를 역임했다. 현재 서울대학교 일본연구소 부교수로 있다. 지은 책으로는《기지국가의 탄생》,《전후 일본 그리고 낯선 동아시아》등이 있고, 옮긴 책으로는《와다 하루끼의 북한 현대사》등이 있다.

가와바타 야스나리로 본 일본의 미와 전쟁

●
분명한 점은 전후 사회의 안정기는 끝났고,
일본은 새로운 변화의 시기에 돌입했다는 사실이다.
오히려 필요한 것은 과거에 대한 낭만주의와 과감히 이별하고,
정보화와 글로벌화의 영향으로 나날이 높아져가는
사회적 관계의 유동성에 대응할 만한
새로운 관계성을 모색하는 것이 아닐까?

일본문화론의 계절

일본처럼 자국의 문화를 끊임없이 이론화하는 나라도 없을 것이다. 일본 내 어느 서점에 가든 '일본인론/일본문화론' 코너를 볼 수 있고, 그곳에는 잘 알려진 고전과 따끈따끈한 신간들이 함께 자리를 메우고 있다. 이런 일본문화론에 대한 일본인들의 식지 않는 애착은 어디서 연유하는 것일까? 2000년대를 대표하는 일본문화론 가운데 하나인 《일본변경론日本邊境論》에서 저자 우치다 다쓰루內田樹는 그 이유를 다음과 같이 설명한다.

그에 따르면 일본인은 뛰어난 일본문화론을 읽어도 금방 잊어버리고 이내 그다음 이론에 정신이 팔린다고 한다. 왜냐하면 그들은 일본에 대한 참된 지식이란 '어딘가 다른 곳'에서 만들어지고, 본인의 지식은 어쩐지 뒤떨어진다고 생각하기 때문이다. 그는 이런 관점을 '변경인邊境人의 사유'라고 정의한다. 그에 따르면 일본에는 무수한 일본문화론이 축적되었지만 질적으로 발전하는 모습은 찾아보기 어렵다고 말한다. 나아가 진리가 외부에 있다고 생각하므로 스스로 체계적인 사상을 만들려 하지 않는다고도 덧붙인다. 요컨대 약한 주체성과 자신만의 체계를 만들려는 의지가 부족한 탓에 역설적으로 일본문화론이 번성했다는 주장이다.

이른바 근대적 주체나 자아에 여전히 긍정적인 이미지를 부여하는 쪽에서 보자면 일본인의 소극적인 주체성은 옹호받기 어렵다. 흔히 근대를 인간중심시대라고 말한다. 신의 지배에서 벗어나, 이성의 힘으로 세계를 주체적으로 변화시키는 태도를 긍정하는 시대라는 의미다. 이 관점에서 본다면 스스로 주체가 되기를 회피하는 것처럼 보이는 일본인의 태도는 결코 근대적이라고 말할 수 없다.

실제로 패전 직후에는 일본인의 이러한 성격을 비판하는 글이 쏟아졌다. 일본에 근대가 제대로 뿌리를 내리지 못해 미국에 패배했다고 생각했기 때문이다. 예를 들어 전후를 대표하는 지식인인 마루야마 마사오丸山眞男는 일본사상사에는 좌표가 될 만한 원리가 없기에 모든 외래사상이 수용되고 공간적으로 잡거할 뿐이라고 말했다. 거기에는 원리도 대립도 없고 그 때문에 지적인 발전이나 축적이 없다. 따라서 그가 생각한 전후의 민주화란 지식을 체계적으로 축적하기를 실패한 일본의 사상사를 극복하는 것과 떨어져 생각할 수 없는 것이었다.

이런 비판적인 논조는 1960년대 중반을 계기로 급변한다. 1960년대에 진행된 고도경제성장의 문화적 원동력을 일본인의 약

한 주체성과 강한 집단주의 성향에서 찾는 일본문화론이 쏟아지기 시작한 것이다. 1967년에 출판되어 이후 베스트셀러가 되었던 나카네 지에中根千枝의《종적인 사회의 인간관계タテ社會の人間關係》는 그 전환을 알리는 책이었다.

그에 따르면 일본인은 개인과 사회의 관계에서 '자격(능력·신분)'보다 '장(소속)'을 더 중시한다. 나카네는 집단과의 일체감 위에 존재하는 일본사회는 부자父子관계와 유사한 '종적인 관계'의 성격을 띤다고 말한다. 일본의 집단주의에 보이는 '장'을 매개로 한 강한 정서적 일체감은 종종 배외주의와 비판정신을 결여하기도 하지만, 동시에 이런 성향이 일본의 근대화에 공헌했다고 그는 평가한다. 그때까지 부정적으로 간주되었던 일본 특유의 집단주의를 경제적 성공으로 해명한 나카네의 이론은 일본인들 사이에서 환영받았다.

여기에 1968년 가와바타 야스나리가 노벨문학상을 수상하면서 일본문화에 대한 관심은 한층 높아졌다. 이는 초고속으로 경제성장한 일본이 문화적인 측면에서도 세계에 자랑할 만한 성취를 이룬 사건으로 받아들여졌다. 가와바타 자신도 노벨문학상 수상을 일본문화를 세계에 알리는 기회로 적극적으로 이용했다. 가와바타는 〈아름다운 일본의 나: 그 서설美しい日本の私: その序說〉이라는 제목의 노벨문학상 수상 기념강연에서 "일본인은 자연을 이용하거나 극복할 대상이 아니라 삶의 불가분한 토대로 간주한다. 서양의 허무주의와 다른 독특한 '무無'의 사상이 있다"고 역설했다.

나카네와 가와바타가 열어젖힌 일본문화에 대한 긍정적인 재평가 흐름은 1970~80년대를 이른바 '일본문화론의 계절'로 만들었다. 일본의 근대화를 찬미하며, 일본인의 주체성이 약하고 원리적 사고가 결여된 모습을 산업화를 연결시켜 설명하려는 무수한 일본문화론이 양산되었다.

이처럼 일본문화는 시대에 따라 평가가 극에서 극으로 심하게 요동쳤다. 1960년대 이후에는 일본의 성공을 설명하는 문화적 요인으로 주목을 받았지만, 패전 직후에는 일본이 전쟁에서 질 수밖에 없었던 정신적 바탕을 의미했다. 그뿐 아니라 전쟁 시기까지 거슬러 올라가면, 일본의 문화적 태도는 '미적 일본주의' 형태로 전쟁을 지원하는 이데올로기로 이용되기도 했다.

이 글에서는 이 독특한 일본문화 담론을 둘러싼 부침의 역사를 가와바타 야스나리의 작가로서의 일생에 초점을 맞추어 살펴보고자 한다. 가와바타에 주목한 이유는 그의 노벨문학상 수상이 긍정적인 일본문화론의 개막에 일조했으며, 아울러 그가 '일본미작가'라는 자의식이 분명하고, 전쟁과 패전, 그리고 전후의 시기를 모두 겪었기 때문이다. 요컨대 이 글의 핵심 질문은 다음과 같다. 미적 일본주의를 통해 전쟁과 관계를 맺었던 일본미의 장인은 어떻게 전쟁을 부정하는 전후에도 문단의 중심에서 활동하며 노벨문학상을 받는 국민작가로 발돋움할 수 있었을까?

아름다운 일본의 나

가와바타 야스나리의 노벨문학상 수상이 주목을 끌었던 이유는 무엇보다 그가 일본인 최초의 노벨문학상 수상자였다는 사실 때문이었다. 동시에 그가 서구 리얼리즘의 계보를 좇는 작가가 아니라 누구보다도 일본의 미를 표현하는 데 능숙했다는 점이 일본인들에게 중요하게 다가왔다. 특히 당시 고도경제성장을 배경으로 일본문화를 재인식하는 분위기가 일어난 덕분에 가와바타의 노벨문학상 수상은 일본미의 우수성을 세계에 알리는 사건으로 받아들여졌다. 아마도 그가 1950년대에 노벨문학상을 수상했다면 그의 문학에 대한 평가는 다만 '새로운 제3세계 문학' 정도에 그쳤을지도 모른다. 그 시절 일본은 패전의 충격에서 벗어나지 못한 아시아의 가난한 나라였기 때문이다.

여기서 잠시 전후 일본의 경제성장에 대해 짚어보아야 할 것 같다. 일반적으로 일본경제의 이른바 '고도성장기'는 1955년부터 시작되었다고 일컬어진다. 1956년 《경제백서經濟白書》에 실린 "이제 전후가 아니다"라는 말이 당시 사람들 사이에 하나의 유행어처럼 회자되었다. 실제로 이 시기에 일본인들은 패전이 남긴 폐허와 빈곤에서 서서히 벗어나기 시작했다고 느낀다. 어쨌든 미일안보조약 개정을 반대하는 국민운동이었던 1960년의 안보투쟁 이후 등장한 자민당의 이케다 정권은 소득 배증 계획을 내세우며 정치에 쏠렸던 사람들의 관심을 경제로 전환시켰다. 이후 1960년대에 일본이 보여준 성장세는 세계적으로도 유례가 없는 현상이었다. 예를 들어 1964년부터 1973년까지 10년 동안 실질 경제성장률은 10.2퍼센트를 기록했다. 당시 미국은 4퍼센트, 영국은 3.1퍼센트, 프랑스는 5.6퍼센트, 독일은 4.7퍼센트에 불과했다.

경제적으로 풍요로운 사회가 도래하고 정치가 안정되자 일본인들 사이에서는 자국의 문화를 긍정적으로 인식하는 기운이 일어났고, 단기간에 이룩한 산업화의 요인을 일본의 문화적 특수성에서 찾는 논의가 봇물처럼 쏟아졌다. 아오키 다모쓰青木保는《일본문화론의 변용: 전후일본의 문화와 아이덴티티日本文化論の變容ー戰後日本の文化とアイデンティティー》라는 책에서 1964년부터 20년 동안 일본문화의 특수성을 긍정하는 인식이 일본사회 전반으로 확산되었다고 지적하며, 일본문화를 산업화와 근대화의 장애물로 간주했던 그 이전 시기(패전~1960년대 초)와 구분한다. 그에 따르면 1960년대 중반 이후에는 일본인 특유의 집단주의는 일본사회의 전근대성을 보여주는 지표가 아니라 빠른 경제성장을 가능케 한 문화적 배경이라는 적극적인 의미를 부여받았다.

이처럼 가와바타의 노벨문학상 수상 소식은 일본문화의 특수성이 근대화와 산업화의 원천으로 재평가되던 분위기에서 전해졌다. 그런 까닭에 일본문화가 서양문화와 본질적으로 다르다는 그의 주장은 빈곤함 속에서 태어난 예술미가 아니라 서양과 대등해졌다는 세계화 선언으로 받아들여졌다.

가와바타 야스나리가 노벨문학상 수상 기념강연에서 역설한 일본문화의 본질이란 어떤 내용일까? 〈아름다운 일본의 나: 그 서설〉이라는 제목으로 스톡홀름의 스웨덴 아카데미에서 열렸던 그의 기념강연을 살펴보자. 그의 강연은 중세 승려의 와카和歌(일본의 전통 적인 정형 시)에 대한 소개로 시작한다. 가와바타가 소개한 세 명의 승 려, 즉 도겐道元·묘에明惠·료칸良寬의 노래는 각각 다음과 같다.

봄은 꽃, 여름은 두견새, 가을은 달. 겨루는 눈 맑고 시원하네.

_____도겐

구름에서 나와 나를 따라오는 겨울의 달,
바람은 몸에 사무치고 눈은 차갑네.

_____묘에

기념이 될 만한 것은 아무것도 남기지 않는,
봄은 화산花山의 두견새 가을은 단풍잎.

_____료칸

가와바타는 이 와카들이 공통적으로 자연과의 일체감을 표 현하고 있으며 이야말로 일본인이 추구하는 미의식의 근본이라고 강조한다. 특히 그는 료칸의 노래가 세상과 이별을 결심하는 가운 데 만들어졌다는 점을 언급하며, 여기에는 마지막 순간에 자연이 한없이 아름답게 비쳐진다는 일본인 특유의 죽음의 미학이 있다 고 말한다. 그에 따르면 일본인에게 죽음은 자연과의 합일 혹은 자연으로의 회귀를 의미하며, 그런 점에서 서양인의 죽음에 대한 사고와는 다르다.

삶과 죽음, 자연과 인간 사이의 친화성을 거론하고, 이것이 일본과 서양의 문화차이라고 주장한 가와바타는 이어서 일본인의 '무無' 개념으로 화제를 이어간다. 그는 선禪에서 말하는 깨달음은 나를 무로 만들기를 지향하는데, 이때 무는 서양의 '허무'와는 다를 뿐 아니라 거의 반대에 가깝다고 말한다. 이를 설명하기 위해 그는 또 한 명의 선승인 잇큐一休의 노래를 인용한다.

마음이란 어떤 것도 말할 수 없는,
묵화에 그린 소나무 바람 소리.

그는 이 노래가 동양화의 정신을 표현한다고 말한다. 동양화의 여백과 노래 속 묵화의 마음과 다르지 않다는 것이다. 달리 말하면 동양의 무란 '없음'이 아니라 존재하는 어떤 것이라도 담을 수 있는 '빈 공간'이며, 이는 동양의 '마음'을 닮았다고 말한다. 또한 그는 일본(동양) 예술의 요체는 예술이라는 마음의 그릇에 자연을 상징적으로 담는 데 있다고 강조하며, 이것은 일본의 전통적인 회화·꽃꽂이·정원·분재·다도 등 다양한 영역에서도 확인할 수 있다고 덧붙인다.

가와바타의 강연은 묘에가 전하는 사이교西行의 가론歌論을 빌려 자신의 문학관을 피력하고 마무리된다. 묘에에 따르면, 은둔승

이자 가인인 사이교는 "세상 만물이 흥취에 젖어 있어도 사실은 허망하며, 허망은 모든 만물에 함축되어 있다"고 생각하는데, 그에게 와카를 읊는다는 것은 "꽃을 읊어도 실은 꽃이라 생각지 않고, 달을 읊어도 실로 달이라 생각하지 않았다. 다만 이처럼 인연을 따라, 흥을 따라 읊"는 것과 다르지 않다. 가와바타는 이 사이교의 '허망'을 언급하며 강연을 끝낸다.

> 일본, 나아가 동양의 '허공虛空', '무'는 여기(사이교의 가론)에 나타납니다. 제 작품을 허무하다고 말하는 평론가도 있습니다만, 서양의 니힐리즘Nihilism(허무주의)과 같은 말은 적절하지 않습니다. 마음의 근본이 다르다고 생각합니다. 도겐의 사계의 노래는 〈본래의 면목〉이라는 제목이 달려 있는데, 세계의 미를 노래하면서 실은 강하게 선禪과 통합니다.

결국 가와바타가 말하는 일본문화의 특징이란 자연과의 일체감, 그리고 일본적인 무의 사상으로 집약할 수 있다. 물론 이런 관점이 그의 독창적인 견해는 아니다. 자연과 인간 사이의 애매한 경계에 주목하는 일본문화에 대한 논의는 가와바타 이전에도 존재했다. 그런 의미에서 가와바타는 작가 개인이 아닌 '일본문화의 대변자'로서 기념강연에 임했다고 보는 게 적절할 것 같다. 사실 그런 그의 태도는 〈아름다운 일본의 나: 그 서설〉이라는 강연제목에서 그대로 드러난다. 제목처럼 그는 일본과 자신을 '의'라는 조사로 연결함으로써 자연과의 일체감을 문화의 근본으로 하는 일본의 일부로 스스로 자리매김한다.

이미 알려진 사실이지만, 강연 제목은 가와바타가 고심한 결과였다. 여러 가지 흔적이 있다. 원래 초고에서 강연의 제목은 "일본의 미와 나: 그 서문"이었다. 그러나 강연 직전에 제목에 두 줄을 긋고 "아름다운 일본의 나: 그 서설"로 수정했다고 한다. 이로써 '나와 일본'의 관계는 그 성격이 완전히 달라졌다. 처음에는 나와 일본이 대등했다면, '와'를 '의'로 고침으로써 나는 일본의 일부가 되었다. 여기에 일본 앞에 '아름다운'이라는 형용사를 넣음으로써 강연 내용을 일본의 자연에 중점을 두는 방식으로 기획했음을 알 수 있다.

한편 기념강연 당일 통역은 미국의 일본문학 연구자이자 《설국》의 번역가이기도 한 에드워드 사이덴스티커Edward Seidensticker가 맡았다. 그런데 그가 번역한 영어 제목은 초고 제목에 가까운 "Japan the beautiful and myself"였다. 영어 제목과 관련해서도 사전에 가와바타와 의견을 주고받았으나, 결국 사이덴스티커는 '나'와 '일본'을 병렬시키는 쪽을 택한 셈이다.

여기서 짚어둘 점은 자연과 대결하지 않는다는 가와바타의 발언이 당시 일본문화를 재평가하는 분위기에 일방적으로 편승한 것은 아니라는 점이다. 실제로 가와바타는 본격적으로 문학활동을 시작한 1920년대 중반에 이미 불교의 영향을 받아 '만물일여萬物一如' 사상을 주장했고, 1930년대 중반에 발표한 대표작 《설국》에서 인물의 심리를 자연의 변화와 결부시키는 상상력을 표현했다. 그런 점에서 그의 문학은 자연과의 일체감이라는 사상으로 일관된다고 할 수 있다.

하지만 내용은 변함이 없을지라도 가와바타의 논조는 시기에 따라 그 양상이 전혀 달랐다. 노벨문학상 수상 기념강연에서 그가 말하는 일본문화는 서양과 근본적으로 다르지만, 열등한 것은 아니다. 그것은 서양과의 대등한 '차이'로 표현되고 있다. 그 이전에 가와바타는 적어도 일본문화를 이런 식으로 말하지 않았다. 과거에 일본문화를 말하는 그의 목소리는 사라질 위기에 처한 문화를 자신만이라도 지켜가겠다는 소수자의 항변에 가까웠다.

전후 점령기(1945~51)에 발표한 다수의 글에서 가와바타는 "고래古來의 일본미"라는 표현을 자주 사용하는데, 이때의 어조는 노벨문학상 수상 기념 강연 때와는 사뭇 다르다. 예를 들어 다음과 같은 글에서 단적으로 드러나 있다. 이 글은 패전 직후에 동료작가의 장례식에서 읊은 추도문의 일부다. 동료 문인의 죽음 앞에서 그는 자신도 '이미 죽은 자'가 되었고, 앞으로 '일본의 아름다움'에만 집중하겠다고 선언한다.

나의 생애는 출발이라고 할 것도 없이 이미 그렇게 끝나버렸다. 지금은 그렇게 느껴져서 견딜 수 없다. (나는) 옛 산하로 홀로 돌아갈 뿐이다. 나는 이미 죽은 자로서 애절한 일본의 아름다움 외에는 앞으로 한 줄도 쓰지 않을 것이다.

자신을 '죽은 자'로 칭하는 것에서 '패배한 나라의 국민'이라는 의식을 엿볼 수 있다. 또한 '일본의 변함없는 아름다운 산하(자연)'로 돌아가겠다는 의지를 떠받치는 감정은 깊은 상실이다. 그는 다른 글에서도 '일본 미의 전통'이나 '옛 산하', '고래의 일본'에 대한 애착을 드러냈다. 그는 "나는 전후의 삶을 여생으로 생각하고, 남아 있는 여생이 내 것이 아니라 일본 미 전통을 표현하기 위해 있다고 생각해도 부자연스럽다고 느끼지 않는다"는 말을 통해 자신을 일본에 귀속시키는 발상을 드러내기도 했다. 그러나 이 말의 밑바닥을 흐르는 정서는 죽음을 생각하는 자의 절박함 때문인지 기념 강연의 그것과는 사뭇 다르다.

여기서 그의 전쟁, 그리고 전후라는 시대에 대한 생각을 엿볼 수 있다. 가와바타는 전쟁 당시 자신을 회상하며 "전쟁 전이나 전시, 전후에 확연한 변동도 눈에 띠는 단층도 없"을 뿐더러 "작가 생활에서나 사생활에서도 전쟁으로 자유롭지 못하다는 생각을 거의 하지 않았다"고 말한다. 실제로 그는 가마쿠라에 있었던 탓에 공습도 받지 않았고, 근로동원도 나가지 않았다. 달리 말하면 가와바타는 물리적으로도 정신적으로도 전쟁과 거리를 두고 있었다. 나아가 그는 자신만이 아니라 일본인들은 전쟁을 감당할 만한 주체적 힘이 결여되었다고 말한다.

전쟁 중에 특히 패전 일본인에게는 참된 비극도 불행도 느낄 힘이 없다고 생각했는데 이 생각이 더욱 확고해졌다. 느낄 힘이 없다는 것은 느낄 수 있는 본체가 없다는 말이기도 할 것이다. 패전 후 나는 고래의 일본의 슬픔 속으로 돌아갈 뿐이다. 나는 전후의 세상이나 풍속 따위는 믿지 않는다. 현실이라는 것도 때로는 믿지 않는다. 근대소설의 근저인 사실성에서 나는 멀어질 것만 같다.

세계를 자신의 의지로 바꾸기보다 조화되는 데 익숙한 일본인들에게 전쟁은 처음부터 어울리지 않는다는 주장이다. 전쟁에 대한 주체적인 입장이 없는 곳에 전쟁에 대한 진실한 감정이 생길 수 없다. 마찬가지로 변하기 쉬운 세상의 풍속에 기대는 것도 온당치 못하다. 이렇게 그는 일본인의 소극적인 주체성과 체계적인 사고의 결여라는 논리를 빌어 전쟁과 전후 개혁 모두에 거리를 두었다.

그의 의도를 인정하더라도 패전 직후 가와바타가 '고래의 일본'과 '일본의 자연'을 반복해서 강조하는 데에 어떠한 정치적 의도가 있다고 가정하는 것은 과도할까? 오히려 그의 마음속에서는 패전이 초래한 정체성의 급격한 단절을 결코 변하지 않는 일본의 자연으로 메우려는 의지가 작용했던 것은 아닐까? 어찌되었든 그가 정치나 전쟁은 언제나 변하지만, 일본의 자연은 불변의 존재로 묵묵히 자리를 지킨다는 발상을 고집했다는 것은 분명하다.

소설 《설국》과 가와바타의 역사인식

가와바타에게 노벨문학상을 안겨준 작품인 《설국》은 연재소설로 발표된 작품을 단행본으로 묶은 것이다. 첫 연재는 1935년 1월에 《문예춘추》에 발표된 〈저녁노을의 거울〉이다. 1937년 6월 첫 번째 단행본이 출간되었고, 완결판은 전후인 1948년 12월에 발간되었다. 첫 연재부터 완결판까지 10년 이상의 세월이 걸렸다.

참고로 연재 당시 제목과 발표시기는 다음과 같다. 1935년 1월 잡지 《문예춘추》에서 첫 단편 〈저녁노을의 거울〉을 발표한 데 이어서 당월에 잡지 《개조》에서 〈흰 아침거울〉을 게재하고, 이후 《일본평론》에서 11월에 〈이야기〉, 12월에 〈헛수고〉를 연이어 발표한다. 다음해 8월에는 《중앙공론》에서 〈억새꽃〉을, 다시 10월에는 《문예춘추》에서 〈불베개〉를 발표했으며, 이듬해 5월에 《개조》에서 〈공치기노래〉가 발표되었다. 이상 일곱 편을 묶어 1937년 6월에 첫 번째 단행본 《설국》이 출간되었다.

그 후 가와바타는 1940년 12월에 《공론》에서 〈설중화재〉를, 1942년 8월에 《문예춘추》에서 〈은하수〉를 추가로 연재한다. 특히 이 두 편은 전후에 개작되어 다시 한 번 연재되었는데, 〈설국화재〉는 〈설국초〉로, 〈은하수〉는 〈속설국〉이라는 제목으로 각각 1946년과 1947년에 발표되었다. 이어서 1948년 12월에 첫 번째 단행본에 〈설국초〉와 〈속설국〉을 합쳐 완전판 《설국》이 출간되었다. 첫 번째 연재부터 완전판 《설국》까지 13년이 걸린 셈이다. 이 시기는 1937년 중일전쟁, 1941년 아시아·태평양전쟁, 그리고 1945년 패전으로 이어지는 격동의 시간과 겹친다.

이제 전쟁이라는 비상상황에 쓰인 《설국》의 내용을 살펴보

자. 소설은 도쿄에서 기차를 타고 가야 하는 어느 시골의 온천마을을 무대로 남주인공 시마무라의 시선을 따라 전개된다. 시마무라와 온천마을에서 게이샤로 살아가는 고마코라는 여성 사이의 애정관계가 사건의 중심을 이루고 있다. 둘의 관계는 시마무라가 요코라는 또 다른 여성에게 관심을 보이면서 일종의 '삼각관계'로 발전하지만, 소설 말미에 자신을 도쿄로 데려가달라는 요코의 부탁을 시마무라가 거절하면서 해소된다. 그리고 다음 날 일어난 화재로 요코가 사망하면서 소설은 막을 내린다.

소설의 무대인 온천마을은 가와바타 야스나리가 1934년 세 번 방문한 적이 있는 니가타 현 유자와의 어느 온천장으로 알려져 있다. 동해에 근접한 니가타 현은 당시 태평양과 마주한 도쿄와 달리 일본에서도 근대화의 여파가 가장 늦게 미친 지역이었다. 그러다가 1931년 9월, 수도권에 속하는 군마 현과 연결된 미쿠니 산맥에 터널이 개통되면서 조금씩 근대문물이 유입되기 시작되었다. 《설국》의 유명한 첫 구절, "국경의 긴 터널을 빠져나오자, 설국이었다"의 '국경의 긴 터널'은 군마 현과 니가타 현 경계에 미쿠니 산맥을 관통하는 시미즈 터널을 가리킨다. 터널이 개통된 시기가 1931년이고 가와바타가 니가타 현의 유자와 온천을 방문한 것이 1934년이니까 실제로 가와바타도 시미즈 터널로 도쿄와 유자와 온천을 왕복했다.

가와바타의 분신과도 같은 남주인공 시마무라는 나이가 30대 중반이고 잡지에 가끔 서양무용에 관한 평론을 발표하는 것 외에 분명한 직업이 없는, 소설 속 표현을 빌리자면 "부모의 유산으로 무위도식하는" 인물이다. 그렇다면 시마무라가 니가타 시골의 온천 마을을 방문한 이유는 무엇일까? 시마무라가 처음부터 서양무용에 관심을 보였던 것은 아니다. 그는 원래 가부키와 같은 일본전통에 관심이 있었으나, 전통무용계 특유의 폐쇄성에 줄곧 불만을 품었다. 하지만 주위의 권고에도 그는 전통무용계를 혁신하겠다는 의지를 접고, 돌연 서양무용으로 관심을 돌린다. 서양인의 춤을 직접 볼 수 없다는 점이 그 이유였다. 사실상 서양무용에 대한 그의 평론이란 글이나 사진으로 본 자료에 상상력을 더한 것에 불과했다. 그러나 이런 평론도 그의 삶에 진정한 만족을 주지는 못했고, 결국 시마무라는 일종의 허무주의에 빠진다. 그는 이런 인생의 허무함에서 잠시 벗어나기 위한 방편으로 온천장을 찾았던 것이다.

온천마을에서 시마무라는 두 명의 여성을 만난다. 나이가 스무 살 전후로 보이는 고마코는 어린 시절에 온천마을에서 멀지 않은 항구도시에서 무용을 배웠고, 그 후 도쿄로 나가 술집 등에서 일한 적이 있다. 무용을 가르쳐준 선생이 요양하기 위해 온천마을에 머물자, 그녀를 따라 마을에 들어와 게이샤로서 생활한다. 한편 요코는 도쿄에서 간호보조원으로 일하다가 고마코에게 전통무용을 가르쳤던 선생의 아들 유키오와 함께 '설국'의 온천마을로 돌아온 여성이다. 시마무라는 설국의 온천장으로 향하는 기차 안에서 유키오와 동승한 요코를 처음 보는데, 그때 잠시 정차한 간이역에서 역장을 부르는 요코의 목소리에서 "슬플 정도로 아름다운" 무엇인가를 느끼고, 그녀에게 빠져들기 시작한다.

당초 도피처였던 온천마을에서 시마무라에게 어떠한 일들이 일어났던 것일까? 소설 마지막에 시마무라는 화재가 난 창고의 불길 속으로 뛰어내리는 요코를 보면서 '설국'을 완전히 떠날 결심을 한다. 달리 말하면 이곳이 더는 인생의 허무를 달래기 위한 도피처가 될 수 없음을 직감한 것이다. 그렇다면 이런 결심은 요코의 죽음이라는 사건이 안겨준 충격에 대한 반응인가, 아니면 '허무'로 가득 찼던 그의 내면에 일어난 어떤 변화를 반영한 것인가?

결론적으로 시마무라는 두 여성과의 만남으로 자신의 허무주의가 인생에 대한 '인위적인 태도'에서 비롯되었음을 깨닫는다. 여기서 인위적인 태도란 대강 특정한 이상을 상정하고 그에 맞추어 현실을 의식적으로 바꾸려는 태도 정도로 정의해두자. 소설 속에서는 인위적인 태도와 대비되는 이런 태도를 '헛수고'라는 말로 표현한다.

'헛수고'라는 말은 시마무라가 고마코의 잡기장을 발견했을 때 처음 나온다. 어느 날 시마무라는 고마코가 열여섯 살 무렵부터 자신이 읽은 소설의 감상을 기록했다는 말에 그것을 '헛수고'라고 면박을 준다. 하지만 고마코는 시마무라의 조롱 섞인 한마디를 아무렇지도 않게 긍정한다. 그 순간 시마무라는 고마코의 태도에서 '순수함'을 느낀다. 그리고 외국 사적의 사진이나 글에 의지해 서양 무용을 희미하게 몽상하는 자신의 행위 또한 헛수고라고 생각한다.

헛수고는 시마무라가 안마사로부터 고마코의 신상에 관한 이야기를 듣는 장면에서 또 한 번 나온다. 그는 안마사로부터 고마코가 유키오의 약혼자였고, 도쿄의 술집에서 번 돈으로 유키오의 요양비를 충당했다는 말을 듣고, 다시 한 번 '헛수고'라는 말을 떠올린다. 그리고 다시 한 번 고마코가 순수하다고 느낀다.

인생이 원래 헛수고라면, 인생을 어떤 의미로 채우려는 시도 또한 헛수고로 끝날 수밖에 없다. 그런 의미에서 시마무라의 허무주의는 무용계를 개혁하겠다는 이상을 실현하려는 순간부터 예정된 것이었다. 이것은 시마무라와 고마코, 시마무라와 요코의 관계에도 적용된다. 관계가 깊어질수록 시마무라는 고마코에게 책임감을 느끼지만, 고마코는 다만 그를 만날 수 있기를 바랄 뿐 시마무라에게 기대려 하지 않는다. 결국 고마코를 향한 애정이 감당할 수 없을 정도로 깊어졌을 때 시마무라는 이별을 떠올린다.

반면에 요코의 죽음은 시마무라가 고마코에게 품었던 특별한 관심과 무관하지 않다. 왜냐하면 요코는 고마코의 마음을 알면서도 시마무라에게 도쿄로 데려가 달라고 요청했고, 요청을 거절한 시마무라는 고마코에게 죄책감을 느꼈을 것이기 때문이다. 시마무라는 이 모든 것이 고마코의 애정을 알면서도 요코에게 지나치게 관심을 보인 탓에 비롯되었다는 생각에 이르렀을 때, 더는 온천마을이 그에게 안락한 도피처가 될 수 없음을 깨닫는다.

이런 생각은 가와바타의 노벨문학상 기념강연 속에도 그대로 반복된다. 서양의 허무가 삶의 목적이 달성되지 못했을 때 찾아오는 것이라면, 일본의 허무란 그 무엇으로도 완전히 채울 수 없는 삶 그 자체를 의미한다. 시마무라의 허무가 서양의 허무라면, 고마코의 헛수고란 일본의 허무를 상징하고 있다.

한편 앞서 말한 것처럼 소설《설국》의 첫 단행본은 중일전쟁이 일어나기 전인 1937년 6월에 출간되었고 중일전쟁과 아시아·태평양전쟁이 벌어지는 과정에서 후속 연재가 이어졌다. 즉《설국》은 전쟁이라는 소용돌이 속에서 태어났다. 하지만 소설에서 전쟁의 영향은 전혀 찾아볼 수 없다. 소설에는 허무주의에 빠진 도쿄의 남성이 '설국'이라는 온천마을의 아름다운 자연과 그 속에서 자족하는 여성과 만나 삶의 활력을 회복한다는 내용뿐이다. 인생은 본래 헛수고(공허)이며, 삶에 대한 적극적인 의지가 거꾸로 삶의 허무주의를 낳는다는 소설의 주제를 생각할 때, 전쟁이라는 어쩌면 가장 적극적인 행위에 가와바타가 의식적으로 거리를 두려 했음을 충분히 예상할 수 있다.

그럼에도《설국》은 전쟁과 완전히 무관하지는 않았다. 예를 들어 첫 단행본《설국》으로 가와바타는 1937년 군부 아래 창설된 관변단체인 문예간화회가 주는 상을 수상하기도 했다. 소설 속에 묘사된 아름다운 자연이 애국심을 고취한다고 판단했던 듯하다. 가와바타는 문예간화회의 회원이기도 했는데, 어느 잡지에 기고한 글에서 문예간화회를 전全 문단적이고 전全 사회적인 존재로 만들어야 한다고 주문하기도 했다. 그가 추구하는 문학과는 별도로 그는 전쟁 시기에 문단이 국책에 협력해야 한다는 데 어떤 저항감도 표현하지 않았다. 오히려 지지하고 독려하는 입장을 표명했다.

이렇게 가와바타는 적극적인 의지를 결여한 일본인의 미의식을 강조함으로써 결국 역사에 책임을 지는 주체가 되기를 스스로 포기했다고 할 수 있다. 실제로 가와바타의 역사에 대한 이런 모호한 태도는 1994년 가와바타에 이어 일본인으로서 두 번째 노벨문학상을 수상한 오에 겐자부로大江健三郎가 비판하기도 했다. 오에의 노벨문학상 수상 기념강의 제목은 〈애매한 일본의 나ぁぃまぃな日本の私〉였다. 이는 명백하게 〈아름다운 일본의 나〉라는 가와바타의 연설 제목에 대한 일종의 비틀기였다.

가와바타가 연설에서 언급한 일본인의 '애매함'을 사이덴스티커는 'vague'라는 단어로 번역했지만, 오에는 'ambiguous'라고 표현하고 싶다고 말한다. 왜 오에는 자신의 '애매함'을 가와바타의 단어와 구분하려 했던 것일까? 거기에는 가와바타의 역사인식에 대한 비판이 함축되어 있다. 그는 가와바타가 일본인의 '애매함' 뒤에 숨어 과거 일본이 자행했던 주변 나라에 대한 침략의 역사와 대면하기를 회피한다고 생각했다.

오에의 '애매함'은 가와바타에 대한 비판만이 아니라 일본의 근대사에 존재하는 '이중성'을 드러내기 위한 의도의 산물이기도 하다. 그가 '애매한'의 번역어로 'ambiguous'라는 말을 선택한 이유도 여기에 있다. 그가 생각한 일본근대사의 '애매함=이중성'이란 다음과 같다. 일본은 서구를 모방했지만 동시에 아시아의 일원이었고 그런 이중성에서 아시아에 대한 침략자가 되었다는 것, 또한 서구를 향해 문을 열었지만 동시에 전통을 강조함으로써 서구에서 바라본 일본은 이해하기 어려운 '어두운 부분'을 온존시켰다는 것이다. 결국 일본의 과거사 문제는 줄곧 이런 애매함 속에서 방치되었다고 오에는 생각한다.

그는 자신의 문학은 일본이 애매함에 안주하기를 거부하고, 애매함이 초래한 '어둠'을 누구나 볼 수 있는 '밝음'으로 전환시키는 것이라고 말한다. 달리 말하면 문학의 언어를 애매함에서 해방시켜 타자와 대화할 수 있도록 개방해야 한다는 것이다. 그는 이렇게 함으로써 애매함 속에서 분열해야 했던 일본인의 영혼을 치유하고, 과거의 역사에 대한 진정한 반성의 길이 열린다고 말한다.

미적 일본주의와 전쟁 내셔널리즘

서양과 구별되는 일본의 문화적인 고유성을 긍정하는 시도가 일종의 국책 이데올로기가 되는 양상은 비단 가와바타의 사례에 국한되지 않는다. 거의 동시적으로 일본문예의 본질을 주객 융합, 통일원리의 결여, 그리고 강한 서정성과 같은 개념으로 설명하는 미학담론이 학문세계에 등장한다. 당시 도호쿠제국대학에서 교편을 잡고 있던 오카자키 요시에岡崎義惠의 '일본문예학'이다. 그가 내세운 문예학의 목표는 감상을 통해 작품을 미적으로 향유하는 것이다. 여기서 말하는 '감상'은 현실적인 이해나 도덕적인 견해를 배제하는 것을 전제로 한다. 그래서 그는 국민정신을 해명한다는 '일본문헌학'과 계급투쟁을 강조하는 '마르크스주의적인 미학'을 강하게 비판했다. 그러나 문예 도덕과 정치가 개입하는 것을 거부했던 오카자키도 1938년 문부성 교학국이 일본주의 이데올로기를 확산시키기 위해 간행한《교학총서敎學叢書》에 참여함으로써 전쟁과 관련을 맺는다.

오카자키가《교학총서》에 게재한 글의 제목은〈문예의 일본적 양식文藝の日本的樣式〉이다. 여기서 그는 일본의 문예양식이 다른 나라, 특히 서구의 문예양식과 비교해 어떤 특징이 있으며, 보편적인 문예체계 안에서 일본문예가 차지하는 위치를 해명하는 데 주력한다. 그는 일본문예의 특징이 '융합적 성격'에 있다고 지적하고, 그것의 의미를 형식·표현법·세계관이라는 세 가지 측면으로 서술하고 있다.

우선 그가 말하는 형식의 융합성이란 이를 테면 문예작품의 구조에서 전체와 부분, 부분과 부분의 구분이 모호하다는 것을 가리킨다. 오카자키는 구미와 중국의 문예작품은 통일성이 강한 반면, 일본의 문예작품은 부분과 전체의 구분이 분명하지 않고, 부분을 전체로 통합하는 원리도 잘 보이지 않는다고 말한다. 달리 말하면 어떤 법칙에 따르는 게 아니라, 기분에 따라 이루어지는 경향이 강하다는 것이다.

하지만 문예작품에 내부를 통일하는 원리가 없을 리 없다. 그는 일본문예에서 부분들의 통일은 법칙에 따르는 방식이 아니라 부분들이 '융합'하는 방식으로 이루어진다고 말한다.

(일본문예의 작품은) 통일성이 없는 것처럼 보이는 경우가 많다. 그럼에도 역시 어떤 독특한 통일방식이 있다. 이른바 통일방식이 극히 자유롭고 유동적이다. 부분은 부분으로 그 자신이 생동하는 듯한 힘이 있는데, 그러나 어딘가 깊은 곳에서 확실히 융합해 존재하고, 부분은 부분으로 끝나지 않는다. 그런 식으로 통일된다. 이것은 통일원리가 법칙에 따르지 않는다는 말로 표현해도 좋을 것이다. 혹은 지적·합리적으로 정리되어 있지 않고, 혹은 의지에 속박되거나 통제되지 않으며, 마음대로 존재하며 깊게 융합되어 있어, 그 융합하는 것은 파악하기 어려운 정조, 기분과 같다고 말할 수 있다.

오카자키는 형식 측면에서 보이는 일본문예의 유동적인 통일방식을 신체의 이미지를 빌려 표현하기도 한다. 중국의 문예가 골격이 뚜렷하다면, 일본의 예술작품은 "혈액"을 통해 전체를 이룬다고 말한다. 달리 말하면 그는 일본문예에서 보이는 부분들 사이의 '느슨한 결합' 양상을 혈액으로 비유해 설명하고 있는 것이다.

그는 이런 형식의 융합성에서 본다면, 문예는 작가의 의도적인 창작물이라기보다, 자연스러운 예술적 충동의 산물에 가깝다고 말한다. 그는 종종 일본의 문예를 자연의 힘으로 스스로 자라는 식물과 비유하는데, 이처럼 그는 대상으로서의 문예작품을 창작자의 일방적인 의지 아래 종속시키는 것에 지극히 부정적이었다. 그리고 이러한 사상은 '표현의 융합성'이라는 일본문예의 두 번째 특징으로 이어진다.

오카자키는 이것을 예부터 전해오는 표현의 두 가지 유형, 정술심서正述心緒와 기물진사寄物陳思라는 말로 설명한다. 정술심서는 마음에 떠오른 바를 직접적으로 나타내는 방식이다. 그는 이런 방식은 일본뿐 아니라 만국의 문예에 공통으로 보이는 표현방식이라고 말한다. 반면 일본의 문예에서는 종종 주체의 마음과 사물이 구분되지 않는 상황이 발생한다고 말한다. 자연의 풍물에 비유해 마음을 표현하는 와카의 기법이 여기에 해당된다. 요컨대 외부 물체와 사항을 단지 외적인 존재로 간주하지 않고, 인상적인 감정의 내부에 융합시켜 표현하는 것이 일본문예의 양식이라는 주장이다. 그것이 '기물진사'다.

기물진사는 일본에서는 ……사물과 마음을 일본적으로 표현하는 방법이다. 이렇게 마음이 사물에 의탁해 나타나는 단계에 그치지 않고, 그와 같은 지적 판단 형태를 넘어 마음인지 사물인지 알 수 없는 상태를 나타내는 경우가 생긴다. 비유에서도 비유하는 마음과 비유되는 사물이 분명히 구분되지 않는 경우가 일어난다. 즉 마음은 서정성을 띠고 사물에 본래 있는 마음인지, 사물과는 다른 마음인지, 그 사이의 경계를 세우기 곤란한 경우가 생긴다.

그는 일본문예에서는 전반적으로 표현의 주체와 객체가 혼합되는 경향이 있다고 말한다. 즉 감상의 주체와 미적 대상이 명확히 분리되지 않고 '혼합적'으로 존재한다는 것이다. 오카자키는 이러

한 특징이 발생한 원인을 일본문예의 관조하는 태도에서 찾는다. 그는 적극적인 의지와 이지적인 힘에 의지하지 않는 태도를 '세계관의 관조성'이라 이름 붙이고, 이것이 일본문예의 양식을 규정하는 세 번째 특징이라고 말한다. 이를 위해 오카자키는 서양의 비극과 일본의 아와레ぁはれ(시간의 변화에 따라 사라지는 것이 일으키는 미의식)를 비교한다. 그에 따르면 아와레는 운명과의 대결을 회피하고 오히려 운명에 순응하는 태도에서 나타난다고 말한다.

> 예를 들어 비극은 운명에 맞선 인간이 운명의 힘에 강하게 억눌려 결국 멸망하는 형태로 나타난다. 반면에 아와레와 같은 마음가짐은 운명을 참고 따르며 운명과 화해하는 상태다. 운명과 친밀해져 운명에 몸을 맡기는 기분이 드는 것이다. 거기에 극적인 투쟁은 성립하기 어렵다. 필연적으로 서정적인 예술이 발생한다. 아와레는 투쟁과 고난의 세계가 아니라 화합·동정·동감의 세계다.

오카자키는 아와레·오카시ぉかし를 일본문예의 중심을 이루는 미적 정서라고 부른다. 이러한 정서들은 서양의 비극과 희극에 상응하지만 근본적으로 다르다고 말한다. 원래 서양의 비극은 인생의 여러 모순과 갈등, 투쟁을 전제로 하며, 인간의 의지와 운명의 대립, 개인과 개인의 갈등, 내면에서 분열하는 성격을 그린다고 할 수 있다. 반면에 아와레에는 심각한 대립이 보이지 않는다. 왜냐하면 일본문예에는 인생의 여러 문제를 동정과 공감의 탄식 속에 녹

여 철저히 사상적으로 고뇌하지 않고 화합과 동감의 정서에 의해 지배되는 서정적인 미가 문예의 양식을 결정하기 때문이다.

또한 그는 서양의 희극에서는 인간사회의 모순과 추악함을 고발하지만, 서양의 희극에 대응하는 오카시의 문예에는 그런 엄격한 태도가 없다고 말한다. 거기에서는 아름다운 것이나 추한 것을 보아도 '오카시'라고 가볍게 웃어넘긴다. 즉 오카시의 문예는 관조적인 기분을 중시할 뿐, 적극적인 의지나 이지적인 사상성과는 무관하다는 것이다.

일본문예의 특수성을 해명하려는 오카자키의 일본문예양식에 관한 논의는 1930년대 중반 이후 문단과 사상·학문 분야 전체에서 확산되던 이른바 일본주의적이고 일본회귀적인 경향의 일부로서 존재했다. 그런데 오카자키가 정부의 '교학 쇄신운동'의 일환으로 전개된 국책적인 학술운동에 참여했다는 사실은 분명 문예의 순수성과 의지를 결여한 관조적 태도를 중시하는 입장과 모순되는 것처럼 보인다.

여기서 주의 깊게 봐야 할 점은 오카자키의 비판이 '정치 일반'이 아니라 특정한 '주체'를 형성하기 위한 문예를 향하고 있다 점이다. 앞서 그가 일본문헌학과 마르크스주의 미학에 비판적이었다고 말했는데, 그 이유는 양쪽이 각각 계급투쟁과 국민화라는 어떤 적극적인 주체화 전략에 연관되어 있기 때문이다. 왜냐하면 오카자키는 일본문예에서 서양의 비극에서처럼 '심각한 대립'이나 '사상적 고뇌'는 찾아보기 어렵고, "운명을 참고 따르며, 운명과 화해하는 상태"가 일반적이라고 말하기 때문이다.

가와바타 야스나리와 오카자키 요시에는 둘 다 일본인의 내면은 주체성이 약하고 자연에 깊이 구속되며, 따라서 주관과 객관을 엄밀히 구분되지 않은 미적 표현에 친숙하다고 말했다. 또한 두 사람 모두 예술미는 정치적인 현실과 거리를 둠으로써 본연의 모습을 나타낸다고 생각해 전쟁협력에 적극적이지 않았지만, 그렇다고 일본미를 전쟁의 이데올로기로 활용하려는 국책의 요구를 거절하지도 않았다. 의지와 목적을 결여한 일본의 미가 예술 본연의 모습이라는 그들의 주장은 서양적 미학에 대한 일본미의 우월성을 정당화하는 논리로 간주되었고, 당시 전쟁을 서양식의 근대를 극복하기 위한 '세계사적 사명'으로 간주했던 전쟁 이데올로기와 공명하고 있었다. 여기서 역사적 현실에 대한 무관심을 강조하는 미적 담론이 역설적으로 전쟁이라는 정치적인 현실과 맞물리는 모순을 확인하게 된다.

《설국》과 냉전기 일본 이미지

가와바타의 노벨문학상 수상은 그의 문학이 세계문학으로 인정받았음을 의미하는 사건이었다. 달리 말하면 이를 계기로 '일본의 가와바타 야스나리'는 '세계의 야스나리 가와바타Yasunari Kawabata'가 되었다고 할 수 있다. 그렇다면 이는 오직 가와바타 문학의 예술적인 우수성에 따른 결과일까? 미국의 학자 크리스티나 클라인

Christina B. Kline이 밝힌 것처럼 가와바타 문학이 세계화된 배후에는 냉전기 일본에 대한 미국의 문화전략이 놓여 있었다.

그는 냉전기 미국의 국가정책이 언어·이미지·이야기를 공유함으로써 '문화 메커니즘'과 손잡았음을 지적하며, 특히 냉전기에 미국정부의 냉전 전략에 맞추어 매스미디어의 영역에서 전개되었던 아시아의 표상을 재창조하려던 과정을 '냉전 오리엔탈리즘'이라는 개념을 통해 설명하고 있다 그에 따르면 이 시기에 아시아의 이미지는 이른바 '중산층' 문화매체를 통해 주로 유통되었다. 예를 들어《리더스 다이제스트*Reader's Digest*》,《새터데이 리뷰*Saturday Review*》등의 잡지, 〈남태평양〉이나 〈왕과 나〉 등의 뮤지컬 작품이 그런 역할을 담당했다. 여행잡지와 광고 등도 아시아를 가보고 싶은 장소로 선전하기 시작했다.

이러한 경향은 1950~60년대에 두드러졌는데, 특히 일본의 경우, 한국전쟁 발발이 큰 전환점이 되었다. 아시아를 공산주의로부터 방어하기 위해 일본에 경제지원을 강화하고 일본이 평화로운 주권국가로 전 세계에 받아들여질 수 있도록 한 것이다. 전시중에 '원숭이 사무라이'로 표상되던 일본은 이 시기에 미국 내에서 남성에 순종적인 '게이샤'라는 이미지를 부여받는다. 클라인에 따르면, 일본에 부여된 여성적 표상은 게이샤가 남자 손님에게 순종하는 것을 강조함으로써 결과적으로 일본의 미국에 대한 '정치적인 순종'이 자연스럽게 보이게 하는 데 기여했다." 당시 일본의 표상, 즉 일본을 어린아이로 취급하는 표상과 함께 앳되고 의지할 곳

없는 게이샤 이미지를 얻은 일본은 "미국의 지도와 자선하는 마음을 필요로 하는 의존자"가 되었다. 게이샤 이미지는 일본여자, 나아가 아시아를 다루기 쉬운 존재로 만들고 19세기 오리엔탈리즘을 재연함으로써 호전적인 일본 이미지를 오히려 자진해 머리를 숙이는 동맹으로 변화시켰다고 그는 지적한다.

나아가 클라인은 미국에서 《설국》을 받아들인 것이 냉전기 오리엔탈리즘이 중산층문화에 호소해 냉전의 감정구조를 만드는 현상과 무관하지 않았다고 말한다. 예를 들어 가와바타의 소설 《이즈의 무희伊豆の踊子》와 《설국》은 오리엔탈리즘적인 타자화 시선을 묘사한다. 두 작품 모두 터널을 넘어 일종의 이국을 여행하는 이야기다. 도시의 교양 있는 남자가 화자이고, 예능인 또는 무희라는 하층에 속하는 그는 다른 세계에 사는 여성들을 '바라보며' 한때 위로를 받는다. 이 구도는 서양남자가 일본 게이샤를 바라보는 시선에 그대로 오버랩된다. 번역자 사이덴스티커는 가와바타의 작품 가운데 게이샤로서의 일본으로 표현되는 작품만 번역대상으로 골랐다. 예를 들어 《이즈의 무희》와 《설국》은 번역되었지만, 도시의 이른바 '모던 걸'이 등장하는 《아사쿠사 구레나이단淺草紅團》은 번역하지 않았다. 그는 의도적으로 가와바타라는 작가를 여성적인 일본의 이미지와 연결시켜 소개했다.

이런 사이덴스티커의 의도는 《설국》에 대한 독자의 반응에도 그대로 나타난다. 당시 《설국》에 대한 서평은 냉전기 오리엔탈리즘과 연결된다. 《새터데이 리뷰》는 《설국》이 하나의 '경험'이라면서 독자가 "자기도 차갑게 얼어붙은 공기 속에 생활하며 경치를 바라보고 숙소에 들려 게이샤와 밤을 보내는 기분"을 맛본다고 평하고, 《샌프란시스코 크로니클San Francisco Chronicle》은 동양의 데카당을 다룬 단편으로 평가했다. 도널드 바Donald Barr는 노골적으로 《설국》을 서양의 다양한 모습의 알레고리로 본다. 그는 시마무라를 '미국의 지식인', 고마코를 '예술'로 해석했다. 모두 시마무라의 시점으로 설국이라는 터널 저편에 게이샤가 사는 일본을 여행했던 것이다. 그런 의미에서 《설국》은 중산층문화에서 유통된 일본에 게이샤의 이미지를 덧칠한 것이다.

냉전의 압력이 미국의 시선에서만 작용한 것은 아니었다. 가와바타도 냉전의 구조를 이용한 측면이 있다. 가와바타가 노벨문학상을 수상한 데는 번역가 에드워드 사이덴스티커의 역할이 적지 않았다. 그는 《설국》의 영어판 번역자로서 가와바타 야스나리 문학을 영어권에 적극적으로 소개하는 역할을 맡았다.

한편 사이덴스티커에게는 일본문학 전문가라는 모습 외에 국제적 반공주의 문화운동가라는 또 다른 모습이 있다. 그는 문화자유회의라는 1950년에 창설된 국제적인 반공주의 문화단체와 연결되어 있었다. 사이덴스티커와 가와바타의 관계도 이런 문맥과 무관하지 않았다. 실제로 가와바타 야스나리는 문화자유회의의 일본 지부인 일본문화포럼의 고문으로 이름을 올리기도 했다. 또한 문화자유회의는 '일본 펜클럽'이라는 단체를 일본 내 좌익지식인과 양식 있는 사람들 사이의 싸움터로 보고 주시했는데, 가와바타는

1948년부터 일본 팬클럽 회장을 맡아 좌익지식인의 영향력을 견제하는 역할을 담당했다. 어느 미국인 학자의 말을 빌리자면, 적어도 문화자유회의를 비롯한 냉전문화 체제 안에서 사이덴스티커에게 가와바타는 좌익 이데올로기에 휘둘리지 않는 '양식 있는 사람'의 대표였고, 그야말로 문화의 '냉전 전사'였다.

　미국과 일본의 관계를 남성과 여성이라는 일종의 젠더 관계로 치환시켜 미일관계의 비대칭성을 문화적 표상으로 정당화하려는 시도는 비단 미국에 국한된 경향은 아니다. 일본 내에서 현실의 대미의존을 정당화하는 다양한 담론과 표상들이 생산되었다. 일본인다운 여성이 등장하는 가와바타의 문학이 또한 이런 문화생산물 가운데 하나였음은 두말할 나위도 없다. 예컨대 사회학자 요시미 순야吉見後哉는 1960년대 일본의 가전제품 광고를 분석하면서 일본인들이 미국을 '초월적 타자'로 받아들였다고 밝힌다. 그에 따르면 전후 일본에서 가전제품이 표현하는 가치란 미국의 라이프스타일에 다름 아니다. 1950~60년대 가전제품 광고를 보면 미국스럽다든가 미국식이라는 말이 자주 보인다고 한다. 참고로 이러한 형식을 일본에서 주도한 기업이 '내셔널'이라는 상표로 유명한 '마쓰시타'였다.

　한편 일본의 가전제품 기술력은 1950년대까지는 미국과 격차가 상당했다. 하지만 1960년대가 되면 일본의 기술도 상당한 위치에 올라선다. 그즈음 나온 광고문구가 "미국에도 지지 않는 기술력을 갖춘 일본"이다. 이 문구는 미국에 일본의 기술력이 승인되는 구조를 띤다. 미국에 귀속되어 승인받는 시선으로 일본이 기술로써 아이덴티티를 확립하는 구도가 여기에 표현되었다.

대미의존을 정당화하는 논리는 대중문화에서도 찾아볼 수 있다. 1960년대 나온《울트라맨ウルトラマン》시리즈가 적절한 예가 될 수 있다. 처음에는 특수촬영물 형태였지만 후에 애니메이션으로도 만들어진 이 작품은 대중적으로 성공했을 뿐 아니라 일본이 미국에 의존한다는 점을 인정하고 미국의 압도적인 '폭력=군사력'을 재해석하는 시도이기 때문이다. 무엇보다 이 작품은 경제성장으로 미국과 대등해졌다는 감각과 여전히 미국(의 폭력)에 의존하는 현실의 격차를 기존의 지배/피지배와는 다른 새로운 해석의 틀로 메우려는 담론실천의 사례라는 점에서 주목할 가치가 있다.

이제《울트라맨》시리즈로 들어가보자. 이 작품을 관통하는 이야기의 기본구도는 과학특수대와 울트라맨이 함께 괴수들을 물리치는 것이다. 괴물과 맞서는 과학특수대가 역부족인 상황이 일어나면 주인공 하야타가 울트라맨으로 변신해 결국 괴물을 물리치는 전개가 매회 반복된다. 여기에서 과학특수대의 능력은 독자적으로 적을 제압할 수 없는 불완전한 힘에 불과하며, 과학특수대의 부족한 힘을 울트라맨이 최종적으로 보완하는 구도로 둘의 관계가 설정되어 있다. 이는 달리 말하면 지구인은 자신의 안전을 울트라맨에게 의존하는 셈이 되는데, 이러한 관계가 미일안보조약하의 자위대(일본)와 미군(미국) 사이의 관계와 대응하고 있음은 자명하다.

문제는 이런 설정이 일본인에게 불편할 수밖에 없다는 점이다. 특히《울트라맨》의 대중적인 성공을 감안할 때, 이러한 설정은 더욱 의문스럽다. 결론적으로《울트라맨》은 울트라맨에 대한 지구인의 일방적이고 의존적인 관계는 강자에 대한 약자의 의존 혹은 종속과는 다른 차원이라고 말한다. 거기에 미일관계라는 정치적 현실에 대해《울트라맨》이라는 텍스트가 제공하는 고유한 해석이 존재한다.

이 문제를 풀기 위해서는 우주인인 울트라맨이 지구인을 돕는 이유를 살펴볼 필요가 있다.《울트라맨》은 과학특수대 하야타 대원이 소형 우주선을 타고 파란 구형물체와 빨간 구형물체를 추적하는 장면으로 시작한다. 이때 하야타의 우주선이 빨간 구형물체와 충돌하면서 하야타는 목숨을 잃는다. 빨간 구형물체의 정체는 M78성운의 우주인인데, 그는 도망친 우주괴물(파란 구형물체)을 쫓아 지구 근처까지 왔다가 하야타와 충돌했다. 하야타의 죽음에 책임을 느낀 우주인은 돌연 자신의 생명을 하야타와 공유하고 지구의 평화를 위해 싸우기로 결심한다. 이후 우주괴물이 출현하고 과학특수대가 위기에 처할 때마다 하야타는 울트라맨으로 변신해 괴물을 물리친다.

지구와 어떤 관계도 없었던 울트라맨이 하야타의 몸을 빌려 지구를 돕는 것은 전적으로 그의 '선의'가 낳은 결과임을 알 수 있다. 바꾸어 말하면 울트라맨은 별도의 목적이 있어서가 아니라, 다만 우연히 일어난 충돌사고로 양심에 가책이 일어 지구의 편이 되었다고 할 수 있다.

이 목적 없는 선의(양심)는 극중에서 지구인과 울트라맨을 연결시키는 고리 역할을 한다. 이런 관점에서 보자면 지구인이 울트라맨에게 강하게 의존하고 있음은 분명하지만, 양자의 관계를 '종속관계'로 이해하는 관점에는 신중해야 한다. 왜냐하면 울트라맨이 특정 목적으로 월등한 힘을 이용해 지구인을 후원하는 것이 아니라, 다만 양심과 선의에 따라 행동하고 있을 뿐이기 때문이다.

이러한 설정의 의도를 이해하는 것은 그리 어렵지 않다. 미일관계가 제3자의 눈에는 종속관계로 보일지 모르지만, 그와 무관하다는 점을 보여주는 데 있다. 그리고 이 설정을 현실의 미일동맹에 적용하면, 비대칭적인 미일관계 또한 전혀 다른 의미를 부여받는다. 물론 이때 전제는 미국을 울트라맨처럼 목적 없는 선의를 가진 존재로 가정해야 한다는 점이다. 이로부터 '지배/종속'처럼 보이는 미일관계는 불완전한 힘을 보완하기 위한 일본이 미국의 힘에 의존하지 않고, 다만 미국의 호의를 받아들였다는 해석이 성립한다. 요컨대《울트라맨》은 현실의 종속적인 미일관계를 일종의 선의에 기초한 우호관계로 전환시키고 있을 뿐 아니라, 전후일본과 냉전을 매개하는 미국의 정치적·군사적 이해를 후퇴시켜 마치 일본이 냉전에서 빗겨난 듯한 '착시'를 일으킨 것이다.

현대 일본문화론의 향방

전후 일본문화론의 변천을 분석한 아오키 다모쓰의 책은 1999년까지의 일본문화론을 다룬다. 그는 일본문화에 대한 긍정적인 인식이 1970~80년대를 거쳐 1990년대에 이르면 일본문화를 국제적으로 통용가능한 보다 보편적인 것으로 만들어내려는 시도가 일어났다고 말한다. 흔히 1990년대부터 일본경제가 불황에 빠졌다고 말하지만, 그렇다고 경제대국으로서의 위상이 흔들릴 정도는 아니었다. 일본문화가 특수한 문화에서 벗어나 보편적인 문화로 변해야 한다는 주장의 배경에는 일본경제의 굳건한 국제적 지위가 놓여 있었다.

1990년대 후반 동아시아에서 발생한 금융위기를 거치면서 일본경제의 영향력이 과거와 같지 않다는 인식이 확산되었다. 그리고 이에 대한 일본내부의 대응으로 2000년대 이후, 특히 고이즈미 정권에서 아베 정권으로 이어지는 보수적인 정부 아래서 신자유주의에 입각한 구조개혁이 추진되었다. 그 결과 고도경제성장을 이끌었던 종신고용제도와 연공서열제도는 점차 사라지고, 대신 비정규직이 급증하는 상황이 뒤따랐다. 이제 일본인에게 '사회'란 생활과 인간관계의 토대라는 의미를 잃고, 생존을 위한 경쟁의 무대로 인식되기 시작했다. 그리고 집단주의의 사회적인 토대였던 회사·학교·가족의 안정성이 약해지자 전후를 풍미했던 긍정적인 일본문화에 대한 예찬도 활력을 잃어갔다.

돌이켜보면 일본문화를 긍정하는 인식이 대세였던 1970~80년대의 일본은 경제적·정치적으로 안정기였다. 자타가 공인하는 경제 대국이면서, 자민당의 헤게모니가 관철되고 있었다. 긍정적인 일본 문화론은 어떤 의미에서 이런 사회적 안정기라는 토양 위에서 가능했다고 말할 수 있다. 하지만 2000년대 이후 일본인의 집단주의가 작동했던 각종 사회집단 내부의 유동성이 높아지면서, 일본문화론이 예전의 영광을 지속하기란 곤란해졌다. 대신 그 자리를 차지한 것은 인구감소·지방소멸·재정악화 등의 전망과 함께 등장한 살풍경한 현실과 점점 고립되는 사람들의 모습을 다룬 비관적인 관점의 저술들이다.

분명한 점은 전후 사회의 안정기는 끝났고, 일본은 새로운 변화의 시기에 돌입했다는 사실이다. 그리고 그것은 전후의 안정기 속에서 양산되었던 일본문화론의 유효기한이 종료되었음을 의미하기도 한다. 그럼에도 아베 신조와 같은 정치인은 신자유주의가 초래한 사회적인 관계의 해체에 대한 처방책으로 '가난했지만 공동체 안에서 심리적인 풍요를 느꼈던 과거 아름다운 나라 일본'을 내놓고 있음은 하나의 아이러니다. 왜냐하면 전통적인 공동체도, 그것을 움직였던 집단주의도 현실의 일본사회에서는 실효성을 상실했기 때문이다.

오히려 필요한 것은 과거에 대한 낭만주의와 과감히 이별하고, 정보화와 글로벌화의 영향으로 나날이 높아지는 사회적 관계의 유동성에 대응할 만한 새로운 관계성을 모색하는 것이 아닐까? 비정규직·외국인·비혼자가 늘어나고 세대 간, 지역 간 격차가 날

로 심해지고 있는 오늘날의 일본에서 과연 일본문화론은 약한 주
체들의 집단주의를 주장했던 과거와 단절하고 새로운 사회적 관
계에 부응하는 응답을 내놓을 수 있을지 주목해볼 일이다.•

● **서동주** | 고려대학교 일어일문학과에서 석사학위를, 일본 쓰쿠바대학교 인문사회과학연
구소에서 문학박사학위를 받았다. 서울대학교 일본연구소 HK연구교수, 이화여자대학교
이화인문과학원 HK교수를 역임했고, 현재 서울대학교 일본연구소 조교수로 있다. 지은 책
으로는《'전후'의 탄생: 일본, 그리고 '조선'이라는 경계》(공저),《전후 일본의 지식 풍경》(공
저),《근대 지식과 저널리즘》(공저) 등이 있다.

ㅇ 미주

| 대중문화편 |

1 동인녀에 대한 내용은 저자의 글은 김효진, 〈'여성' 오타쿠로서 동인녀: 최근의
   전개를 중심으로〉, 《BOON》 3호, 2014의 내용을 바탕으로 본서의 목적에 맞게
   수정·보완한 것이다.

| 사상편 |

1 아사바 미치아키淺羽通明는 1980년대에 이미 "주의가 취미로서만 살아남는 상황"
   이 되었다고 말한다.

2 월간 《말》은 1985년 6월 민주언론운동협의회의 기관지 형식으로 창간, 박종철
   고문사건을 기사화해 1987년 6월 민주화운동을 촉발했다.

3 2017년 미국의 트럼프Donald J. Trump 대통령이 TPP를 탈퇴한 상태에서 2018년 3월,
   일본·호주·캐나다가 주도해 포괄적·점진적 환태평양 경제동반자 협정, 즉 CPTPP
   Comprehensive and Progressive Trans-Pacific Partnership를 체결했다.

| 미디어편 |

1 濱野智史, 小熊英二 編, 〈情報化〉, 《平成史》, 增補新版, 河出ブックス, 2014, 432쪽.

2 김웅희, 〈일본형 IT전략의 성과와 새로운 모색〉, 《일본연구논총》 22권, 2005,
   165, 166쪽을 참조할 것.

3 Shibuichi Daiki, "The Struggle against Hate Groups in Japan: The Invisible

Civil Society, Leftist Elites and Anti-Racism Groups," *Social Science Japan Journal 19(1)*, 2016, pp.71~74.

4 테사 모리스-스즈키, 김규찬 옮김, 〈언론의 자유와 침묵의 목소리: 일본 언론과 NHK 사건〉, 《언론정보연구》 42권 2호, 2006, 143~149쪽.

5 정지희, 〈2000년대 이후 자민당 정권의 방송 내용 규제 논리와 NHK 우경화 논란〉, 《동아연구》 35권 1호, 2016, 163~175쪽을 참조할 것.

6 정지희, 〈NHK 수신료 납부 정지·거부 운동을 통해 본 현대 일본의 공영방송 인식과 시민사회의 변동〉, 《언론정보연구》 54권 2호, 2017, 199~207쪽을 참조할 것.

7 아마추어의 반란이 주도한 탈원전운동과 3.11 이후 사회운동의 전개에 대해서는 박지환, 〈동일본 대지진 이후 일본의 사회운동: '아마추어의 반란'의 탈원전 데모를 중심으로〉, 《일본연구논총》 36권, 2012, 31~55쪽을 참조할 것.

8 탈원전-반인종차별-반안보법제로 이어지는 3.11 이후 사회운동의 큰 흐름에 대해서는 木下ちが, 《ポピュリズムと'民意'の政治学: 3.11以後の民主主義》, 大月書店, 2017, 71~111쪽을 참조할 것.

9 같은 책, 13쪽.

| 역사편 |

1 '천황'이라는 호칭은 일본의 오랜 역사 속에서 변화하면서 정착되어온 고유명사이며, '천황제'는 천황을 정점으로 하는 근대 일본의 정치체제를 비판하기 위해 사용되는 용어다. 즉 '폐하'라는 수식어를 더하지 않는 이상, 그 자체가 천황에 대한 충성이나 존경을 담은 용어가 아닌 역사용어일 뿐이다.

○ 참고문헌

| 대중문화편 |

권혁태,《일본 전후의 붕괴: 서브컬처 소비사회 그리고 세대》, 제이앤씨, 2003.

김준양,《이미지의 제국: 일본 열도 위의 애니메이션》, 한나래, 2006.

김효진, 〈'여성' 오타쿠로서 동인녀: 최근의 전개를 중심으로〉,《BOON》 3호, 2014.

_____, 〈서브컬처를 이용한 지역활성화의 가능성과 한계: '코미케 in 미토'의 사례를
중심으로〉,《일본연구》 57권, 2013.

_____, 〈후조시는 말할 수 있는가? '여자' 오타쿠의 발견〉,《일본연구》 45권, 2010.

McGray, Douglas, "Japan's Gross National Cool," *Foreign Policy*, 2009.

모리카와 카이치로 외, 오석철 옮김, 〈아키하바라: '오타쿠'의 성지는 예언한다〉,《도
쿄 스터디즈: 일본 문화의 중심, 도쿄를 바라보는 38개의 시선》, 커뮤니케이션북
스, 2006.

미조구치 아키코,《BL진화론: 보이즈 러브가 사회를 움직인다》, 이미지프레임, 2018.

아즈마 히로키, 이은미 옮김,《동물화하는 포스트모던: 오타쿠를 통해 본 일본 사회》,
문학동네, 2006.

| 사상편 |

〈'マンガ嫌韓流'の作者・山野車輪がお台場の'嫌韓デモ'に首をかしげる理由とは〉,《日
刊サイゾー》, サイゾー, 2011. 08. 09.

古谷經衡,《ネット右翼の逆襲 '嫌韓'思想と新保守論》, 總和社, 2013. 04.

本國薄利, "韓流ブーム"に疑問 日本依存…5年後には消える?, SankeiBiz, 2012. 05. 12.; http://www.sankeibiz.jp/macro/news/120512/mcb1205120501003-n1. htm

北田曉大, 〈ネット世論 嗤う日本のナショナリズム―'2ちゃんねる'にみるアイロニズムとロマン主義〉,《世界》720号, 岩波書店, 2003. 11.

_____,《嗤う日本の'ナショナリズム'》, 日本放送出版協會 NHKブックス, 2005.

山野車輪, 〈今の嫌韓は初期の嫌韓と層が違う〉,《週刊SPA!》, 2013. 12. 23.

_____,《マンガ嫌韓流》, 晋遊舍, 2005.

西尾幹二, 藤岡信勝, 小林よしのり, 高橋史朗,《歷史敎科書との15年戰爭―'侵略·進出'から'慰安婦'問題まで》, PHP硏究所, 1997.

〈松下圭一さん死去 市民自治による政治の確立目指す〉, 朝日新聞デジタル, 2015. 05. 11.

야스다 고이치, 김현욱 옮김,《거리로 나온 넷우익: 그들은 어떻게 행동하는 보수가 되었는가》, 후마니타스, 2013.

〈오마이뉴스 모델, 세계에 수출되다: 소프트뱅크와 총 110억원 투자계약〉,《오마이뉴스》, 2006. 2. 22.

요시노 타이치로, 〈일본우익 청년이 '혐한시위'에 반대하는 이유〉,《허핑턴포스트 일본판 뉴스에디터》, 2014. 3. 21.; https://www.huffingtonpost.kr/taichiro-yoshino-kr-/story_b_4997453.html

〈日변호사·네티즌이 '혐한 동영상' 30만 개 없앴다〉,《조선일보》, 2018. 07. 02.; http://news.chosun.com/site/data/html_dir/2018/07/02/2018070200149. html

조관자, 〈일본인의 혐한의식: '반일'의 메아리로 울리는 '혐한'〉,《아세아연구》, 2016. 03.

潮匡人,《'反米論'は百害あって一利なし》, PHP硏究所, 2012.

〈左翼政權になって話し合いの余地はなくなった: '在日特權を許さない市民の會' 會長·桜井誠氏インタビュー〉,《週刊金曜日》790号, 2010. 03. 12.

竹田靑嗣, 橋爪大三郎, 小林よしのり,《ゴーマニズム思想講座 正義·戰爭·國家論―自分と社會をつなぐ回路》, 徑書房, 1997.

채명석, 〈후지TV가 반한류 시위 표적이 된 까닭〉,《시사IN》 207호, 2011.09.07.;

http://www.sisain.co.kr/news/articleView.html?idxno=11081

淺羽通明,《右翼と左翼》, 幻冬舍, 2006.

淸義明,《サッカーと愛國》, イースト·プレス, 2016.

페터 슬로터다이크, 이진우·박미애 옮김,《냉소적 이성 비판》, 에코리브르, 2005.

한국콘텐츠진흥원,〈2012년 세계 음악시장 및 한국 음악시장 동향과 시사점〉, 2013.
    04. 29.

한정선,〈현대 일본우익 대중주의의 알고리즘: 고바야시 요시노리 '전쟁론'의 언설과
    이미지〉,《일본비평》10호, 2014. 02.

| 미디어편 |

Shibuichi Daiki, "The Struggle against Hate Groups in Japan: The Invisible
    Civil Society, Leftist Elites and Anti-Racism Groups," *Social Science Japan
    Journal 19(1)*, 2016.

강태웅,〈미디어: 전통매체의 여전한 영향력〉,《이만큼 가까운 일본》, 창비, 2016.

권혁태,〈소비사회와 세대론〉,《일본 전후의 붕괴: 서브컬처, 소비사회 그리고 세대》,
    제이엔씨, 2013.

김웅희,〈일본형 IT전략의 성과와 새로운 모색〉,《일본연구논총》22호, 2005.

모리스-스즈키, 테사, 김규찬 옮김,〈언론의 자유와 침묵의 목소리: 일본 언론과 NHK
    사건〉,《언론정보연구》42권 2호, 2006.

木下ちが,《ポピュリズムと'民意'の政治學: 3.11以後の民主主義》, 大月書店, 2017.

박지환,〈동일본 대지진 이후 일본의 사회운동: '아마추어의 반란'의 탈원전 데모를
    중심으로〉,《일본연구논총》36호, 2012.

濱野智史, 小熊英二 編著,〈情報化〉,《平成史》, 增補新版, 河出ブックス, 2014.

山口二郎,〈'政治の場'と'生活の場'を往復した自立した市民の誕生〉,《世界》881号,
    2016.

山腰修三,〈デジタルメディアと政治參加をめぐる理論的考察〉《マス·コミュニケーシ
    ョン研究》85号, 2014.

신경립, 〈미디어 환경의 변화가 초래한 일본 반원전 운동과 대규모 시위의 부활〉,《동아연구》33권 2호, 2014.

요시미 순야, 최종길 옮김,《포스트전후 사회: 전후적 체제가 붕괴해 간다》, 어문학사, 2013.

정지희, 〈2000년대 이후 자민당 정권의 방송 내용 규제 논리와 NHK 우경화 논란〉, 《동아연구》35권 1호, 2016.

정지희, 〈NHK 수신료 납부 정지·거부 운동을 통해 본 현대 일본의 공영방송 인식과 시민사회의 변동〉,《언론정보연구》54권 2호, 2017.

조경희, 〈전후 일본 "대중"과 "시민"의 교차와 길항: 1960년 안보투쟁을 둘러싼 서사를 중심으로〉,《사이SAI》12호, 2012,

| 역사편 |

마리우스 B. 잰슨, 김우영 외 옮김,《현대 일본을 찾아서》1·2권, 이산, 2006.

박훈,《메이지유신은 어떻게 가능했는가》, 민음사, 2014.

앤드루 고든, 김우영 옮김,《현대 일본의 역사: 도쿠가와 시대에서 2001년까지》, 이산, 2005.

일본사학회,《아틀라스 일본사: 역사읽기, 이제는 지도다!》, 사계절, 2011.

전국역사교사모임,《처음 읽는 일본사: 텐노·무사·상인의 삼중주, 일본》, 휴머니스트, 2013.

한상일,《이토 히로부미와 대한제국》, 까치, 2015.

함동주,《천황제 근대국가의 탄생: 일본》, 창비, 2009.

| 정치편 |

Dower, John W., *Empire and Aftermath: Yoshida Shigeru and the Japanese*

Experience, 1878~1954, Harvard University Press, 1988.

Grew, Joseph C., *Ten Years in Japan*, Simon and Schuster, 1944.

吉田茂,《吉田茂書翰》, 中央公論社, 1994.

남기정 엮음,《일본 정치의 구조 변동과 보수화: 정치적 표상과 생활세계의 실상》, 박문사, 2017.

남기정,《기지국가의 탄생: 일본이 치른 한국전쟁》, 서울대학교출판문화원, 2016.

山本武利·高杉忠明,《延安リポート一アメリカ戦時情報局の對日軍事工作》, 岩波書店, 2006.

小林よしのり,《ゴーマニズム宣言SPECIAL 戰爭論》, 幻冬舍, 1998.

小澤一郞,《日本改造計畫》, 講談社, 1993.

손열 엮음,《일본 부활의 리더십: 전후 일본의 위기와 재건축》, EAI, 2013.

五百旗頭眞,《米國の日本占領政策一戰後日本の設計圖》上·下, 中央公論社, 1985.

_____,《戰後日本外交史》, 有斐閣, 2014.

增田潮,《日本國憲法をつくった男, 宰相 幣原喜重郎》, 朝日文庫, 2017.

코세키 쇼오이찌, 김창록 옮김,《일본국헌법의 탄생》, 뿌리와이파리, 2010.

현대일본학회,《일본정치론》, 논형, 2007.

| 문학편 |

가라타니 고진, 송태욱 옮김,《일본정신의 기원: 언어·국가·대의제, 그리고 통화》, 이매진, 2003.

가와바타 야스나리, 유숙자 옮김,《설국》, 민음사, 2008.

김채수,《가와바타 야스나리의 '설국' 연구》, 보고사, 2004.

大江 健三郎,《あいまいな日本の私》, 岩波書店, 1995.

사사누마 도시아키, 서동주 옮김,《근대 일본의 국문학 사상》, 어문학사, 2014.

아오키 다모쓰, 최경국 옮김,《일본문화론의 변용》, 소화, 2000.

엔도 후히토 외, 이경희 옮김,《일본표상의 지정학: 해양 원폭 냉전 대중문화》, 한양대학교출판부, 2014.

오사와 마사치, 서동주 외 옮김, 《전후 일본의 사상공간》, 어문학사, 2010.

오쿠보 다카키, 송석원 옮김, 《일본문화론의 계보》, 소화, 2007.

우치다 타츠루, 김경원 옮김, 《일본변경론》, 갈라파고스, 2012.

조정민, 〈일본적 미의 지층과 가와바타 야스나리〉, 《일본비평》 13호, 2015. 08.

川端康成, 《美しい日本の私》, 講談社, 2013.

○ 찾아보기

난감한 이웃 일본을 이해하는 여섯 가지 시선

초판 1쇄 발행 2018년 10월 26일 초판 5쇄 발행 2020년 11월 20일

지은이 김효진·남기정·서동주·이은경·정지희·조관자
펴낸이 연준혁

출판부문장 이승현
편집 1본부 본부장 배민수
편집 4부서 부서장 김남철

펴낸곳 (주)위즈덤하우스 출판등록 2000년 5월 23일 제13-1071호
주소 경기도 고양시 일산동구 정발산로 43-20 센트럴프라자 6층
전화 031)936-4000 팩스 031)903-3891
홈페이지 www.wisdomhouse.co.kr

ⓒ 김효진·남기정·서동주·이은경·정지희·조관자, 2018
ISBN 979-11-6220-903-5 03910

국립중앙도서관 출판예정도서목록(CIP)

난감한 이웃 일본을 이해하는 여섯 가지 시선 / 지은이: 김효진·남
기정·서동주·이은경·정지희·조관자. — 고양 : 위즈덤하우스, 2018
    p. ; cm

ISBN 979-11-6220-903-5 03910 : ₩16000

일본사[日本史]
한일 관계[韓日關係]
일본 문화[日本文化]

913-KDC6
952-DDC23   CIP2018030544